Gehirnforschung und rechtliche Verantwortung

ARSP BEIHEFT 111

Archiv für Rechts- und Sozialphilosophie

Archives de Philosophie du Droit
et de Philosophie Sociale

Archives for Philosophy of Law
and Social Philosophy

Archivo de Filosofía Jurídica y Social

Gehirnforschung und rechtliche Verantwortung

Fachtagung der Schweizerischen Vereinigung
für Rechts- und Sozialphilosophie,
19. und 20. Mai 2006, Universität Bern

Herausgegeben von
Marcel Senn und Dániel Puskás

Franz Steiner Verlag Stuttgart 2006

Bibliografische Information der Deutschen Bibliothek
Die Deutsche Bibliothek verzeichnet diese Publikation in der Deutschen Nationalbibliografie; detaillierte bibliografische Daten sind im Internet über <http://dnb.ddb.de> abrufbar.

ISBN-10: 3-515-08963-2
ISBN-13: 978-3-515-08963-0

ISO 9706

Gedruckt auf alterungsbeständigem Papier.
Druck: Printservice Decker & Bokor, München
Printed in Germany

Vorwort der Herausgeber

Schon längst drängte die Tatsache, dass seitens der Hirnforschung zentrale Aussagen der Sozial- und Rechtswissenschaften zu Gesellschaft, Mensch und Recht in Frage gestellt werden, dazu, dass die Fachvertreter der Grundlagenfächer sich zu einem Gespräch zusammenfinden sollten. Die „Schweizerische Vereinigung für Rechts- und Sozialphilosophie" organisierte dieses Gespräch und lud zum Symposium der Fachleute am 19. und 20. Mai 2006 an die Universität Bern ein. Es kamen

- *Prof. Dr. Dr. Gerhard Roth, Professor für Verhaltenspsychologie und Entwicklungsneurobiologie, Universität Bremen,*
- *Prof. Dr. Wolfgang Prinz, Direktor am Max-Planck-Institut für Kognitions- und Neurowissenschaften, Leipzig,*
- *Prof. Dr. Peter Heintel, Professor für Philosophie und Gruppendynamik, Universität Klagenfurt,*
- *Prof. Dr. Björn Burkhardt, Professor für Strafrecht, Strafprozessrecht, Ausländisches und Internationales Strafrecht, Universität Mannheim,*
- *Prof. Dr. Dr. h.c. Kurt Seelmann, Professor für Strafrecht und Rechtsphilosophie, Universität Basel,*
- *Dr. med. Frank Urbaniok, Chefarzt des Psychiatrischen-Psychologischen Dienstes Justizvollzug Kanton Zürich,*
- *Prof. Dr. Philippe Mastronardi, Professor für Öffentliches Recht, Universität St. Gallen und*
- *Prof. Dr. Marcel Senn, Professor für Rechtsgeschichte, Juristische Zeitgeschichte und Rechtsphilosophie, Universität Zürich.*

Die erstaunliche Resonanz, die diese Fachtagung fand, veranlasste uns, die Beiträge zu publizieren. Der Tagungsband vereinigt indessen nicht nur die Referate und Thesen der Referenten, sondern auch einige ausgewählte Kurzvoten von Teilnehmenden aus dem Publikum, wodurch ein lebendiges Panoptikum der Argumentation entsteht. Zweck des vorliegenden Bandes ist jedoch nicht nur, Ereignis und Aussagen als solche nachzuweisen, sondern zur weiteren Diskussion anzuregen. Dies insbesondere, weil die an der Fachtagung kontrovers geführten Diskurse einerseits grossen Bedarf an Verständigung aufzeigten, andererseits aber in Sachpunkten verblüffende Züge eines zunehmend konvergierenden Dialogs annahmen.

Wir danken allen Autoren dieses Bandes für die stets engagierte Zusammenarbeit sowie dem Steiner-Verlag, insbesondere Herrn Dr. Thomas Schaber und Frau Dr. Annette Brockmöller, für die Unterstützung unseres Projekts und die Herausgabe dieses Tagungsbands als Beiheft des renommierten Archivs für Rechts- und Sozialphilosophie.

Zürich, 31. August 2006 Marcel Senn Dániel Puskás

Inhalt

Erster Teil: Vorträge

Zweiter Teil: Voten

ERSTER TEIL: VORTRÄGE

1. Gehirnforschung und Rechtswissenschaft

Marcel Senn, Zürich

Was wollen wir wissen, und wo ist es überhaupt sinnvoll, weiterzudiskutieren?

Einführungsreferat zur wissenschaftstheoretischen Grundlagenproblematik

I. Eintritt in einen bestehenden Diskurs

Mit dieser fachwissenschaftlichen Tagung zum Thema „Gehirnforschung und rechtliche Verantwortung", zu der Juristen – wenn ich recht sehe – erstmals einladen, treten wir in einen bestehenden Diskurs ein, den die Hirnforschung mit den Disziplinen der Psychologie und Philosophie bereits seit einigen Jahren führt. Die Tatsache, dass die Hirnforschung ein neues Menschenbild als wissenschaftlich verbindlich vorgibt,[1] demzufolge wir weder über eine Ich-Identität noch über eine willentliche Entscheidungsmöglichkeit verfügen, stellt die Rechtswissenschaft zwar nicht als solche in Frage, jedoch vor grundlegende Fragestellungen, die sie für ihre eigene Disziplin zu beantworten hat.

Die Rechtswissenschaft hat gemeinsam mit den Neurowissenschaften die wissenschaftliche Stichhaltigkeit der bisherigen Aussagen von Gehirnforschung und Kognitionspsychologie sowie ihre sozialwissenschaftlichen Bedeutungen zu klären, insbesondere mit Blick auf die zentralen Aspekte von „Freiheit und Verantwortlichkeit".

Diese Tagung soll einen ersten Schritt in diese Richtung tun. Verfehlt wäre jedoch die Erwartung, ein gegenwärtig bestimmtes neurowissenschaftliches Programm könne der gemeinsamen Konzeptentwicklung gleichsam pragmatisch unterlegt werden. Genauso wäre die Annahme verfehlt, die Gesellschaftswissenschaften seien aus Gründen der Wissenschaftsloyalität etwa verpflichtet, Vorgaben der Neurowissenschaften zu adaptieren. Die Naivität, mit der bisweilen sonst auch kritische Gesellschaftswissenschaftler in diesem Kontext ans Werk gehen, indem sie für einen Anschluss an die neurowissenschaftlichen Vorgaben plädieren, lässt auf eine nur kümmerlich ausgebildete wissenschaftstheoretische Reflexionskraft schliessen.

Die Wissenschaftsgeschichte der Neuzeit hat in dieser Hinsicht mit schlechten Erfahrungsbeispielen nicht gegeizt und dem kritischen Verstande deutlich genug gezeigt, dass langfristig nützliche Paradigmen erst dann von wissenschaftlicher Relevanz sein können, wenn sie sorgfältig entwickelt, in sich ausreichend differenziert, terminologisch konzis gefasst und methodologisch stichhaltig fundiert sind.[2] Wo fachübergreifende Allgemeinaussagen verbindlich platziert werden sollen, ist auch eine interdisziplinär breit abgestützte und me-

1 Vgl. Wolf Singer, *Ein neues Menschenbild? Gespräche über Hirnforschung,* Frankfurt a. M.: Suhrkamp, 2003.

2 Vgl. Marcel Senn, *Recht – Gestern und Heute. Juristische Zeitgeschichte*, Zürich: Schulthess, 2002, insbesondere die Beispiele zu den Rassenlehren des 19. und frühen 20. Jahrhunderts in Kap. 3 sowie das Beispiel der Analyse von Lenins Hirn durch den Nervenarzt

thodologisch analytische Kontroverse unabdingbar. Es gibt indes noch keine Anzeichen dafür, dass die Voraussetzungen für verbindliche, fachübergreifende Allgemeinaussagen heute schon gegeben wären. Hirnforschung und Kognitionspsychologie scheinen zwar – wie dies für eine euphorische Startphase wohl typisch ist – von ihren eigenen Teilerkenntnissen überaus fasziniert. Dadurch stehen sie allerdings auch unter einem erheblichen, selbst geschaffenen Erfolgsdruck und vermeinen, schnellschlüssige Verallgemeinerungen für alle Wissenschaften produzieren sowie ein gesellschaftliches Gesamterklärungsmodell konstruieren zu müssen. Für die Reifung fehlt die Zeit. Dass man damit zugleich aber auch auf die kritische Schwelle zur trivialen Metaphysik – subjektiver Prägung je Autor – zuschreitet, ist das Kernproblem, auf das ich im Folgenden besonders aufmerksam machen möchte.

Man wird sich freilich mit Recht fragen, was denn ausgerechnet Juristen auf forschungsfremden Terrain zu suchen hätten. Nichts, lautet die Antwort ehrlicherweise, nichts jedenfalls solange, als es um eine interne fachwissenschaftliche Diskussion geht. Denn jede Disziplin hat ihren unantastbaren Kompetenzbereich. Der Jurist kann genauso wenig an einer fachwissenschaftlichen Diskussion der Hirnforschung teilnehmen, für die er nicht vorbereitet ist, wie der Hirnforscher sich ebenfalls nicht in andere Disziplinbereiche einmischen kann oder sollte. Ich möchte klarstellen, dass es wissenschaftstheoretisch beidseitig – sowohl von der Hirnforschung als auch von der Rechtswissenschaft – unzulässig ist, in den jeweils anderen Kompetenzbereich überzugreifen, solange es nicht um Allgemeinaussagen geht, die allgemein zu diskutieren sind. Doch darf ich an dieser Stelle auch daran erinnern, dass sich die Naturwissenschaften der Neuzeit einst am prozessualen Modell der juristisch stringenten Zeugenbefragung orientiert haben.[3] Es war Francis Bacon, der um 1620 das naturwissenschaftliche Vorgehen mit der juristischen Inquisition und der geschickten Zeugenbefragung verglich. Nach Bacon muss der Forscher die Natur gleichsam fesseln und misshandeln, um sie aus sich selbst heraus zum Geständnis zu pressen, und er muss die Natur wie der Anwalt den Zeugen im Prozess entsprechend unnachgiebig befragen.[4] Dies sei freilich nicht die empfohlene Methode, doch ein Fingerzeig auf die Frage, was Juristen in einer methodologischen Debatte im naturwissenschaftlichen Bereiche zu suchen hätten. So beginnt die Mitwirkung am transdisziplinären Dialog dort, wo die fachwissenschaftliche Diskussion endet und Ergebnisse oder Einsichten auf andere Wissenschaften oder die Praxis übertragen werden sollen. Hier begründen sich Recht wie Pflicht eines jeden Wissenschaftszweiges, Stichhaltigkeit und Schlüssigkeit einer Ar-

Oskar Vogt (55, Anm. 7). Die dort geschilderte Beschreibung von Lenins Hirn ist dem Sprachstil der heutigen Hirnforschung durchaus vergleichbar.

3 Vgl. Marcel Senn, *Rechtsgeschichte – ein kulturhistorischer Grundriss*, Zürich/Basel/Genf: Schulthess, 3. A. 2003, 229.

4 Francis Bacon, Neues Organon (1620), *Francis Bacon* (hg. von Wolfgang Krohn), Teilbd. I.1., Hamburg: Meiner, 1990, 81; vgl. dazu: Wolfgang Krohn, Die Natur als Labyrinth, die Erkenntnis als Inquisition, das Handeln als Macht: Bacons Philosophie der Naturerkenntnis betrachtet in ihren Metaphern, in: *Naturauffassungen in Philosophie, Wissenschaft, Technik*, hg. von Lothar Schäfer/Elisabeth Ströker, Bd. 2: Renaissance und frühe Neuzeit, Freiburg/München: Alber, 1994, 59–100.

gumentation bzw. Beweisführung zu Aussagen, die für sich allgemeine Geltung reklamieren, zu hinterfragen.

II. Analyse von Wolf Singers Text aus dem Jahre 2005: „Selbsterfahrung und neurobiologische Fremdbestimmung“

Als ich mich mit einigen Schriften Wolf Singers befasste und ihn anlässlich einer Tagung am 9. Dezember 2005 argumentieren sowie auf gewisse Fragestellungen antworten hörte,[5] wurde mir bewusst, dass eine wissenschaftstheoretische Analyse eines seiner Beiträge mehr Einsicht in die dilemmatische Argumentationsstruktur der aktuellen Hirnforschung mit ihrem Welterklärungsanspruch bringen würde, als ein Vergleich von zentralen Aussagen der neuesten Hirnforschung mit historischen Wissenschaftsmodellen. Meine erste Absicht war es nämlich, durch einen solchen Vergleich den reduktionistischen Naturalismus, der auch in die Gesellschafts- und Rechtstheorie der verschiedenen Epochen übertragen worden war, als ein historisch konstantes Problem seit dem 17. bzw. 19. Jahrhundert vorzuführen.[6]

Aus diesem Grunde versuche ich, das Konzept von Wolf Singer – stellvertretend für die Hirnforschung – nun ausführlicher wiederzugeben. Zugleich hoffe ich damit eine Einführung in die methodologische Problematik der gegenwärtigen Hirnforschung bieten zu können. Ich stütze mich bewusst auf nur einen Beitrag Singers, um die Schlüssigkeit innerhalb einer festgelegten Argumentationsstruktur konsequent verfolgen zu können. Es handelt sich um seinen Beitrag *„Selbsterfahrung und neurobiologische Fremdbestimmung. Zwei konfliktträchtige Erkenntnisquellen“*, der im Sammelband *„Der Mensch – ein freies Wesen? Autonomie – Personalität – Verantwortung“* im Jahre 2005 erschienen ist.[7] Ich beginne mit einer Deskription der Aussagen, der ich einen

5 Wolf Singer, „Vortrag: Kulturwissenschaftliche Implikationen der Hirnforschung“, Jacob Burckhardt-Gespräche auf Castelen in Augst (Augusta Raurica) vom 9. Dezember 2005.

6 Vgl. Senn (Fn. 3), 229 ff., 237 f., 350–364; Bettina Dietz/Thomas Nutz, „Naturgeschichte des Menschen als Wissensformation des späten 18. Jahrhunderts“, *Zeitschrift für Historische Forschung* 32 (2005), 45–70; Werner Kutschmann, *Der Naturwissenschaftler und sein Körper. Die Rolle der „inneren Natur“ in der experimentellen Naturwissenschaft der frühen Neuzeit*, Frankfurt a M.: Suhrkamp, 1986; Alex Sutter, *Göttliche Maschinen. Die Automaten für Lebendiges*, Frankfurt a. M.: Athenäum-Verlag, 1988; Lukas Gschwend, *Zur Geschichte der Lehre von der Zurechnungsfähigkeit. Ein Beitrag insbesondere zur Regelung im Schweizerischen Strafrecht. Historisch-dogmatische Rhapsodien zur Frage der strafrechtlichen Verantwortlichkeit unter Berücksichtigung medizinhistorischer und wissenschaftsgeschichtlicher Aspekte*, Zürich: Schulthess, 1996 (Zürcher Studien zur Rechtsgeschichte 33); Eberhard Schmidt, *Einführung in die Geschichte der deutschen Strafrechtspflege*, Göttingen: Vandenhoeck & Ruprecht, 3. A. 1965, 215; Bertold Müller, *Rechtliche und gesellschaftliche Stellung von Menschen mit einer „geistigen Behinderung“. Eine rechtshistorische Studie der Schweizer Verhältnisse im 19. und 20. Jahrhundert*, Zürich: Schulthess, 2001, 337–421 (Zürcher Studien zur Rechtsgeschichte 44); Marcel Senn/Lukas Gschwend, *Rechtsgeschichte II – Juristische Zeitgeschichte*, Zürich/Basel/Genf: Schulthess, 2. A. 2004, 151–184.

7 Wolf Singer, Selbsterfahrung und neurobiologische Fremdbeschreibung – zwei konfliktträchtige Erkenntnisquellen, in: *Der Mensch – ein freies Wesen? Autonomie – Personali-*

kritischen Kommentar sowie eine Palette von grundsätzlichen Einwendungen und konkreten Fragen folgen lasse, die der Diskussion als Grundlage dienen können.

1. Deskription

a) Menschenbild und Naturgesetze

Nach einer methodologischen Einleitung, auf die ich erst im Kommentarteil eingehe, kommt Wolf Singer sogleich auf das Menschenbild zu sprechen. Dieses ist für das Wissenschaftsverständnis der Hirnforschung offensichtlich grundlegend. Singer stellt dem traditionellen Menschenbild der individuellen Selbsterfahrung dasjenige seiner neurobiologischen Perspektive gegenüber.

Das subjektive Menschenbild sei, so Singer, geprägt von der Vorstellung, dass wir beseelte Wesen seien, die nicht nur empfinden sondern auch entscheiden und insofern unsere Handlungen bewusst und verantwortlich gestalteten. Diese Anschauung führe zu einem wissenschaftlich unhaltbaren dualistischen Bild von immaterieller und materieller Welt, deren Dichotomie es zu ermöglichen scheine, unseren Entscheidungen eine den neuronalen Prozessen vorausliegende Freiheit zu unterstellen. Dies sei mit den deterministischen Naturgesetzen jedoch inkompatibel. Daraus ergebe sich nämlich die grundlegende Unvereinbarkeit zwischen Selbst- und Aussenwahrnehmung, welche die Menschheit seit je beschäftigt habe. Was zunächst nur Vermutungen diesbezüglich erzeugt hätte, wandle sich jetzt zu einem nicht mehr verdrängbaren Problem, das insbesondere die Neurobiologie formuliere.[8]

b) Evolution komplexer Gehirne und Wahrnehmung

Singer hält fest, dass alles menschliche Verhalten auf Hirnfunktionen und somit auf deterministischen Gesetzen physikalisch-chemischer Prozesse beruhe, weshalb die neuronalen Prozesse unser Denken, Planen und Entscheiden beeinflussten. Hieran schliessen Ausführungen zur Evolution von komplexen Gehirnen. Nach Singer funktionieren die Nervenzellen der Hirne von Schnecken nach den gleichen Prinzipien wie diejenigen der Grosshirnrinde des Menschen und zwar im Ganzen wie mit Blick auf die molekularen Bestandteile, die anatomischen Zellen und die Kommunikation zwischen den Nervenzellen. Man könne daher im Vergleich mit der beträchtlichen Artenvielfalt im Übrigen von einer Monotonie oder einem Konservativismus in der Evolution des Hirns sprechen.

Die einzige Differenz in der Strukturierung der Gehirne aller Tiere, einschliesslich des Menschen, bestehe in der quantitativen Vermehrung einer bestimmten Hirnstruktur, die es ermögliche, kulturelle Verarbeitungsprozesse zu realisieren, die schon den *homo sapiens* von der übrigen Tierwelt un-

tät – Verantwortung, hg. von Heinrich Schmidinger/Clemens Sedmak, Darmstadt: Wissenschaftliche Buchgesellschaft, 2005, 135–160. Dieser Beitrag beruht auf dem Aufsatz: „Selbsterfahrung und neurobiologische Fremdbeschreibung“, *Deutsche Zeitschrift für Philosophie* 52 (2004), 8, 235–256.

8 Singer (Fn. 7, 2005), 137–141, insb. 140.

terscheide. Denn alle Tiere mit höher organisierten Gehirnen könnten ihre Empfindungen wahrnehmen, was handlungsrelevant sei. Entscheidend sei dafür die Speicherung von Wahrnehmungsinhalten, was durch Zuwendung selektiver Aufmerksamkeit ermöglicht werde. Tiere, die über die Speicher- und Selektionsmechanismen verfügten, könnten – wie der Mensch – wahrscheinlich ein phänomenales Bewusstsein aufweisen. Der Aufbau des Bewusstseins stelle eine vielfache operationalisierbare kognitive Leistung dar, die somit auch wieder analysierbar werde. Durch Iteration und reflexive Anwendung solcher kognitiver Operationen bilde sich sodann eine auf sich selbst bezogene Metarepräsentation. Das Hauptproblem der selbstbezogenen Metarepräsentation sei das „Bindungsproblem", wie es Singer bezeichnet, das heisst, die Frage, wie die unzähligen Kognitionen zu einem selbstreflexiven Ganzen verarbeitet und gespeichert werden könnten. Dazu trägt Singer die Arbeitshypothese vor, dass die Koordination von vielen, verschiedenen kognitiven Aktivitäten nur über die Definition präziser zeitlicher Relationen zwischen den neuronalen Antworten der unterschiedlichen Hirnrindenareale verwirklicht werden könne.[9]

c) Die soziale Konstitution des Ich

Die neurobiologische Metarepräsentation wäre in der Alltagssprache das „Ich", das – so die landläufige Vorstellung – ein Konvergenzzentrum oder eine Kommandozentrale repräsentiere. Das Gehirn funktioniere jedoch anders:

> „Hochentwickelte Wirbeltiergehirne stellen sich vielmehr als hochvernetzte, distributiv organisierte Systeme dar, in denen eine riesige Anzahl von Operationen gleichzeitig ablaufen. Diese parallelen Prozesse organisieren sich, ohne eines singulären Konvergenzzentrums zu bedürfen, und führen in ihrer Gesamtheit zu kohärenten Wahrnehmungen und koordiniertem Verhalten. Dies wirft die schwierige Frage auf, wie sich die vielen, in den verschiedenen Hirnrindenarealen gleichzeitig ablaufenden Verarbeitungsprozesse so koordinieren, dass kohärente Interpretationen der vielfältigen Sinnessignale möglich werden [...]. Und schliesslich stellt sich die Frage, wie sich ein so dezentral organisiertes System seiner selbst bewusst werden kann."[10]

Das neuronale Korrelat eines Wahrnehmungsinhalts oder einer Entscheidung wäre dann „ein komplexes raum-zeitliches Muster synchron aktiver Nervenzellen, das sich über hinreichend lange Zeit stabilisiert, um verhaltensrelevant zu sein oder sogar bewusst zu werden"[11].

Auch wenn, wie Singer ausdrücklich einräumt, offene Fragen „uns gegenwärtig noch an die Grenzen unseres Vorstellungsvermögens" führten,[12] so spreche doch vieles dafür, dass unsere Selbstkonstitution als selbst bestimmte und frei entscheidende Wesen nur darauf beruhe, dass bloss ein Teil der neuronalen Erregungsmuster uns jeweils „bewusst" werde. Es scheine, als könnten Erregungsmuster erst bewusst werden, wenn sie ein gewisses Mass an Konsistenz infolge Verarbeitung erreicht hätten, was durch die Zuwendung von Aufmerksamkeit erfolge. Denn das Gehirn sende viele Signale, aber nicht

9 Singer, 142–145, insb. 144; ferner 147.
10 Singer, 145.
11 Singer, 145.
12 Singer, 146.

alle gelangten in den Fokus des Bewusstseins. Singer führt das Beispiel der Information über den Blutdruck oder den Zuckerspiegel an, Informationen, die vom Gehirn zwar sorgfältig wahrgenommen und reguliert würden, die uns aber dennoch nie zu Bewusstsein kämen. Als grundlegende Voraussetzung für die Selbstkonstitution betrachtet er daher die „soziale Interaktion", in der wir uns in den kognitiven Funktionen der anderen spiegeln könnten, wodurch die selektive Aufmerksamkeit einem zukomme. Diese iterativen Spiegelungsprozesse würden dann die Selbsterfahrung, autonome Agenten zu sein, weiter bestärken.[13]

d) Freie und unfreie Entscheidungen – eine verfehlte Alternative

Diese Selbsterfahrung vermittle dann den Eindruck, autonomer Agent zu sein. Dennoch würden wir immer wieder zwischen freien und unfreien Entscheidungen bzw. Handlungen unterscheiden. Für die einen forderten wir Nachsicht, für die anderen übernähmen wir aber die Verantwortung. Neurobiologisch sei diese Unterscheidung unhaltbar. Denn in beiden Fällen würden die Entscheidungen und Handlungen durch neuronale Prozesse vorbereitet mit dem einzigen Unterschied, dass in einem Fall der Scheinwerfer der Aufmerksamkeit auf die Motive gerichtet sei, was diese dadurch ins Bewusstsein hebe und im anderen Fall eben nicht. Im Fall bewusster Entscheidung seien die Variablen abstrakter Natur und vermutlich nach komplexen Regeln miteinander vernetzt, im Gegensatz zu unbewussten Entscheidungen.

Den Grund für diese Differenzierung sieht Singer im Umstand, dass die Bewusstseinsprozesse sprachlich erfasst, symbolisch codiert und syntaktisch verknüpft werden können. Doch insofern die Kapazität des Bewusstseins begrenzt sei, könne dieses immer nur eine beschränkte und kleinere Zahl von bestimmenden Variablen überblicken und diese gegeneinander setzen, als die Zahl aller Variablen betrage, die im Unterbewusstsein miteinander verrechnet werden könnten. Entscheidungen seien daher stets das Ergebnis von Abwägungen, an denen eine Vielzahl unbewusster und bewusster Motive gleichzeitig mitwirke. Für den Entscheidungsprozess gelte, dass es sowohl genetisch vermitteltes als auch früh erlerntes Wissen gebe, wobei beides den Charakter konstituiere, ersteres insofern wir uns an dessen Erwerb nicht erinnern könnten, letzteres insofern hier der Aufbau des deklarativen Gedächtnisses erst spät ausreife. Beide Wissenssorten hätten den Charakter unhinterfragbarer Vorgaben in Form von Denkmustern, Verhaltensregeln, Wertesystemen und Überzeugungen. Da mit der frühkindlichen Erziehung auch das Gefühl oder Selbstbild des autonomen und verantwortlichen Handlungs-„Ichs" vermittelt werde, gelte dies ebenfalls als absolut. Dass es neuronale Prozesse gebe, die bewusst wie unbewusst abliefen, demonstriert Singer anhand des Phänomens, dass ein dem Gedächtnis entschwundener Name während einer anderen Aktivität – also der Zuwendung zu einem anderen Gegenstand – plötzlich wieder auftauche, weil das Hirn die Speicher zwischenzeitlich unbewusst durchsucht habe.[14]

13 Singer, 47 f.
14 Singer, 48–153, insb. 153.

e) *Bewusste und unbewusste Entscheidungen – eine richtige Unterscheidung*

Singer unterscheidet daher nicht zwischen freien und unfreien, sondern folgerichtig zwischen bewussten und unbewussten Entscheidungen bzw. Handlungen: Erstere beruhten auf Erinnerungen und Wahrnehmungen, die im deklarativen Gedächtnis gespeichert seien; dabei handele es sich um relativ spät Erlerntes wie Kulturwissen, ethische Satzungen, Rechtsgesetze, Diskursregeln, vereinbarte Verhaltensnormen. Was hingegen über die Phase des frühkindlichen Lernprozesses oder die genetische Vermittlung ins Gehirn gelangt sei, stehe für die Entscheidungen nicht bewusst (also abrufbar) zur Verfügung, wirke aber dennoch in Entscheidungen verhaltenssteuernd mit. Dies erkläre die Konfliktsituation, in die man gerate, wenn man nicht verstehe, weshalb man etwas getan habe, obwohl man gewusst hatte, dass man es nicht hätte tun dürfen, und es zeige, dass keineswegs die bewussten Motive entscheidend steuerten. Die Situation verlange jedoch hernach eine Begründung, weshalb „Ich" dies trotzdem getan habe. Denn das Gehirn scheine darauf angelegt zu sein, „Kongruenz zwischen den im Bewusstsein vorhandenen Argumenten und den aktuellen Handlungen bzw. Entscheidungen herzustellen".[15] Obwohl also Entscheidungen wie Handlungen über neuronale Prozesse determiniert seien, gleichviel ob sie bewusst oder unbewusst erfolgten, würden wir im Fall der bewussten Abwägungsvorgänge annehmen, diese erfolgten aus Freiheit des Willens.[16]

Nun stelle sich hier freilich auch die Frage, weshalb die Evolution denn überhaupt Gehirne herausgebildet habe, die über zwei Entscheidungsebenen verfügten. Singer hält dafür:

> „Eine nahe liegende Vermutung ist, dass bewusstes Verhandeln von Variablen Vorteile gegenüber den unbewussten Entscheidungsprozessen bietet. Ein offensichtlicher Gewinn könnte die Mitteilbarkeit der Gründe sein. Auch wenn die benennbaren Motive nur Fragmente darstellen, erlaubt ihre Kommunizierbarkeit eine wesentlich differenziertere Bewertung von Verhaltensdispositionen als dies durch die Beobachtung von Verhalten allein möglich wäre. Diese Mitteilbarkeit hat vermutlich entscheidend zur Entwicklung und Stabilisierung sozialer Systeme beigetragen, weil sie die Option eröffnet, die Äusserungen über getroffene Entscheidungen zu bewerten, Entscheidungen als intentionalen Akt zu interpretieren, Verantwortung für Entscheidungen zuzuschreiben und Sanktionen für unerwünschte Entscheidungen vorzusehen."[17]

Daraus entspringe noch ein weiterer Vorteil, dass diese Entscheidungen diskutiert werden könnten. Diese Sicht zeitige – so Singer – auch positive Konsequenzen für die Beurteilung von Fehlverhalten und könnte zu einer humaneren, weniger diskriminierenden Beurteilung von Mitmenschen führen, die „das Pech gehabt hatten, mit einem Organ volljährig geworden zu sein, dessen funktionelle Architektur ihnen kein angepasstes Verhalten erlaubt".[18] Allerdings würde eine differenzierte Sicht auf diese Entscheidungsvorgänge, zu der neu-

15 Singer, 157.
16 Singer, 156 ff.
17 Singer, 157 f.
18 Singer, 159.

robiologische Erkenntnisse zwängen, wenig an der bisherigen Strafrechtspraxis ändern können. Denn die Gesellschaft dürfe nicht davon ablassen, Verhalten zu bewerten und zu sanktionieren bzw. auch zu erziehen.

> „Nur die Argumentationslinie wäre eine andere. Sie trüge den hirnphysiologischen Erkenntnissen Rechnung, ersetzte die konfliktträchtige Zuschreibung graduierter ‚Freiheit' und Verantwortlichkeit durch bewusste und unbewusste Prozesse und eröffnete damit einen vorurteilsloseren Raum zur Beurteilung und Bewertung von ‚normalem' und ‚abweichendem' Verhalten. Die schwer nachvollziehbare Dichotomie einer Person in freie und unfreie Komponenten wäre damit überwunden."[19]

Dies heisst, dass die Hirnforschung in erster Linie eine wissenschaftsimmanente Auswirkung erzeugte und in der gesellschaftlichen Praxis, im Alltag der Menschen, eine bestenfalls psychologische, kaum jedoch forensische Bedeutung entfalten würde. Es ginge, wie Singer sagt, um nichts anderes als eine andere wissenschaftliche Argumentationslinie.

2. Kommentar

a) Sprachliche Textlogik

So sympathisch oder menschlich einem die Schlussfolgerung Singers berührt und einem der Hinweis auf das Erklärungsdefizit in der Konstruktion des Begriffs der frei handelnden Person einleuchtet, so problematisch ist die Erklärungskonstruktion insgesamt in methodologischer Hinsicht. Sie wäre einer exakten Analyse wert. Ich kann hier nur auf einige grundlegende Probleme der Argumentationslogik hinweisen.

Es lohnte sich nur schon Singers Argumentation sprachanalytisch genauer anzuschauen, indem die Textlogik unter dem Gesichtspunkt der geäusserten Konjunktive[20], der ausdrücklichen Vermutungen und der angezeigten Wahrscheinlichkeiten hin befragt würde. Auch wären die Textaussagen hinsichtlich der öfters verallgemeinernden Schlüsse, die meist nur an Beispiele anknüpfen, aber auch die offensichtlichen Gedankensprünge bzw. Umlenkungsmanöver in elegantem Jargon zu untersuchen. Die gesamte Konstruktion der immanenten Aussagelogik des Texts, die mit dem Anspruch der richtigen Sicht sowie mit dem nicht geringeren Anspruch auf das Recht zur Veränderung von Menschenbild, Gesellschaft und Wissenschaft auftritt, müsste unter diesen Gesichtspunkten als methodologisch fragil eingestuft werden. Meines Erachtens würden die Argumentation und damit die gesamte gedankliche Konstruktion in sich zusammenbrechen.

Von daher sind die materiellen Aspekte der Argumentation zwar zweitrangig, jedoch deswegen nicht als weniger problematisch anzusehen. Denn wir können nie genau feststellen, ob sie tatsächlich wissenschaftlich sicheres Wissen oder bloss eine Varietät naturalistischer Weltanschauung darstellen. Ich will dies mit Blick auf die wissenschaftstheoretische Erörterung, die Singer seinem Beitrag vorausstellt, deutlich machen.

19 Singer, 159.
20 Singer, 146 f., 151, 157, 159.

b) Die wissenschaftstheoretische Erörterung oder der Weg zurück zur Metaphysik

Ich stelle ein Zitat von Singer in den Raum, das einige Überraschungen enthält. Zunächst verrät die Sprache den Gebrauch unreflektierter Metaphorik, die kaum geeignet sein dürfte, neurobiologische Sachverhalte adäquat darzustellen, abgesehen davon, dass die sprachlichen Implikationen der metaphorischen Funktionsumschreibung von „kognitiven Funktionen" mit „Mechanismen" unnötige ideen- bzw. wissenschaftsgeschichtliche Altlasten mitschleppen, was leicht falsche Vorstellungen erzeugt. Überdies entlarvt dieses Zitat eine Metaphysik des Autors hinter der Vorgabe objektiver Wissenschaft:

> „Unsere kognitiven Funktionen beruhen auf neuronalen Mechanismen, und diese sind ein Produkt der Evolution. Nun deutet wenig darauf hin, dass die evolutionären Prozesse daraufhin ausgelegt sind, kognitive Systeme hervorzubringen, welche die Wirklichkeit so vollständig und objektiv wie nur irgend möglich zu erfassen oder – falls die Welt eine entsprechende Schichtenstruktur aufweisen sollte – gar die Tiefenstrukturen hinter den Phänomen zu erkennen vermögen."[21]

Wir nehmen also zur Kenntnis: Kognitive Funktionen sind das Produkt der Evolution. Doch was Evolution ist, wird (im gesamten Text) nicht erklärt, sondern vorausgesetzt: Man darf annehmen, sie sei das A und O dieser Weltvorstellung. Doch hier verfängt das von Singer eingangs seiner wissenschaftstheoretischen Einführung erwähnte Problem der epistemischen Zirkularität, wonach im Fall der Hirnforschung *explanans* und *explanandum* in eins fielen, insofern, als das Evolutionsprodukt Hirn kaum in der Lage sein wird, über das Ganze der Evolution selbst auszusagen. Doch dies muss nicht beunruhigen, steht doch deren Antwort nach Meinung von Singer in der alleinigen Kompetenz des Neurobiologen; man kann folglich diese Zirkularität als Form der Selbstevidenz des naturalistischen Reduktionismus lesen. Von daher kann auch der Erzählduktus nicht mehr erstaunen, dass die Hermeneutik offensichtlich qua Selbstevidenz auch zum Wissenschaftsimperium der Hirnforschung zu rechnen ist, wenn Singer schreibt: „Nun deutet wenig darauf hin, dass die evolutionären Prozesse daraufhin ausgelegt sind". Doch gerade dieser Satz regt auch zum Zweifeln an: Evolutionäre Prozesse waren doch noch nie auf etwas hin ausgelegt. Sie passieren einfach. Das Wort „auslegen" verrät eine vorwissenschaftliche Teleologie und führt seinerseits zur offensichtlichen Fehlinterpretation der biologischen Evolution. Evolution hat nie ein Ziel, dies scheint nur so, weil über lange Zeit erstaunliche Gebilde entstehen, die für uns wie ein Produkt eines teleologischen Prozesses aussehen, damit wir sie verstehen können. Freilich weiss und meint dies Singer auch, aber seine Sprache führt in diese Zirkularität von Unfug. Und noch ein anderer Gedanke zur Evolution: Schliesslich ist es auch eine Tatsache, dass die menschliche Kognition weit genug gediehen ist, um sogar die notwendige Disziplin für Wissensschaffen zu erlauben. Diese aber ist ein kulturelles und kein evolutionistisches Produkt, wogegen sich insbesondere ein religiöser Fundamentalismus derzeit stemmt. Die Tatsache, dass wir evolutionär ebenfalls nicht mit gewissen Kapazitäten ausgerüstet sind, heisst hinwiederum

21 Singer, 135.

ja auch nicht, dass wir diese Kapazitäten nicht irgendwie anderweitig gewinnen können. Unsere Augen sehen nur Licht und sind für Mikrowellen, Infrarot, Ultraviolett, Röntgen- und Gammastrahlen blind. Ebenso sind wir unfähig, eine Maus aus 300 Metern Distanz zu sehen, obwohl ein Habicht damit kein Problem hat. Mit ein bisschen Technik haben wir unterdessen alle diese unsere „evolutionären Mängel“ behoben und weitaus mehr als wettgemacht: Wir können jetzt einzelne Atome und 12 Milliarden Jahre alte Galaxien regelrecht „sehen“. Doch gerade deshalb ist die Gewichtung der Evolution, wie sie Singer seiner Argumentation unterlegt, nicht so bedeutungsvoll; durch unsere kulturell-technologischen – nicht evolutionistischen – Innovationen haben wir dem Argument der Evolution selbst seine strategische Bedeutung genommen.

Wirklich beunruhigend wird es allerdings dort, wo Singer die Wissenschaft selbst durch seinen undisziplinierten Sprachstil in Frage stellt. Dies ist wissenschaftlich unhaltbar. Singer spricht von Verweisungen auf „Schichtenstrukturen der Welt“ und von „Tiefenstrukturen hinter den Phänomen“, deren Bedeutung durch ein „gar“ noch herausgestrichen wird. Im Klartext heisst dies ja nur: Es gibt doch zwei Welten, auch wenn Singer sie im Kontext mit der Definition des Menschenbildes als unwissenschaftlich in Abrede gestellt hat. Offensichtlich ist der Autor am Ende seiner Wissenschaft und nimmt Zuflucht zu einer metaphorisch leeren Sprachwelt. Hier verkehrt sich der pseudo-wissenschaftliche Naturalismus in eine Alltagsmetaphysik des Autors, der seine Wissenschaft in objektivierender Sprache zur subjektiven Weltumdeutung ermächtigt.

Wir sind mit einigen Gedankensprüngen und unter Inkaufnahme eines schlingernden Redeverlaufs damit jedoch zum eigentlichen Aussageziel des Autors gelangt, dass nämlich die einzelnen Untersuchungen der Hirnforschung doch einen Gesamtsinn ergeben müssten, der, wie wir soeben feststellten, evolutionär aber gerade nicht vorliegen kann. Die analytische Naturwissenschaft mausert sich nun zum naturalistischen Glaubensbekenntnis. Und diesbezüglich bekennt bereits Singers nächster Satz Klartext: „Im Wettbewerb um Überleben und Reproduktion [...]“. Der naturalistische Standpunkt ist im weiteren Textverlauf nun ebenso omnipräsent wie das leidige Spiel mit einer Metaphysik als rettendem Exit in der vagen Argumentation:

> „Je mehr uns die Neurobiologie über die materielle Bedingtheit unserer kognitiven Leistungen aufklärt, umso deutlicher wird, dass wir uns vermutlich vieles nicht vorstellen können und dass wir die Grenzen nicht kennen, jenseits derer unsere Kognition versagt.“[22]

Wie schon beim Problem der Bindung betont Singer auch hier die Grenzen jenseits unserer Kognition. Ich frage zurück: Wären – wenn dem schon so ist – nicht andere Folgerungen zu ziehen, gerade diejenige der Respektierung von wissenschaftstheoretischen Erklärungsprinzipien, die einem Grenzen setzen statt einen verschleierten Wissenschaftsimperialismus zu gebären? Diese Art der selbstpropagierenden Darstellung von Hirnforschung verkehrt sich nun zur instrumentalisierenden Weltanschauung einer (alten) Metaphysik, die der Autor kraft seiner Autorität als Hirnforscher seiner Umwelt aufoktroyiert. Der Sache selbst dient sie aber nicht.

22 Singer, 136.

III. Kritische Intervention zur Logik der Forschung

Das konsequente Infragestellen und Hinterfragen halte ich angesichts des vorerwähnten Beispiels von Singer für ein sinnvolles methodologisches Vorgehen, um die wissenschaftstheoretische Konsistenz einer Argumentation bzw. Beweisprüfung im Sinne der „Logik der Forschung" zu prüfen.[23] Kritische Interventionen zu den Äusserungen der Hirnforschung wurden in den letzten zwei Jahren häufiger und, wenn ich dies richtig beobachte und beurteile, haben sie insgesamt und insbesondere auf Probleme in der methodologisch zu wenig stichhaltigen Vernetzung der Argumente aufmerksam gemacht. Dadurch wurden bereits einige der grundlegenden Erklärungsansätze der Hirnforschung wissenschaftstheoretisch in Frage gestellt und die allzu plakativen Selbstinszenierungen gewisser Hirnforscher zurückgefahren. So findet sich mitten im medialen Rummel ein im Juni 2004 publiziertes „Manifest der elf führenden Neurowissenschaftler über Gegenwart und Zukunft der Hirnforschung".[24] Es warnt vor Naturalismus und Reduktionismus in klarer und unverschleierter Sprache. Darin findet sich auch ein bemerkenswerter Beitrag von Wolfgang Prinz, der feststellt, dass die Hirnphysiologie alleine nicht alle Phänomene unseres Lebens erkläre und insbesondere das Problem der menschlichen Subjektivität einer eigenen Theorie bedürfe, weil Wissen nicht auch Verstehen bedeute. Doch dieses Manifest widerspiegelt nicht die Diskussion im Allgemeinen.

Eine der aufregendsten Interventionen stellte der vehemente Einspruch von Jürgen Habermas im November 2004 dar, der gestützt auf Argumente, die schon von Peter Bieri und Lutz Wingert vorgetragen wurden, eine Kritik zu zentralen methodologischen Problemen formulierte, welche die Hirnforschung und Kognitionspsychologie nicht umgehen konnten.[25] In einer Pilotstudie von Markus Christen zum Forschungsprojekt „Grundlagen moralischer Orientierung" des Ethik-Zentrums der Universität Zürich, die im November 2005 veröffentlicht wurde, werden insbesondere eine Anzahl wissenschaftstheoretischer Fragen reflektiert, welche Beiträge die Neurowissenschaft und Verhaltensforschung zum Verständnis moralischer Orientierung bieten können.[26] Eine eingehende und vertiefte Analyse bieten die Beiträge des von Ulrich Krohs und Georg

23 Karl Raimund Popper, Logik der Forschung. Zur Erkenntnistheorie der modernen Naturwissenschaft (Untertitel der Erstausgabe von 1935), *Gesammelte Werke* (hg. von Herbert Keuth), Bd. 3, Tübingen: Mohr, 11. A. 2005.

24 Hannah Monyer et al. (Hg.), „Das Manifest: Elf führende Neurowissenschaftler über Gegenwart und Zukunft der Hirnforschung", *Gehirn & Geist: Das Magazin für Psychologie und Hirnforschung,* 2004, 6, 30–37. Eine Antwort von Seiten der Psychologie erfolgte im Heft 7/8 des Jahres 2005.

25 Jürgen Habermas, Freiheit und Determinismus, in: *Zwischen Naturalismus und Religion. Philosophische Aufsätze*, hg. von Jürgen Habermas, Frankfurt a. M.: Suhrkamp, 2005, 155–186. Habermas bezieht sich auf Singers in Fn. 7 zuvor erwähnten Beitrag „Selbsterfahrung und neurobiologische Fremdbeschreibung", *Deutsche Zeitschrift für Philosophie* 52 (2004), 8, 235–256 (vgl. Habermas, 166 Fn. 20, 168, 179–184). Eine gekürzte Publikation von Habermas' Beitrag war bereits in der Wochenendausgabe der *Neuen Zürcher Zeitung* vom 11./12. Dezember 2004 zu lesen.

26 Markus Christen, *Abklärung des möglichen Beitrags der Neurowissenschaft und der Verhaltensforschung zum Verständnis moralischer Orientierung,* Pilotstudie im Rahmen

Toepfer 2005 herausgegeben Sammelbandes „Philosophie der Biologie", die explizit das methodische Spektrum prüfen.[27]

IV. Grundsätzliche Einwände und konkrete Fragen

Die generelle Kritik an der wissenschaftstheoretischen Fundierung der Hirnforschung und die spezielle Kritik an der Singer'schen Argumentationslinie weisen uns darauf hin, dass wir die Diskussion über den praktischen Nutzen der Hirnforschung mit Bedacht anzugehen haben und uns die Dinge aus bewusst kritischer Distanz zur Wissenschaftsgläubigkeit insgesamt auch gründlicher überlegen müssen. Unsere Überlegungen führen daher zur Formulierung umfassender und grundsätzlicher Einwände sowie konkreter Fragen, die sich keineswegs an die Hirnforschung alleine sondern ebenso an die Geistes- und Gesellschaftswissenschaften richten.

Ein zentraler kritischer Punkt ist die Verengung der gesamten Diskussion auf den Entscheidungs- und Handlungsbegriff von Gesetzesbrechern. Insofern war die gesamte Debatte bislang allzu sehr aufs Strafrecht fokussiert. Dies ist leider auch bei unserer kurzfristig anberaumten Veranstaltung nicht anders. Doch diese Perspektive muss unbedingt erweitert werden. Man kann das Freiheits- oder Verantwortlichkeitsproblem nur aus einem erweiterten Kontext heraus überhaupt verstehen. Im Wirtschafts- und Privatrecht stehen die Begriffe der Handlungsfreiheit und Verantwortung genauso im Zentrum, nur sind dort die Entscheidungs- und Handlungsabläufe differenzierter und nicht auf eine simple kausale Logik von Untat und Zurechnung der Unrechtsfolge reduziert. Gewiss entspricht die triviale Anordnung der Experimente, wie sie von Benjamin Libet, William Grey Walter, Patrick Haggard und Francisco Varela durchgeführt wurden, dem einfachen allgemeinverständlichen Denken. Doch diese Beobachtungsgrundlage muss problematisiert werden.[28] Es erscheint doch mehr als fraglich, dass die Probanden jeweils in künstlich angelegten Situationen beobachtet und mittels visueller Reize getäuscht wurden; dies sind nicht Situationen, die mit natürlichen Handlungsweisen vergleichbar sind. Das Individualschuldstrafrecht freilich lädt gerade dazu ein, sich mit der Willensbildung und der Triebsteuerung eines Täters, dem die Rolle des verhandelbaren Objekts seit je zugekommen ist, auseinanderzusetzen. Vergessen wird dabei, dass die Diskussion zur Problematik von Handlungs- und Willensfreiheit bereits im 17. Jahrhundert geführt und im 19. Jahrhundert fortgesetzt wurde,[29] auch wenn es die heutige Hirnforschung noch nicht gab. Insofern ist die Debatte um den Straftäter argumentativ längst abgegriffen. Singers erklärte Absicht, das Strafrecht wissenschaftlich zu humanisieren, trägt etwas vom Aufklärungsethos, das

des Forschungsprojekts „Grundlagen moralischer Orientierung" des Ethik-Zentrums der Universität Zürich, Zürich/Biel, November 2005, Bulletin, 99 Seiten mit Anhang.

27 Ulrich Krohs/Georg Toepfer (Hg.), *Philosophie der Biologie. Eine Einführung*, Frankfurt a. M.: Suhrkamp, 2005.

28 Vgl. dazu: Bärbel Hüssing/Lutz Jäncke/Brigitte Tag, *Impact Assessment of Neuroimaging. Final Report.* Zürich/Singen: Hochschulverlag ETHZ, 2006.

29 Vgl. Fn. 6 zuvor.

jedoch am Zugeständnis, es ändere sich dadurch in der Praxis nichts, gleich wieder verpufft.[30] Sein Aufklärungsziel mag mit Bezug auf einen Täter, der aus Affekt handelt, auch einleuchten, aber wie verhält es sich bei einem Kriegsverbrecher oder Grossbetrüger? Wie lassen sich fortgesetzt planmässiges Verhalten bzw. Handeln über längere Zeit und trotz intensiver Interventionen seitens Dritter mit dem trivial kausalmechanischen Begriff von Determination überhaupt noch erklären?

Schliesslich stellen sich auch einige grundsätzliche Fragen:

1. Können Hirnforscher und Kognitionspsychologen Aussagen dazu machen, was im Hirn eines Richters, Pfändungsbeamten oder Gefängniswärters mit Bezug auf seine Handlungen vor sich geht? Oder anders gefragt: Steuert das Hirn deren Entscheidungen bzw. Handlungen durch unbewusste neurobiologische Konditionierungen? Und wenn ja, wie oder wodurch werden Anweisungen des Gesetzes und der Gerichtsurteile mit der Determination abgestimmt?
2. Wie stellt sich die Hirnforschung die Entscheidungs- bzw. Handlungsdeterminierung in der Managementpraxis einer Grossbank vor, oder anders gefragt: Welche unbewussten Steuerungen aus dem genetisch bedingten oder frühkindlich erworbenen absoluten Wissen, das im Hirn verankert ist, lassen sich als wirksame Faktoren angesichts hochkomplexer Entscheidungssituationen aus der Sicht der Neurobiologie bezeichnen?
3. Auch im Handels- und Gesellschaftsrecht sind Freiheit und Verantwortung massgebliche Kategorien. Angesichts immer drastischerer Verantwortlichkeitsklagen aus dem Aktienrecht nimmt die rechtliche Haftungsbeschränkung einen zunehmend wichtigeren Stellenwert ein. Doch noch nie wäre es einem der Autoren oder Beklagten in den Sinn gekommen, sich auf ein hirnphysiologisches Argument abzustützen[31], um die Beschränkung seiner Haftung zu begründen. Das gesamte Rechts- und Wirtschaftssystem würde sonst kolabieren. Es besteht weder ein überzeugender Grund noch ein Bedürfnis, die Rede von der Determination des Handelns und der Freiheit als einer bloss sozialen Konstruktion gelten zu lassen.
4. Was glauben die Hirnforscher und Kognitionspsychologen zu wissen, welche neurobiologische Entscheidungsdetermination bei Abschluss eines Miet- oder Arbeitsvertrags wirksam sind?
5. Sind die Messungen der Hirnströmungen zuverlässig? Diese Frage ist keineswegs trivial. Es geht hier nicht bloss um Probleme der Messung, auf deren Schwierigkeiten und Fraglichkeiten die vorerwähnte Studie von Markus Christen detailliert eingeht,[32] sondern um ein Kernproblem. Denn wenn es kein „Selbst", kein „Ich" laut Hirnforschung geben soll, sondern nur verschiedene Zentren vorhanden sind, die in Sekundenbruchteilen unorganisiert miteinander kommunizieren, dann ist nicht einzusehen, weshalb in

30 Singer (Fn. 7, 2005), 158 f.

31 Peter Forstmoser/Thomas Sprecher/Gian Andri Töndury, *Persönliche Haftung nach Schweizer Aktienrecht*, Zürich/Basel/Genf: Schulthess, 2005; Hans-Caspar von der Crone, „Haftung und Haftungsbeschränkung in der aktienrechtlichen Verantwortlichkeit", *Schweizerische Zeitschrift für Wirtschafts- und Finanzmarktrecht*, 2006, 1, 2–19.

32 Christen (Fn. 26), 21–31.

diesen Experimenten nur die monokausale Impulsgebung auf einen äusseren Reiz massgeblich sein sollte. Gerade die Befragung der Exploranden macht ja deutlich, dass diese sich ihre Handlungen auch selber zurechnen, das heisst, dass sie sich der Handlungen bewusst sind und diese als die ihren ansehen. Die Schlussfolgerung, der Proband lüge oder fingiere, drückt dagegen ein Werturteil aus, welches das Verhältnis Forscher-Proband nach dem Schema Aktiv-Passiv charakterisiert, wofür wir eine Reihe von Diskursbeispielen aus dem Bereich der wissenschaftlichen Diskriminierung des 19. Jahrhunderts kennen. Medizinische Forscher haben die Menschen immer wieder zu naturalistischen Objekten ihres Willens gemacht, wie z. B. Lukas Gschwend dargelegt hat.[33]

6. Ist denn mit Sicherheit auszuschliessen, dass nicht noch andere Prozesse gleich- oder vorzeitig ablaufen können, die vom Forscher nicht erfasst sind? Ich möchte hier an die neurologischen Untersuchungen zum Thema Angst von Patrik Vuilleumier von der Universität Genf hinweisen, der von einer zweigleisigen Wahrnehmung spricht, was mit der dezentralisierten Wahrnehmung ja auch wiederum vereinbar wäre. Seine Probanden wussten schon von der Gefahr, bevor sie diese wahrnahmen, weil zwei unabhängige Hirnzentren zu unterschiedlichen Zeiten funktionieren können.[34]
7. Es ist unbestritten, dass die Verortung von Hirnfunktionen in einem Schädel möglich ist, aber daraus lässt sich nichts weiter ableiten. Wir anerkennen wohl alle freimütig, dass das Hirn als neurophysiologische Anlage der Hort des Entscheides ist. Doch ist das Hirn auch der Mensch selbst? Wohl alle kennen Mitmenschen, denen durch Unfall, Schlaganfall oder Alterung Teile oder Funktionen des Hirns verloren gingen und die im Verhältnis zu den Normalen – etwa den Hirnforschern – nur noch vermindert zurechnungsfähig und dennoch Mensch geblieben sind.
8. Verfügen Neurobiologie und Kognitionspsychologie überhaupt über eine wissenschaftliche Sprache? Es ist zumindest auffällig, wie der Sprachgebrauch zwischen den philosophischen Kategorien des frühen 19. Jahrhunderts, durch handlungs- und systemtheoretischen Jargon und naturwissenschaftliche Begriffe geschönt, schlingert.
9. Was ist eigentlich Gegenstand der Hirnforschung: Das Hirn, Zellen, Neuronen, Menschen, Ratten, Individuen, Akteure, das Selbst, Subjekte, die Willensfreiheit?
10. Ist das Individuum als reale oder abstrakte Kategorie zu begreifen? Gibt es „das Allgemeinhirn" oder ein neurobiologisch normiertes Individuum? Diese Frage ist für den Rechtsbereich zentral.
11. Gibt es nur eine reale Ordnung des Lebendigen (z. B. einen ontologischen Monismus der Neurobiologie) oder gibt es vielmehr mehrere realen Ord-

33 Lukas Gschwend, Verantwortung und Strafrecht, in: *Der Mensch – ein freies Wesen? Autonomie – Personalität – Verantwortung,* hg. von Heinrich Schmidinger/Clemens Sedmak, Darmstadt: Wissenschaftliche Buchgesellschaft, 2005, 289–306, insb. 298 ff. Ferner auch mit eindrücklichen Beispielen aus der Praxis der Psychiatrie: Bertold Müller (Fn. 6), 372–396. Bereits der Veterinärmediziner und Dramatiker Georg Büchner hat diesen Arzttypus im „Woyzeck" im ersten Drittel des 19. Jahrhunderts karikiert.

34 *Sonntagszeitung*, 18. Mai 2003, 81.

nungen, neben der neurobiologischen, etwa auch eine genealogische oder ökologische im Sinne eines ontologischen Pluralismus und wie verhalten sich diese zueinander? Wenn es mehrere reale Ordnungen des Lebendigen gibt, soll sich jede sprachlich autonom artikulieren, oder soll aus praktischen Gründen die richtige Kommunikation durch eine normierte Sprachebene sichergestellt werden?

12. Wie ist das Verhältnis von Feststellungen der empirischen Untersuchungsebene und ihrer Verallgemeinerbarkeit im kritischen Sinne geregelt? Wie sind Generalisierung und Gesetzesmässigkeit definiert?

V. Zusammenfassung und Ausblick

Zusammenfassend halte ich fest, dass die Schwäche vieler Schrifterzeugnisse der Hirnforschung zur Thematik der „Entscheidungsfreiheit" darin besteht, dass diese sich selbst immer wieder durch trivialwissenschaftliche Gesamterklärungsversuche selber deplatzieren, was nicht zuletzt daher rührt, dass fallbezogene Differenzierungen mit „Korsettbegriffen" einer eng geführten Kausalität vermengt werden.[35] Die mangelnde Konsequenz wissenschaftlicher Argumentation wird auch öfters durch den Einsatz von Metaphorik wettzumachen versucht. Es fehlt folglich nicht nur an differenzierter Begründung sondern auch an klarer Begrifflichkeit. Nur zu oft werden verallgemeinernde Schlussfolgerungen aus partiellen Erkenntnissen empirischer Befunde gezogen, als ob – um die Sprache dieses Forschungszweiges zu nutzen – die Aufmerksamkeit erst auf sich zu lenken wäre, damit sich eine öffentliche Bewusstseinsform dazu bilden kann.[36] Martin Hochhuth hat zu Recht von der „neurobiologischen Pressedebatte" gesprochen.[37] So kann einem der schlingernde Argumentationsverlauf zwischen Wissenschaft und Weltbild nicht wundern.

Auch die Hirnforschung ist – um ein von ihr selbst viel verwendetes Schlagwort aufzunehmen – nur eine andere Art der „sozialen Konstruktion". Sie konstruiert ein Bild vom quantitativ grösseren Gehirn im Vergleich zu demjenigen der Ratte, wenn sie vom Menschen spricht,[38] respektive betreibt sie die bewusste Dekonstruktion des Menschenbildes unter dem Vorwand einer Beweislage, die sie selbst verwaltet. Auch scheint mir die Vokabel vom „neuen Menschenbild" deplatziert, denn der damit betriebenen Depersonalisierung des Menschen wäre vielmehr die Rede vom „kollektiven Gehirnmensch" angemessen.

Daher sehe ich das Hauptziel unserer Tagung, an der mehrere gleichwertige und gleichberechtigte Forschungsdisziplinen miteinander verhandeln, nicht im belehrenden Informationsaustausch, was die Wirklichkeit wirklich sei und wie sie funktioniere, zu liegen, sondern unser Ziel muss für diese Stunden vielmehr

35 Vgl. den intelligenten Beitrag von Gottfried Schatz, „Jenseits der Gene. Wie uns der Informationsreichtum der Erbsubstanz Freiheit schenkt", *Neue Zürcher Zeitung*, 22. Juni 2006, 57.

36 Singer (Fn. 7, 2005), 147, 150.

37 Martin Hochhuth, „Die Bedeutung der neuen Willensfreiheitsdebatte für das Recht", *Juristen Zeitung* 2005, 745–753, insb. 753 Sp. 1.

38 Singer (Fn. 7, 2005), 142.

lauten, die Chance zu nutzen, dass wir – ich meine die Geistes- wie die Naturwissenschaftler – uns der wissenschaftstheoretischen Grundlagenprobleme bewusster werden. Denn nur wir, niemand sonst, produzieren, was wir wissenschaftlich als unumstössliche Wahrheit, Wirklichkeit oder Naturgesetzlichkeit vorgeben und zugleich vor kritischen Einwendungen schützen. Wir haben uns daher immer wieder auf die Reflexion der methodologischen Kernprobleme bzw. Fragwürdigkeiten unserer Diskurse zu konzentrieren und uns der Problemkonstellationen von überfordernden komplexen Entscheidungssituationen zu erinnern, wenn wir von den simplen mechanischen Erklärungsmustern zu reden beginnen.

Soviel scheint mir aber gewiss: Eine Wissenschaft alleine vermag die Komplexität der gesamten Wirklichkeit nicht zu erklären. Daher müssen wir heute aufeinander zugehen, und dies heisst auch, die Probleme, die auf dem Wege liegen, zuerst erkennen, bevor wir schon an Umsetzungen, Transfers und Nutzanwendungen denken können.

Wolfgang Prinz, Leipzig

Kritik des freien Willens – Psychologische Bemerkungen über eine soziale Institution*

Wenn man als Psychologe über den freien Willen zu reden hat, dann ist das ähnlich, wie wenn man als Zoologe über das Einhorn zu reden hätte. Man spricht dabei nämlich über Dinge, die es von Natur aus gar nicht gibt. Das Einhorn gehört daher auch nicht in die Zuständigkeit der Naturwissenschaften, sondern allenfalls der Kulturwissenschaften. Denn wenn es auch keine Naturgeschichte hat, so hat es doch eine Kulturgeschichte. Und hier – in der Kultur – existiert es dann doch, und kulturgeschichtliche Forschung hat einiges darüber zu sagen, wie das Einhorn in die Welt kam, wie es kommt, dass es sich so hartnäckig am Leben hält, und was die Leute davon haben, dass sie an es glauben.

Das Einhorn will ich mir im Folgenden zum Beispiel nehmen. Ich werde also nicht nur über die Willensfreiheit selbst reden, sondern vor allem über die Idee der Willensfreiheit als kollektive Vorstellung und Konstruktion. Wie kann es sein, so werde ich fragen, dass Personen sich frei fühlen und glauben, obwohl sie es vielleicht von Natur aus eigentlich nicht sind? Unter welchen Voraussetzungen können solche Freiheitsintuitionen entstehen? Und was bewirken sie – psychologisch, gesellschaftlich und kulturell?

Meine Überlegungen sind in drei Schritte eingeteilt. Zunächst konfrontiere ich die Freiheitsintuition unseres Alltagslebens mit Prinzipien der wissenschaftlichen Psychologie. Dabei komme ich zu dem Ergebnis, dass sich beides nicht besonders gut miteinander verträgt: *Freiheit leugnen*. Anschließend untersuche ich, wie die Freiheitsintuitionen, die wir natürlich dennoch haben, entstehen können: *Freiheit erklären*. Zum Schluss wende ich mich den psychologischen Auswirkungen und gesellschaftlichen Funktionen der Freiheitsintuition zu: *Freiheit loben*.

Wie schon die widersprüchlichen Überschriften deutlich machen, kann ich nicht mit einer einfachen Botschaft aufwarten. Ich werde weder denen das Wort reden, die den freien Willen als frommen Wunsch oder schöne Illusion ansehen, mit der wir endlich Schluss machen müssen, noch denen, die allein schon deshalb an ihn glauben oder glauben wollen, weil ohne ihn vieles zusammenbräche, was uns lieb und teuer ist. Die ganze Wahrheit über den freien Willen ist ziemlich widersprüchlich und verwirrend.

* Der vorliegende Text ist eine (gekürzte und bearbeitete) Vortragsfassung des Artikels: Wolfgang Prinz, „Kritik des freien Willens. Bemerkungen über eine soziale Institution", Psychologische Rundschau 55 (2004), 4, 198-206. Dort finden sich auch Literaturhinweise.

I. Freiheit leugnen

1. Handlungsjargon und Freiheitsintuition

Ein großer Teil unseres Lebens ist damit ausgefüllt, dass wir uns Gedanken über Handlungen machen – über eigene Handlungen oder die Handlungen anderer Leute. Alltagsunterhaltungen bestehen zu einem erheblichen Teil aus Austausch darüber, wer bei welcher Gelegenheit was getan hat, warum er es getan hat und wie man findet, was er getan hat.

Für die Erklärung von Handlungen hält die Alltagspsychologie ein simples Schema parat: Die meisten Handlungen führen wir auf Gedanken und Überlegungen zurück, die der Handlung vorausgehen. Dass jemand sein Auto wäscht, erklären wir z. B. damit, dass er glaubt, damit bei seiner Schwiegermutter einen guten Eindruck zu machen. Solche Gedanken und Überlegungen, die wir als Ursachen der nachfolgenden Handlungen unterstellen, erklären zwar nicht den Verlauf der Handlungen im Einzelnen. Sie erklären aber, warum es zu der betreffenden Handlung kommt – das *Was* der Handlung, nicht das *Wie*. Auf solche prototypischen Willenshandlungen will ich mich hier konzentrieren und auf den Jargon, in dem die Alltagssprache über sie redet. Willenshandlungen kommen also dadurch in die Welt, dass die handelnde Person ein bestimmtes Ziel hat, das sie erreichen will, und dass sie glaubt, dass sie dieses Ziel mit Hilfe einer bestimmten Handlung erreichen kann.

Unser Alltagsdiskurs interessiert sich aber nicht nur für die Erklärung, sondern auch für die Bewertung und die Rechtfertigung von Handlungen. Dazu gehört zweierlei. Auf einer ersten Ebene werden Handlungen und Handlungsfolgen beurteilt. Auf einer zweiten Ebene werden aber auch Personen beurteilt, denen diese Handlungen zugerechnet werden. Wir glauben nämlich – und nichts kann uns darin erschüttern –, dass Personen die Urheber ihrer Handlungen sind und dass sie in ihren Handlungsentscheidungen frei sind.

Diese Grundüberzeugungen haben ihren Niederschlag in dem gefunden, was ich den Freiheitsjargon der Alltagssprache nennen möchte. Seine wesentlichen Bestimmungsstücke sind uns so tief in Fleisch und Blut übergegangen, dass man sie kaum noch zu erläutern braucht. Wir sind davon überzeugt, dass wir in fast allen Lebenslagen auch immer anders handeln könnten, als wir es tatsächlich tun – wenn wir nur wollten. Das bedeutet, dass wir das, was wir tatsächlich tun, als das Ergebnis freier Entscheidung verstehen. Die Entscheidungen, die wir treffen, mögen durch eine Reihe von Umständen mitbestimmt sein, die uns mehr oder weniger bewusst sein können. Dennoch liegt die endgültige Entscheidung darüber, was wir tun, bei uns selbst. Wir selbst sind die Urheber unserer Entscheidungen und Handlungen, und ebendiese Freiheit und Autorenschaft schreiben wir auch anderen Personen zu. Dies ist der Kern dessen, was ich als *Freiheitsintuition* bezeichnen möchte.

Eng mit dem Freiheitsjargon verknüpft ist eine bemerkenswerte soziale Praxis, die ich als *Praxis des Erklärungsverzichts* bezeichnen möchte. Wenn etwa ein Richter einen Beklagten befragt, warum er eine bestimmte Tat begangen hat, wird dieser oft Ursachen und Gründe angeben, die in äußeren Umständen liegen, die sich seiner eigenen Kontrolle entziehen. Mit anderen Worten: Der

Beklagte wird erklären, dass er unter den gegebenen Umständen kaum eine andere Wahl hatte als so zu handeln, wie er gehandelt hat, und er wird die ursächliche Verantwortung für seine Handlungen auf diese Umstände verteilen. Es kommt dann darauf an, wieweit der Richter diese Einlassungen akzeptiert. Soweit er einen solchen Rückgriff auf zurückliegende Umstände zulässt, begibt er sich der Möglichkeit, die Handlungen und Handlungsfolgen, die zur Diskussion stehen, der beklagten Person zuzurechnen – mit der Folge, dass persönliche Verantwortung oder gar Schuld sich verflüchtigt. Er muss, wenn er Schuld und Verantwortung persönlich zurechnen will, diese Kausalketten abschneiden und weitergehende Erklärungen ignorieren.

Der Freiheitsjargon hat also zwei Gesichter. Auf der einen Seite verwenden wir ihn, um fundamentale psychologische Tatsachen zu beschreiben – die Erfahrung der Freiheitsintuition, die wir alle kennen und an die wir unerschütterlich glauben. Auf der anderen Seite sichert der ihm innewohnende Erklärungsverzicht aber auch eine wesentliche moralische und sogar rechtliche Funktion, nämlich die Zuschreibung von Handlungsfolgen zu Personen. Was soll man davon halten? Wo ist die Henne, wo das Ei? Soll man Willensfreiheit für eine Grundtatsache unserer mentalen Verfassung halten, die willkommene soziale Nebeneffekte hat? Oder für das Produkt einer sozialen Konstruktion im Interesse der kollektiven Regulierung individuellen Handelns? Gehen also die psychologischen Tatsachen den gesellschaftlichen Wirkungen voraus – oder sollen wir am Ende glauben, dass gesellschaftliche Zwecke psychologische Tatsachen hervorbringen? Auf diese Frage komme ich gleich wieder zurück.

2. Willensfreiheit und Wissenschaft

Zuvor will ich mich – wenn auch nur kurz – der Frage zuwenden, wie sich die Idee der Willensfreiheit mit den Maximen der wissenschaftlichen Psychologie verträgt. Wenn wir diese Frage stellen, müssen wir allerdings unterscheiden zwischen der empirischen Tatsache der Freiheitsintuition und dem theoretischen Konstrukt des freien Willens. Leider werden empirische Tatsache und theoretisches Konstrukt oft miteinander vermengt – was zu allerlei Problemen führt.

Die empirische Tatsache ist zunächst ein Phänomen wie jedes andere auch, das nach den Regeln der Zunft beschrieben, untersucht und erklärt werden muss. In Schwierigkeiten geraten wir aber, sobald wir die empirische Tatsache zum theoretischen Konstrukt erheben, indem wir nämlich annehmen, dass wir uns deshalb *frei fühlen*, weil wir *frei sind*. Wer das annimmt, verletzt zwei grundlegende Spielregeln der Wissenschaft. Ich beschränke mich hier auf eine thesenartige Darstellung.

Erstens: Wie ist es hier um die Beziehung zwischen Wahrnehmung und Wirklichkeit bestellt? Was kann die Tatsache, dass wir uns frei fühlen (Wahrnehmung also) darüber aussagen, wie frei wir tatsächlich sind (Wirklichkeit also)? Allgemeiner gefragt: Wie zuverlässig ist die Wahrnehmung unserer Innenwelt? Wo immer sich die Psychologie mit dieser Frage befasst hat, ist sie zu folgendem Ergebnis gekommen: Die Wahrnehmung psychischer Vorgänge, die in uns ablaufen, kann immer nur ein unvollständiges und deshalb irreführendes Bild der der Wirklichkeit zu Grunde liegenden Prozesse liefern. Verstehen lässt sich dieses Bild nur, wenn man es als eine hochgradig selektive und kategorial überformte Repräsentation der Ergebnisse von Prozessen auffasst, die selbst der Wahrnehmung unzugänglich sind. Mit anderen Worten: Wir nehmen gar nicht psychische Vorgänge selbst wahr, sondern einzelne mentale Zustände, mit deren Hilfe wir die Prozesse, die sie erzeugen, allenfalls erschließen können. Was immer wir aus der Introspektion über psychische Prozesse zu wissen glauben – es ist nichts anderes als das Ergebnis selektiver Repräsentation und kategorialer Überformung. Deshalb sagt, dass wir uns frei *fühlen*, nichts – aber auch gar nichts – darüber aus, wie frei oder unfrei die zu Grunde liegenden Prozesse in Wirklichkeit sind.

Zweitens: Wie ist es um die Theorie der Selbstdetermination und die mit ihr verbundene Praxis des Erklärungsverzichts bestellt? Beide Ideen, so glaube ich, vertragen sich nicht mit den Spielregeln der Wissenschaft. Wenn man die Idee der Willensfreiheit radikal interpretiert, mutet sie uns nämlich zu, in einem ansonsten deterministisch verfassten Bild von der Welt lokale Löcher des Indeterminismus zu akzeptieren. Genau besehen geht es aber nicht nur um Indeterminismus, sondern um die viel radikalere Idee der Selbstdetermination. Diese soll von autonomen Subjekten ausgehen, die sich nach selbstgesetzten Regeln selbst bestimmen – von unbewegten Bewegern also. Deshalb müssen die diversen Versuche, die Freiheit des Willens mit der Unschärferelation der Quantenphysik oder der Nichtdeterminierbarkeit chaotischer Systeme in Verbindung zu bringen, auch zum Scheitern verurteilt sein. Sie beruhen nämlich auf dem Missverständnis, die Freiheit des Willens sei nichts weiter als die Abwesenheit von Determination. In Wahrheit geht die Zumutung viel weiter. Die Idee der Willensfreiheit verlangt uns ab, menschliche Subjekte als Verursacher ihres Handelns anzusehen – ausgestattet mit einem je eigenen Willen, der autonom determiniert, ohne selbst determiniert zu sein.

Nicht weniger inakzeptabel als diese theoretische Zumutung ist nicht zuletzt auch die methodische Zumutung, die mit der Praxis des Erklärungsverzichts einhergeht. Erklärungsverzicht – das Abschneiden von Kausalketten also – läuft auf Aufklärungs- und Erkenntnisverzicht hinaus. Derartiger Verzicht ist natürlich nicht kompatibel mit dem prinzipiell unbegrenzten Aufklärungsethos, das für das Betreiben von Wissenschaft konstitutiv ist.

Wir sehen uns hier also einer doppelten Zumutung ausgesetzt. In inhaltlicher Hinsicht sollen wir autonome Selbstbestimmung anerkennen und in methodischer Hinsicht Erklärungsverzicht üben. Diese Zumutungen sind beträchtlich. Sie lassen nur einen Schluss zu, dass nämlich für Willensfreiheit als theoretisches Konstrukt im Rahmen der wissenschaftlichen Psychologie kein Platz ist. In diesem – theoretischen – Sinne müssen wir Willensfreiheit leugnen, wenn wir Wissenschaft betreiben wollen.

II. Freiheit erklären

Wenden wir uns dem zu, was nach den Regeln der Zunft dennoch als legitimes Geschäft verbleibt: der Erklärung der Freiheitsintuition als psychologischer Tatsache. Wie entstehen Freiheitsintuitionen und was brauchen wir, um sie zu erklären?

Zunächst: Freiheitsintuitionen entstehen vor allem im Zusammenhang mit Handlungsentscheidungen. Deshalb brauchen wir eine Theorie darüber, wie Handlungsentscheidungen zustande kommen.

Damit aber nicht genug. Denn die Freiheit, die wir erleben, ist keine Eigenschaft unserer Entscheidungen, sondern eine Eigenschaft unserer selbst. *Wir selbst* sind Träger der Freiheit, *wir* sind es nämlich, die die Entscheidungen treffen, *wir* sind es, die in diesen Entscheidungen frei sind, und *wir* sind es auch, die sich auch anders hätten entscheiden können. Das eigene Selbst – so kommt es uns vor – tritt dem Kräftespiel unserer Wünsche und Motive wie eine autonome Instanz gegenüber. Sie nimmt das Spiel dieser Kräfte zwar zur Kenntnis, entscheidet dann aber aus sich heraus, was geschehen soll. Die Freiheitsintuition zu erklären setzt also voraus, die Rolle des Selbst zu verstehen.

Wir müssen also, wenn wir Freiheitsintuitionen erklären wollen, zweierlei untersuchen: die subpersonalen Mechanismen, in denen Handlungsentscheidungen zu Stande kommen, und die personalen Wahrnehmungsprozesse, in denen sie uns dann als Resultate eigener Entscheidungen erscheinen.

1. Handlungsentscheidungen: Subpersonale Produktion

Mechanismen, die Handlungsentscheidungen zugrunde liegen, werden in verschiedenen Bereichen der Psychologie untersucht. Trotz vieler Unterschiede besteht aber eine gewisse Einigkeit darin, dass Theorien von Handlungsentscheidungen mindestens drei zentrale Zutaten benötigen: Präferenzen, Handlungswissen und Situationsbewertung.

Erstens sind geordnete *Präferenzen* erforderlich (z. B. Triebe, Bedürfnisse, Motive, Interessen etc.). Diese Präferenzensysteme spezifizieren Hierarchien von Handlungszielen, und sie tun dies auf unterschiedlichen Zeitskalen, die von langfristigen (im Grenzfall lebenslangen) Präferenzdispositionen bis zu kurzfristigen, aktuellen Bedürfniskonstellationen reichen.

Zweitens ist *Handlungswissen* erforderlich. Handlungswissen ist Wissen über Handlungs-Wirkungs-Zusammenhänge. Es ist so organisiert, dass es in beiden Richtungen zugänglich und nutzbar ist: von Handlungen zu Wirkungen und von Wirkungen zu Handlungen. Beide Nutzungen gehen in die Handlungsplanung ein. Einerseits stehen Informationen über mögliche Wirkungen gegebener Handlungen bereit, andererseits Informationen über mögliche Handlungen für die Realisierung gegebener Ziele.

Drittens sind schließlich Prozesse erforderlich, die eine laufende *Situationsbewertung* im Hinblick auf aktuelle Ziele und Handlungsoptionen bereitstellen. Diese Prozeduren sorgen dafür, dass die aktuelle Situation, in der sich der

Akteur befindet, so repräsentiert wird, dass sie im Hinblick auf anstehende Handlungsentscheidungen bewertet werden kann.

Diese drei Zutaten werden in verschiedenen Theorien auf unterschiedliche Weise zusammengeführt. Was allerdings allen Theorien gemeinsam ist, ist dies: Handlungsentscheidungen ergeben sich als Produkt der Zusammenführung von Präferenzen, Handlungswissen und Situationsbewertung. Für eine besondere personale Instanz, die die Entscheidung dann zu treffen hätte – wie etwa den Willen – ist in diesen Theorien kein Bedarf und auch kein Raum: *Entscheidungen kommen zu Stande, ohne dass da jemand wäre, der sie trifft.*

2. Das eigene Selbst: Personale Wahrnehmung

Wie sollen wir dann aber die konstitutive Rolle des eigenen Selbst für die Freiheitsintuition verstehen? Etwa als einen schönen Schein, den uns eitle Selbstwahrnehmung vorgaukelt? Als grobe Selbst-Täuschung also? Die Antwort hängt davon ab, wie man das, was ich das eigene Selbst genannt habe, theoretisch fassen will. Dieser Frage wende ich mich jetzt zu: Wie sollen wir Subjektivität verstehen? Was für eine Wirklichkeit steckt hinter dem wahrgenommenen Selbst? Das sind natürlich gewaltige Fragen, die ich hier nicht wirklich ausführen, sondern nur streifen kann. Ich will zwei Antworten grob skizzieren – eine verbreitete klassische und eine weniger verbreitete moderne Antwort, welche die klassische Sicht seit einiger Zeit herausfordert.

Die *klassische Antwort* geben solche Konzeptualisierungen von Subjektivität, die das eigene Selbst als ein natürliches Organ des menschlichen Geistes ansehen. Dieses Organ ist Träger von Subjektivität, Personalität und auch Individualität. Ähnlich wie die Organe des Körpers gehört es zur naturgegebenen Grundausstattung des Geistes, die sich vor und unabhängig von Erfahrung ausbildet. Erfahrung bewirkt nicht die Ausbildung des Organs selbst, sondern bestimmt lediglich seine konkrete Ausgestaltung.

Die zentrale Intuition, die dieser Vorstellung zugrunde liegt, kann man als *Selbst-Naturalismus* bezeichnen: Das Selbst ist das naturgegebene Zentralorgan, das die Tätigkeit anderer seelischer und geistiger Funktionen koordiniert und steuert. Dadurch ist es im gesamten Seelenleben allgegenwärtig. Solche selbst-naturalistischen Intuitionen spielen nicht nur in unserer Alltagspsychologie eine prominente Rolle, sondern auch in der Wissenschaft – in psychologischen Theorien ebenso wie in philosophischen Systemen.

Die *moderne Antwort* geben demgegenüber solche Konzeptualisierungen, die die Grundlage des eigenen Selbst nicht in einem natürlich angelegten Organ sehen, sondern in einer erworbenen Wissensstruktur. Nach dieser Vorstellung ist das eigene Selbst ein mentaler Inhalt wie andere auch, und die repräsentationalen Strukturen, die ihm zu Grunde liegen, entstehen in den gleichen Prozessen, wie alle übrigen Repräsentationen. Mein Wissen über mich selbst hat danach genau den gleichen Status wie mein Wissen über den Mond, den Eiffelturm oder die Straßenverkehrsordnung.

Die zentrale Intuition, die dieser Vorstellung zu Grunde liegt, kann man als *Selbst-Konstruktivismus* bezeichnen: Dem Selbst liegt eine besondere Wissensstruktur zugrunde, die nicht durch einen vorgegebenen Bauplan festgelegt ist, sondern in Lernprozessen entsteht, in denen Wissensstrukturen üblicherweise aufgebaut werden. Wenn dann das Selbst eine zentrale – oder gar steuernde – Rolle im Leben der Seele zu spielen scheint, muss die Frage gestellt werden, wie diese besondere Rolle zu Stande kommt und welche Vorteile mit ihr verbunden sind. Nach dieser Lesart sind Strukturen und Funktionen des mentalen Selbst nicht primär gegeben, sondern sekundär erzeugt. Das Selbst wird damit zum Gegenstand psychohistorischer oder auch entwicklungspsychologischer Re- bzw. Dekonstruktion.

3. Selbst-Täuschung?

Soviel zu naturalistischen und konstruktivistischen Konzeptualisierungen von Subjektivität und Selbst. Jetzt können wir zu der Frage zurückkehren, wie die personale Interpretation von subpersonalen Entscheidungsprozessen zu verstehen ist, von der wir ja sahen, dass sie für die Freiheitsintuition konstitutiv ist. Sollen wir sie als schönen Schein verstehen, der uns täuscht, oder als kluge Erfindung, die uns nützt? Wir sehen jetzt, dass die Antwort davon abhängt, wie wir das Selbst verstehen.

Folgt man nämlich der naturalistischen Konzeptualisierung, kann man hier in der Tat nichts weiter als eine Täuschung diagnostizieren. Wenn nämlich beides gelten soll – dass einerseits Entscheidungen vollständig durch subpersonale Mechanismen erklärbar sind, und dass andererseits das Selbst ein naturgegebenes Organ des Geistes ist, das unabhängig von diesen Mechanismen existiert, dann kann die Zuschreibung von Entscheidungen zu diesem Selbst nur ein Irrtum und eine Täuschung sein. Wir täuschen uns eben, wenn wir uns selbst als autonome Autoren unserer Entscheidungen und Handlungen verstehen.

Folgt man dagegen der konstruktivistischen Konzeptualisierung, ist die Rede von Täuschung im Grunde sinnlos, weil hier ein naturgegebenes und von unserer Wahrnehmung unabhängiges Selbst, das sich etwas zuschreiben könnte, was ihm nicht gehört, gar nicht existiert. Was dagegen existiert, ist das wahrgenommene Selbst. Es beruht auf Wissensstrukturen, die gemeinsam mit den Strukturen für Präferenzen, Handlungswissen und Situationsbewertung aufgebaut werden. Das Selbst wird mit und in diesen Strukturen erzeugt. Dabei wird ihm die Rolle des Autors von Handlungsentscheidungen zugewiesen – und diese Autorenschaft ist die eigentliche Funktion, für die es überhaupt gemacht ist. Von Täuschung kann hier keine Rede sein.

4. Attributionsdiskurse

Wer derartiges behauptet, hat die Beweislast auf seiner Seite. Er muss nämlich erklären, wie das Selbst, wenn es denn nicht als natürliches Organ angelegt ist, in Lern- und Sozialisationsprozessen entsteht bzw. hergestellt wird. Diese Frage führt uns zu sozialen Praktiken der Selbst-Konstitution, die ich hier unter der Bezeichnung Attributionsdiskurse ansprechen möchte. Darunter verstehe ich Diskurse über Subjektivität und Bewusstsein, die sich in einem kulturell genormten Interpretationsrahmen abspielen, welcher die Sozialisation von Individuen steuert und ihnen eine mentale Struktur zuschreibt, in deren Zentrum ein autonom gedachtes Selbst steht.

Attributionsdiskurse durchziehen unser Alltagsleben auf vielerlei Ebenen. Die elementarsten Vermittlungsmechanismen stützen sich auf unmittelbare face-to-face-Interaktionen im mikrosozialen Bereich und sind nicht notwendigerweise an sprachliche Kommunikation gebunden. Komplexere Vermittlungsmechanismen stützen sich auf sprachlich gebundene Attributionsdiskurse im makrosozialen Bereich. Zu nennen ist hier vor allem der Diskurs des psychologischen Common Sense, d. h. der alltagspsychologischen Konstrukte, die Kulturen oder Sprachgemeinschaften verwenden, um das Handeln menschlicher Akteure zu erklären. Unsere Alltagspsychologie operiert, wie wir bereits sahen, mit der Vorstellung von Personen, deren Kern ein explizites, lebenslang identisches Selbst bildet. Nicht weniger einschlägig sind die damit verwandten Diskurse von Moral und Recht, die dieses Selbst als autonome Quelle von Handlungsentscheidungen ansehen.

Wenn nun soziale Akteure ihre wechselseitige Interaktion und Kommunikation auf Mikro- und Makroebene so organisieren, dass sie bei allen Ko-Akteuren ein mentales Selbst voraussetzen, trifft jeder Akteur – auch jeder neu hinzutretende – auf eine Diskurssituation, die auch für ihn eine selbst-förmige Rolle bereithält. Die Wahrnehmung der auf ihn gerichteten Fremdzuschreibungen erzeugt dann Selbstzuschreibung, und der Akteur macht sich schließlich die ihm zugeschriebene Rolle selbst zu eigen. Er versteht sich dann so, wie die anderen ihn verstehen, und er handelt so, wie die anderen es von ihm erwarten.

Getragen und unterfüttert werden die mikro- und makrosozialen Attributionsdiskurse, die unser tägliches Leben erklären und regulieren, nicht zuletzt auch durch narrative Diskurse verschiedener Art. Die fiktionalen Geschichten aus Büchern und Filmen, mit denen wir die Pausen ausfüllen, in denen wir uns vorübergehend aus den wahren Geschichten unseres Lebens verabschieden, sind vollgestopft mit Willens- und Handlungsjargon. Solche Geschichten sind es denn auch, die wir unseren Kindern erzählen, um ihnen zu erklären, was Personen eigentlich sind, wie sie funktionieren und wie ihr Denken mit ihrem Tun zusammenhängt. Was wir ihnen damit anbieten, ist zweierlei: zum einen die explizite Semantik der Kultur, in der sie leben – ihre Sitten und Gebräuche, ihre Wert- und Normvorstellungen, ihre Mythen und Legenden; zum anderen aber auch die implizite Syntax ihrer Alltagspsychologie, die festlegt, wie menschliche Akteure funktionieren, wie sie denken und handeln und wie sie für die Folgen ihrer Handlungen belohnt oder bestraft werden – sei es im Himmel oder auf Erden.

III. Freiheit loben

1. Willensfreiheit als soziale Institution

Unsere bisherigen Überlegungen haben eine – wenn auch gewiss spekulative – Antwort auf die Frage geliefert, wie Subjekte zu Stande kommen, die sich als Autoren von Entscheidungen und Handlungen verstehen und dabei Freiheitsintuitionen ausbilden. Wir sehen jetzt, *dass der freie Wille eine soziale Institution ist* – eine kollektive Erfindung, die von Menschen für Menschen gemacht ist. Freiheitsintuitionen entstehen nämlich dann, wenn und dadurch, dass Individuen in sozialen Diskursen lernen, ein eigenes Selbst als Quelle von Handlungsentscheidungen und Handlungen auszubilden. Dies ist die eigentliche Funktion, für die es gemacht ist, und es gibt kein davon unabhängiges, natürliches Selbst, das sich fälschlich etwas zuschreiben könnte, was eigentlich gar nicht zu ihm gehört.

Was bleibt, ist die Frage der Zwecke: Wozu soll die soziale Institution autonomer Selbste, die mit Freiheitsintuitionen ausgestattet sind, eigentlich gut sein? Was leistet sie psychologisch für die Individuen und was sozial und politisch für deren Vergesellschaftung?

2. Psychologische Wirkungen

Was die psychologischen Wirkungen für die Individuen betrifft, hängt alles davon ab, welche Rolle man der personalen Interpretation subpersonaler Entscheidungsprozesse zuschreiben will. Bisher habe ich die subpersonalen Vorgänge als Wirklichkeit, die personalen Interpretationsprozesse dagegen als Wahrnehmung dieser Wirklichkeit beschrieben. Diese Unterscheidung müssen wir aber aufgeben, wenn es um psychologische Wirksamkeit geht. Nichts wäre verkehrter, als aus ihr den Schluss zu ziehen, dass nur die objektive Wirklichkeit wirksam ist, ihre subjektive Wahrnehmung dagegen wirkungslos. Denn wie jede andere soziale Institution sind autonome Selbste keineswegs fiktive, sondern durchaus reale Entitäten.

Konkret wird ihre Wirksamkeit durch die Tatsache eingelöst, dass die personale Wahrnehmung und Interpretation subpersonaler Prozesse ihrerseits natürlich gleichfalls durch subpersonale Repräsentationsprozesse getragen sein muss – durch Prozesse also, die aus dem gleichen Holz geschnitzt sind wie jene subpersonalen Prozesse, die sie zum Gegenstand hat. Mit anderen Worten: Die subpersonalen Prozesse, die das eigene Selbst und damit die personale Wahrnehmung von Entscheidungen tragen, sind genauso real und wirksam wie die subpersonalen Prozesse, die Handlungsentscheidungen hervorbringen. Beide Prozesse spielen sich in dem gleichen Repräsentationsmedium ab und können aufeinander einwirken.

Was aber kann diese Selbstinstanz bewirken, wenn sie die Entscheidungen selbst gar nicht hervorbringt? Die Antwort liegt nicht in den Entscheidungen selbst, sondern in den Prozeduren, in denen sie zu Stande kommen. Mit anderen Worten: Dass wir uns als freie, autonome Subjekte wahrnehmen, hat

Konsequenzen für die Prozeduren, in denen unsere Handlungsentscheidungen zu Stande kommen.

Wir können vermuten, dass eine entscheidende prozedurale Wirkung der Selbst-Instanz darin besteht, dass sie gegenüber den subpersonalen Produktionsprozessen, die auf Tempo und Effizienz angelegt sind, retardierend wirkt. Der Aufschub von Handlungsentscheidungen, der daraus folgt, bietet Raum für elaborative Prozeduren, die in den entscheidungsrelevanten Repräsentationssystemen eine Vertiefung der Verarbeitung bewirken. Zum einen führt diese Vertiefung zu einer Verbreiterung der Informationsbasis. Zum anderen bewirkt sie die Aktivierung zusätzlicher Verarbeitungs- und Bewertungsprozeduren.

Diese Prozesse können allerdings immer nur auf solchen Informationen operieren, die der Akteur in seinem eigenen Repräsentationssystem vorfindet – den eigenen Präferenzen, dem eigenen Wissen und der eigenen Situationsbewertung. In diesem Sinne sind sie privat. Darüber hinaus sind sprachfähige Akteure aber auch in der Lage, ihre zunächst privaten Elaborationen für kommunikativen und argumentativen Austausch mit anderen Akteuren zu öffnen. Durch diesen Austausch werden private Entscheidungsprozesse öffentlich zugänglich, öffentlich verhandelbar und öffentlich kontrollierbar. Das autonome Selbst ist somit die mentale Bühne für die Regulierung individuellen Handelns durch kollektive Normen.

3. Soziale Funktionen

Damit sind wir bereits bei den sozialen Funktionen von Autorenschaft und Freiheitsintuition angelangt. Man geht vermutlich nicht fehl in der Einschätzung, dass hier die eigentliche Leistung dieser Institutionen liegt. Zum einen wirken sie auf Diskurse und Institutionen der Handlungsregulierung zurück – auf *Moral und Recht* also. Wie wir schon sahen, liegt eine zentrale Leistung des Willens- und Freiheitsjargons darin, dass er es möglich macht, Handlungen und Handlungsfolgen Personen zuzurechnen. Personen werden für ihre Handlungen zur Rechenschaft gezogen. Der Willens- und Freiheitsjargon schneidet den Erklärungsregress ab. Er akzeptiert zwar, dass es allerlei Umstände gegeben haben mag, welche die Handlungen des Akteurs beeinflusst haben, nicht aber, dass er der Summe dieser Umstände schutzlos ausgeliefert war. Er hätte sich vielmehr auch anders entscheiden können. Deshalb ist er für seine Handlungen verantwortlich: Verantwortlichkeit ist der Preis der Freiheit.

Das alles mag uns ganz selbstverständlich erscheinen. Aber es war nicht immer so und ist auch gewiss auch heute nicht überall auf der Welt so. In vormodernen Kulturen lässt sich die moralische und rechtliche Bewertung von Handlungen häufig dadurch beeindrucken, dass Akteure sich auf den Willen von Autoritäten berufen, denen sie Gehorsam schulden. Moderne Kulturen begegnen solchen Autoritäten mit zunehmender Skepsis. Fremde Autorität, so scheint es, ist hier durch eigene Autorenschaft abgelöst.

Ein bemerkenswertes Beispiel für diesen Übergang ist die auf Bruno Snell und Julian Jaynes zurückgehende Charakterisierung des Handelns der Akteure in Ilias und Odyssee. Odysseus ist bereits ein modernes Subjekt – eine Person, die selbst überlegt, was sie tut und dann ihre Überlegungen in Handlungen umsetzt. Agamemnon dagegen ist noch ein vormodernes Subjekt: Er tut nicht, was er selber will, sondern was die Stimmen der Götter ihm eingeben. Agamemnon ist noch Werkzeug der Götter, während Odysseus schon Herr seines eigenen Willens ist – eine literarische Metapher, in der Jaynes den Nachklang eines psychohistorischen Prozesses sieht, in dem autonome Subjekte dermaleinst als Ebenbilder und Nachfahren der Götter entstanden.

Nicht zuletzt wirkt der Freiheitsjargon natürlich auch auf Diskurse und Institutionen der *politischen Willensbildung* zurück. Individuen, die sich wechselseitig Autonomie und Verantwortung für ihre Entscheidungen zuschreiben, werden diese Merkmale auch auf Entscheidungen anwenden wollen, die das Kollektiv dieser Individuen betrifft. Wo dies geschieht, wird autoritäre Führung obsolet – und das Gleiche gilt natürlich für Diskurse und Institutionen, die sie legitimieren und sichern. An ihre Stelle treten Mechanismen der kollektiven Willensbildung, wie sie sich in verschiedenen Zeitaltern und Kulturen auf unterschiedlichen Ebenen der Vergesellschaftung artikuliert haben. Im Grenzfall moderner staatlicher Verbände werden sie durch die Ideologie des Sozialvertrags zwischen gleichen und autonomen Individuen getragen, und sie sind durch demokratische Formen der Willensbildung verkörpert. Demokratien sind also auf die Idee des autonomen Individuums und des freien Willens angewiesen. Wenn wir das eine lieben, müssen wir das andere loben.

IV. Zu guter Letzt

Was soll nun gelten: leugnen oder loben? Hat nun der Mensch einen freien Willen oder nicht? Die Antwort muss verwirrenderweise lauten: Ja und Nein. Eigentlich nicht, aber praktisch doch. Ich schließe mit einer Erläuterung zu dieser Antwort, die vielleicht die Verwirrung etwas lindern kann.

Wenn man auf eine schwierige Frage keine Antwort weiß, hilft es manchmal weiter, wenn man erst leichtere Fragen beantwortet. Deshalb zwei leichte Fragen vorab: *Hat der Mensch Räder?* Antwort: Eigentlich nicht, aber praktisch doch. Von Natur aus hat er keine. Aber er hat sich welche gemacht und sie in allerlei Fahrzeuge eingebaut, wie z. B. Fahrräder, Autos etc. Und wenn er diese Vehikel benutzt, hat er praktisch doch Räder. *Hat der Mensch Rechte und Pflichten?* Antwort: Eigentlich nicht, aber praktisch doch. Von Natur aus hat er keine, aber er hat sich welche gemacht und sie in allerlei Vorschriften zur Regulierung von Handlungen eingebaut. Und wenn er diese Regularien benutzt, hat er praktisch doch Rechte und Pflichten. Und jetzt die schwierige Frage: *Hat der Mensch einen freien Willen?* Antwort: Eigentlich nicht, aber praktisch doch. Von Natur aus hat er keinen. Aber er hat sich einen gemacht und ihn in allerlei Theorien zur Erklärung von Handlungen eingebaut, und wenn er diese Erklärungen benutzt, hat er praktisch doch einen freien Willen.

Einen freien Willen haben Menschen also genau in dem gleichen Sinn, in dem sie Räder, Rechte und Pflichten haben. Räder, Rechte, Pflichten und Freier Wille sind *Artefakte*, die Personen sich aneignen und benutzen. Deshalb ist die Frage, ob es den freien Willen gibt, falsch gestellt. Wir müssen nicht fragen, ob es ihn gibt, sondern ob wir ihn brauchen und ob wir ihn als Artefakt herstellen können. Wenn das gelingt, ist dieses Artefakt für seine Benutzer keineswegs fiktiv, sondern reale Tatsache. Denn es bestimmt ihren Handlungsspielraum in der gleichen Weise wie die Tatsachen der natürlichen Umgebung, in der sie leben.

Philippe Mastronardi, St. Gallen

Theorie des Rechts und der Rechtswissenschaft

Freiheit und Verantwortung als Voraussetzungen des Gesprächs mit der Gehirnforschung

I. Vorbemerkungen

1. Rechtswissenschaft im Spannungsfeld von Naturwissenschaft und Geisteswissenschaft

Die Naturwissenschaften sind der Versuch des Menschen, die Welt als Objekt zu erklären. Sie nehmen den Beobachterstandpunkt ein und fragen nach objektiver Wahrheit. Die Geisteswissenschaften sind der Versuch des Menschen, sich als Subjekt zu verstehen. Sie nehmen den Teilnehmerstandpunkt ein und fragen nach intersubjektiver Wahrheit und Richtigkeit.

Die Rechtswissenschaft braucht beides, ist aber weder das eine, noch das andere. Sie ist eine normative Entscheidungslehre. Sie erhebt nicht den Anspruch einer – sei es objektiven, sei es intersubjektiven – Wissenschaftlichkeit. Ihre Erkenntnisse sind dogmatischer Art. Sie ist die Kunstlehre des Rechts: die Lehre der vertretbaren Entscheidung unter den Bedingungen des positiven Rechts.

2. Monistisches und dualistisches Weltbild

Einige Naturwissenschafter beanspruchen für sich ein monistisches Weltbild und schreiben jenen, die von Geist reden, ein dualistisches Weltbild zu. Gemeint ist ein Dualismus von Materie und Geist. Damit soll den Geisteswissenschaftern die Beweislast dafür zugeschoben werden, die Existenz von Geist nachzuweisen.

Dabei wird unterstellt, Geist sei ebenso objektivierbar wie Materie und

Eine solche Verkürzung des Weltbildes eignet sich nicht als Grundlage der Rechtswissenschaft, weil sie den Kern der modernen Rechtsordnung verletzt: die Menschenwürde. Diese garantiert jedem Menschen die Subjektqualität. Sie soll gerade verhindern, dass ein Mensch vollständig zum Objekt anderer gemacht wird – auch zum Objekt einer verdinglichenden Wissenschaft.

Damit ist die Aufgabe gestellt, die Rechtswissenschaft grundsätzlich zu reflektieren. Dies soll im Folgenden auf drei Ebenen erfolgen:

Auf der Ebene der Rechtswissenschaft selbst (II.). Hier geht es um ihre beiden Aufgaben, die Dogmatik (1.) und die Methodik (2.) des Rechts.

Auf der Ebene der Reflexion über das Recht (III.). Hier geht es um die Rechtstheorie.

Auf der Ebene der Reflexion über die Rechtswissenschaft (IV.). Hier geht es um die Wissenschaftstheorie der Jurisprudenz.

Dieser Reflexionsprozess soll die Voraussetzungen aufdecken, welche der Rechtswissenschaft in Bezug auf Freiheit und Verantwortung des Menschen zugrunde liegen. Diese selbstkritische Analyse berechtigt abschliessend zur Frage, ob die Gehirnforschung, bevor sie dem Menschen Willensfreiheit und Verantwortung abspricht, ihre eigenen Voraussetzungen gleichermassen reflektiert hat (V.).

II. Aufgaben der Rechtswissenschaft

Gegenstand der Rechtswissenschaft ist die Rechtsordnung. Diese wird von der Rechtswissenschaft auf zwei Ebenen untersucht:
- auf der Ebene der Dogmatik: nach ihren Inhalten (Ziff. 1);
- auf der Ebene der Methodik: nach ihren Prozessen (Ziff. 2).

Die beiden Ebenen sollen im Folgenden daraufhin untersucht werden, welche Annahmen ihnen in Bezug auf die Fähigkeit des Menschen zu Freiheit und Verantwortung zugrunde liegen. Dabei wird der Begriff der Freiheit vorläufig bewusst nicht näher definiert. Es wird sich zeigen, dass der Rechtsbegriff der Freiheit eng verknüpft ist mit den Begriffen der Vernunft und der individuellen Selbstbestimmung.

1. Dogmatik

Die Dogmatik des Rechts setzt voraus, dass die Menschen, welchen die Rechtsordnung Rechte und Pflichten zuspricht, über die Fähigkeit zu Freiheit und Verantwortung verfügen. Das ist nicht nur eine Annahme des positiven Rechts, sondern auch der Rechtswissenschaft[1]. Diese konstruiert eine kohärente Rechtsordnung auf liberaler Grundlage. Aus den politischen Entschei-

1 Peter Forstmoser, *Einführung in das Recht*, 3. A., Bern: Stämpfli Verlag, 2003, 290 ff.; Gunther Arzt, *Einführung in die Rechtswissenschaft: Grundlagen mit Beispielen aus dem schweizerischen Recht*, 2. A., Basel/Frankfurt a. M.: Helbling und Lichtenhahn, 1996, 2 ff.

dungen des Gesetzgebers (welche nicht notwendigerweise widerspruchsfrei sein müssen) schafft sie eine liberale Rechtsordnung, welche auf den Ideen der persönlichen Freiheit und der individuellen Verantwortung beruht. Ein paar Beispiele mögen dies illustrieren:

- *Das Strafrecht beruht auf der Schuld des Täters. Der blosse Erfolg genügt nicht als Grund für die Bestrafung. Handeln mit Wissen und Willen ist die Hauptform des vorwerfbaren Handelns. Das Strafrecht ist keine blosse Sozialtechnologie, sondern die rechtliche Umsetzung eines moralischen Vorwurfs. Die strafrechtliche Verantwortung gilt als Konsequenz aus der Freiheitsfähigkeit des Menschen.*
- *Das Privatrecht beruht auf den Grundsätzen der Privatautonomie und der Vertragsfreiheit. Die Lehre von den Willensmängeln setzt Willensbildung und Willensäusserung als Ausdruck persönlicher Freiheit voraus. Der privatrechtliche Persönlichkeitsschutz erklärt für rechts- und sittenwidrig, was das Individuum in seiner Freiheit verletzt.*
- *Der Rechtsstaat ist die staatliche Institution der individuellen Freiheit des Menschen. Die Menschenwürde, die persönliche Freiheit, die Religionsfreiheit und die andern ideellen Menschenrechte schützen die Persönlichkeit des Individuums gegen staatliche und soziale Macht. Sie sind die rechtliche Garantie der Subjektqualität des Menschen, insbesondere seines freien Willens und seiner persönlichen Integrität.*
- *Die Demokratie ist die staatliche Institution der kollektiven Freiheit des Menschen. Die Volkssouveränität gründet auf der kollektiven Freiheit der Bürgerschaft. Diese kann nur durch politische Rechte der Einzelnen gesichert werden: Die politische Freiheit ist die Garantie der unverfälschten Willensbildung und Willensäusserung bei Wahlen und Abstimmungen.*

In all diesen Bereichen dient das Recht dem Schutz von Freiheit und Selbstverantwortung des Menschen. Das Recht steht im Dienst der individuellen Freiheit und Verantwortung.

> These 1:
> Die Rechtswissenschaft konstruiert eine liberale Rechtsordnung auf der Grundlage von persönlicher Freiheit und Verantwortung. Sie ist darauf angewiesen, dass diesem Konzept eine Realität entspricht. Wäre der Mensch in seinem sozialen Verhalten vollständig determiniert, würde es die Grundidee der Gerechtigkeit verletzen, ihn trotzdem zur Verantwortung zu ziehen.

Die juristische Dogmatik setzt somit ein Menschenbild voraus, das den Menschen als offenes Wesen kennzeichnet.

2. Methodik

Die Methodik ist jener Teil der Rechtswissenschaft, welcher ihr einen wissenschaftlichen Anstrich verleiht. Ohne sie stünde die Juristerei unter dem Verdacht blosser Ideologie im Dienste der aktuellen politischen Macht. Dank ihr verdient sie, in die Reihen der universitären Disziplinen aufgenommen zu sein. Sie bleibt eine Entscheidungslehre, darf aber den Anspruch einer bestimmten Rationalität erheben. Sie hat sowohl einen Erkenntniswert als auch einen Begründungscharakter. Sie gestattet intersubjektive Konsense über begründbare Entscheidungen im Recht. Sie zählt damit zu den hermeneutischen Disziplinen[2].

Allerdings unterscheidet das Handlungsziel des juristischen Urteils die Aufgabe des Juristen von jener des allgemeinen Hermeneutikers. Der Jurist hat sein Text- und Sachverständnis auf diese Entscheidungssituation auszurichten. Rechtstexte und juristische Methodik haben den Stellenwert von Mitteln zur Rationalisierung einer subjektiven Entscheidung.

Eine juristische Lehre der vernünftigen Entscheidung muss drei methodische Schritte der juristischen Arbeit erfassen[3].

- Der erste Schritt ist der *Verstehensprozess*. Dieser richtet sich nach dem allgemeinen hermeneutischen Zirkel. Das Vorverständnis des Juristen ist geprägt von persönlicher und beruflicher Erfahrung und muss in das Verständnis von Norm und Wirklichkeit eingebracht sowie durch vergleichendes Quellenstudium korrigiert und präzisiert werden. Insoweit ist juristische Arbeit Verstehensarbeit.
- Der zweite Schritt ist der *Begründungsprozess*. Der hermeneutische Prozess des Verstehens wird beim Juristen durch die Aufgabe ergänzt, eine Entscheidung zu begründen. Das Vorverständnis ist immer zugleich ein Vor-Urteil. Seine Umwandlung in das Urteil erfolgt, indem versucht wird, das Vor-Urteil mit den Mitteln der juristischen Methodik zu überprüfen. Seine Korrektur wird genau dann nötig, wenn diese Begründung nicht gelingt, bzw. für eine abgeänderte Entscheidung besser möglich wird. Seine Präzisierung ergibt sich in dem Umfang, in welchem die Begründung differenzierter ausfällt als der Urteilsentwurf.
- Der dritte Schritt ist der *Entscheidungsprozess*. Verstehen und Begründen führen die juristische Arbeit an die Entscheidung heran, sind damit aber nicht identisch. Der Begründungsprozess kennt kein vorgegebenes Ende. Die Entscheidung ist jener Akt, mit dem dieses Ende gesetzt wird. Damit dieser Akt nicht willkürlich bleibt, muss auch er begründet werden. Im monologischen Verfahren genügt die Prüfung, ob das Ergebnis überzeugt oder „befriedigt"; im realen Diskurs muss der Zweifel durch Verfahrensrechte institutionalisiert werden, welche die zuständige Behörde zwingen, sich zu fragen, ob ihre Entscheidung einer kritischen Überprüfung standhält (Rechtsweg, Verfassungsgerichtsbarkeit gegenüber dem Gesetzgeber).

2 Philippe Mastronardi, *Juristisches Denken: Eine Einführung*, 2. A., Bern/Stuttgart/Wien: Haupt Verlag, 2003, Rz. 90 ff.

3 Mastronardi (Fn. 2), Rz. 226 ff.

Hier kommt der Kritik faktischer Entscheidungsinteressen besondere Bedeutung zu.

Die juristische Methode dient dem Juristen dabei als systematische Anleitung bei der Herstellung seines Urteils. Sie hilft ihm, seinen ersten Urteilsentwurf zu begründen oder zu widerlegen.

These 2:
Die Rechtswissenschaft ist eine normative Entscheidungslehre. Ihre Aufgabe ist es, Tatsachen und Rechtsnormen auf rationale Weise zu einem Urteil zu verknüpfen. Rational ist ein Urteil dann, wenn es sich auf eine vertretbare Argumentation unter Berufung auf gute Gründe im Rahmen des Rechts abstützt.

Die methodische Arbeit beginnt mit einem konkreten oder typischen Sachverhalt, der als Problem oder Konflikt empfunden wird. Dieser Sachverhalt tritt zunächst in seiner Rohfassung als Erzählung über ein Geschehnis auf. Darin sind viele Sachverhaltselemente rechtlich unerheblich. Andere, rechtlich wichtige tatsächliche Elemente, müssen noch erfragt oder erwiesen werden, damit die für das Urteil erhebliche Aussage konstruiert werden kann[4].

Der „Fall" ist somit stets eine vom voraussichtlichen Urteil her aufbereitete, normativ geprägte Darstellung der Wirklichkeit. Er ist kein blosses Faktum, sondern eine interpretierende Geschichte über Fakten. *Der Absturz eines Verkehrsflugzeuges wird ganz anders geschildert, je nachdem ob ein Techniker, ein Pilot, ein Ökonom oder ein Jurist ihre Geschichte darüber erzählen.* Darin liegt ein typischer *hermeneutischer Zirkel*[5]: Um den Sachverhalt juristisch zu verstehen, muss ich wissen, was daran für das Urteil wichtig ist. Das weiss ich aber erst, wenn ich weiss, welches Urteil zu fällen ist. Die Auswahl der Sachverhaltselemente geschieht also aus einem Vorausentwurf des Urteils heraus. Das Gleiche gilt für die Auswahl der anwendbaren Normen: Um eine Rechtsnorm zu verstehen, muss ich wissen, auf welche Sachverhalte sie anwendbar ist. Das weiss ich aber erst, wenn ich die Norm angewendet habe. Im Einzelfall bestimme ich daher die einschlägigen Normen aus einem rechtlichen Vorverständnis des Sachverhalts heraus[6].

Im Einzelnen folgt das juristische Urteil folgendem Gedankengang:

- Der Jurist geht vom Sachverhalt aus und bewertet diesen auf der Grundlage seines Vorverständnisses.
- Sein Vorverständnis sagt ihm, welche Sachverhaltsmerkmale für eine rechtliche Beurteilung wesentlich sein könnten.
- Nun folgt die Auslegung dieser Normtexte. Sie soll Normtext und Sachverhalt in ihr richtiges Verhältnis setzen.

4 Karl Larenz/Claus-Wilhelm Canaris, *Methodenlehre der Rechtswissenschaft*, 3. A., Berlin: Springer, 1995, 99 ff.

5 Larenz/Canaris (Fn. 4), 101 f.; vgl. Mastronardi (Fn. 2), Ziff. II, Kap. 2.1.2.2., Rz. 97.

6 Larenz/Canaris (Fn. 4), 102 ff.

- Zu diesem Zweck bestimmt der Jurist zunächst, ob der Fall in den Sachbereich des Normtexts fällt. Wenn dies zutrifft, sucht er zu verstehen, welche normative Aussage der Normtext für den Sachbereich und den Einzelfall enthält: Er bestimmt das Normprogramm oder die Sollensseite der Falllösung.
- Aus der Sicht des Normprogramms wählt er nun endgültig aus dem Sachverhalt jene Elemente aus, welche in den Anwendungsbereich der Norm fallen: Er bestimmt den *Normbereich* oder die faktische Seite der Falllösung.
- Nun sind sowohl die normativen wie die faktischen Aspekte des Falles so aufbereitet, dass sie verglichen werden können. Die Aussagen der Norm sind auf den Fall zugeschnitten und die sachlichen Aspekte sind auf ihre normativen Aspekte reduziert.
- Das Urteil (auch *Entscheidungsnorm* genannt) spricht das Resultat dieses Vergleichs aus: Es bewertet den Sachverhalt (genauer: dessen normativ relevante Aspekte) aus der Sicht der Norm (genauer: des sachlich einschlägigen Normgehalts).

Der Jurist führt auf diese Weise den Sachverhalt an die Norm heran und die Norm an den Sachverhalt: Einerseits verallgemeinert er Merkmale des Einzelfalles, anderseits konkretisiert er Merkmale der Norm, bis beide auf einer gemeinsamen Ebene miteinander verglichen werden können.[7]

Was bedeutet diese Selbstreflexion der juristischen Methodik für das Gespräch mit der Gehirnforschung?

Das Verfahren der juristischen Methodik setzt voraus, dass die Juristin und der Jurist die Fähigkeit haben, Vorurteile, welche sich ihnen unbewusst oder halbbewusst aufdrängen, zu hinterfragen und zu korrigieren. Was das Recht bei den Bürgerinnen und Bürgern voraussetzt, verlangt die Rechtswissenschaft von den Juristinnen und Juristen: die Fähigkeit zu Freiheit und Verantwortung.

> These 3:
> Die juristische Entscheidungslehre bemüht sich um eine rationale Urteilsfindung, insbesondere um die methodische Überprüfung des Vorverständnisses zum Problem, das zu lösen ist. Dieses Verfahren setzt voraus, dass die Juristin und der Jurist die Fähigkeit haben, ihre Affekte und Emotionen kritisch zu hinterfragen, somit über eine juristisch geschulte Vernunft verfügen.

7 Mastronardi (Fn. 2), Ziff. III, Kap. 1.1.2, Rz. 584 ff.

III. Reflexion des Rechts: Rechtstheorie

1. Leitende Fragestellungen

Die Dogmatik und die Methodik des Rechts setzen somit die Freiheit des Menschen voraus. Sind diese Annahmen nun aber begründet? Das sind Fragen, die zur Reflexion über das Recht und die Rechtswissenschaft zwingen. Diese Reflexion hat auf zwei Ebenen zu geschehen:

1. auf der Ebene der Rechtstheorie. Sie ist die systematische Reflexion der Rechtswissenschaft über das Recht; hier geht es um die Frage: Was ist das Recht? (III.)

2. auf der Ebene der Wissenschaftstheorie. Sie ist die systematische Reflexion über die Rechtswissenschaft; hier geht es um die Frage: Was ist die Rechtswissenschaft? (IV.)

Vorerst zur Rechtstheorie: Auch eine praxisorientierte Disziplin wie die Rechtswissenschaft bildet mit der Zeit eine Theorie aus, mit welcher sie ihren Gegenstand vom Beobachterstandpunkt aus reflektiert. Die Rechtstheorie ist der Ort, wo sich die Rechtswissenschaft auf den Beobachterstandpunkt zurückzieht und sich selbst betrachtet.[8]

Die Rechtstheorie hat dabei eine Vielzahl unterschiedlicher Konzepte entwickelt. Ein paar wenige Streiflichter sollen hier die These begründen, wonach der Beobachterstandpunkt keineswegs eine objektive Wahrheit verbürgt. Zumindest dort, wo der Gegenstand der Mensch selbst ist, verdeckt er vielmehr die subjektiven Voraussetzungen des Beobachters.

Die Auseinandersetzung in der modernen Rechtstheorie lässt sich am besten als Ausfluss der Spannung zwischen Deontologie und Utilitarismus begreifen.

- Aus der Pflichtenethik stammt die klare Trennung von Sein und Sollen, die bei Ablehnung des Naturrechts zu einer positivistischen Normenlehre (normlogischer Positivismus im Sinne Kelsens) führt. Wird das Naturrecht prozedural formalisiert, führt dies zur Diskurstheorie des Rechts.
- Aus der Nützlichkeitsethik stammt hingegen der Empirismus oder Realismus (realistischer Positivismus im Sinne des Soziologismus), der unter funktionaler Analyse zur Systemtheorie des Rechts führt.

8 Roland Dubischar, *Einführung in die Rechtstheorie*, Darmstadt: Wissenschaftliche Buchgesellschaft, 1983; Peter Koller, *Theorie des Rechts: Eine Einführung*, 2. A., Wien/Köln/Weimar: Böhlau, 1997; Arthur Kaufmann/Winfried Hassemer/Ulfried Neumann (Hg.), *Einführung in Rechtsphilosophie und Rechtstheorie der Gegenwart*, 7. A., Heidelberg: C.F. Müller, 2004.

Deontologie	**Utilitarismus**
• Vernunftrecht	• Empirismus
formalisiertes Sollen	Realismus
→ Normlogischer Positivismus	→ Realistischer Positivismus
• Prozedurale Variante	• Funktionale Variante
Diskurstheorie	Systemtheorie

Tabelle: Überblick über das Verhältnis der wichtigsten Rechtstheorien zu Utilitarismus und Deontologie.

Der *Utilitarismus* ist Nützlichkeitsethik (lat. utilitas, Nutzen). Er beurteilt eine Handlung danach, in welchem Masse sie zum Glück der meisten Menschen beiträgt. Er trägt den Charakter einer Erfolgsethik, weil er die Handlung nicht nach der inneren Gesinnung, sondern nur nach den äusseren Folgen bewertet. Man spricht deshalb auch von Konsequentialismus[9].

Die *Deontologie* ist Pflichtenethik (griech. déon, Pflicht). Sie beurteilt eine Handlung unabhängig von ihren äusseren Konsequenzen nach der Pflicht, die zu erfüllen ist. Sie trägt daher den Charakter einer Gesinnungsethik. Die Pflicht besteht in der Befolgung des inneren Gesetzes oder Sittengesetzes. Dessen moralischer Anspruch ist auch dann zu befolgen, wenn kein äusserer Nutzen zu erwarten ist.

Sittliche Pflicht des Menschen ist es, in Übereinstimmung mit seinem inneren Gesetz zu leben. Rechtsform erlangt das Sittengesetz als Naturrecht, das religiös, anthropologisch oder rational begründet werden kann. Vor allem in der dritten Form hat es als formales Vernunftrecht durch Immanuel Kant grossen Einfluss erlangt[10].

2. Vernunftrecht

Das Vernunftrecht beruht auf der Deontologie, der Pflichtenethik. Nach den Regeln der Vernunft können soziale Normen nur dann allgemeine Gültigkeit beanspruchen, wenn sie verdienen, von allen Menschen anerkannt zu werden. Vernünftig sind jene Normen, die bei allgemeiner Befolgung dem langfristigen und wohlverstandenen Interesse jedes Menschen entsprechen. Anzustreben ist der rationale Konsens aller Betroffenen. Jeder Einzelne wird damit zum Prüf-

9 Otfried Höffe, Einleitung: Grundmerkmale des Utilitarismus, in: *Einführung in die utilitaristische Ethik: Klassische und zeitgenössische Texte*, hg. von Otfried Höffe, 3. A., Tübingen: A. Francke Verlag, 2003.

10 Immanuel Kant, Kritik der praktischen Vernunft. Grundlegung zur Metaphysik der Sitten, in: *Werkausgabe Bd. VII*, hg. von Wilhelm Weischedel, Frankfurt a. M.: Suhrkamp, 1974; Otfried Höffe, *Immanuel Kant*, 6. A., München: Beck, 2004, 173 ff.

stein der Gültigkeit einer Norm. Der andere wird als frei und gleichberechtigt anerkannt. Mein Interesse muss mit jenem des anderen verträglich sein.

Das Kriterium, nach welchem mein Interesse beurteilt wird, ist seine Verallgemeinerung zum Gesetz. Denn nur, wenn alle wollen dürfen, was ich will, ist mein Wille mit ihrem Willen verträglich. Der kategorische Imperativ ist Ausdruck dieser Rücksichtnahme. Er fordert ein Handeln nach verallgemeinerbaren Maximen. Eine Handlungsregel ist nur dann verbindlich, wenn sie widerspruchsfrei als allgemeiner Sollenssatz gewollt werden kann. Leitprinzip des Vernunftrechts ist die Gerechtigkeit[11].

Die Grundidee des Naturrechts liegt in der Vorstellung, dass neben dem vom Menschen gemachten positiven Recht noch ein übergeordnetes Recht existiert, ein Recht, das für alle Menschen unabhängig von Zeit und Ort verbindlich ist und daher der menschlichen Willkür entzogen bleibt. Dem liegt die Vorstellung zugrunde, dass die natürlichen und unabhängig von menschlicher Setzung geltenden Grundsätze der Gerechtigkeit, welche den Massstab jedes positiven Rechts bilden, durch die Vernunft begründet sind. Statt von rationalem Naturrecht wird denn auch von Vernunftrecht gesprochen[12].

Vom Standpunkt der Vernunft aus gesehen, können soziale Normen nur dann allgemeine Gültigkeit beanspruchen, wenn sie von allen Menschen bei rechter Erwägung als verbindliche Richtlinien ihres wechselseitigen Verhaltens akzeptiert werden sollten, und dies soll eben für jene Normen gelten, deren allgemeine Befolgung unter den Bedingungen der menschlichen Existenz dem langfristigen Interesse jedes Menschen entspricht. Dem Erfordernis, dass einer allgemein gültigen Norm alle Betroffenen zustimmen müssen, liegt das moralische Prinzip zugrunde, dass alle Menschen von Natur aus frei und gleich sind[13].

3. Historismus

Der Historismus des beginnenden 19. Jahrhunderts ist eine bewusste Reaktion auf den aufklärerischen Rationalismus des Vernunftrechts. Das Recht ist aber auch nicht das willkürliche Produkt der jeweiligen rechtsetzenden Gewalt. Vielmehr geht es aus dem Wesen der Nation und ihrer Geschichte hervor. Die geistige Volksgemeinschaft erzeugt ihren Staat und dessen Organe. Diese amtieren als Repräsentanten des Volksgeistes[14].

Savigny versteht das Recht nicht als ein System von Rechten und Pflichten, sondern als eines von Rechtsverhältnissen und Rechtsinstituten[15]. Das

11 Kant (Fn. 10), 51; vgl. auch Diethelm Klesczewski, Kants Ausdifferenzierung des Gerechtigkeitsbegriffs als Leitfaden der Unterscheidung von Unrechtsformen, in: *Ethische und strukturelle Herausforderungen des Rechts,* hg. von Annette Brockmöller et al., Stuttgart: Franz Steiner Verlag, 1997, 77.

12 Koller (Fn. 8), 136.

13 Koller (Fn. 8), 137.

14 Friedrich Carl von Savigny, *System des heutigen römischen Rechts*, Band I, Berlin 1840 (Neudruck: Aalen: Scientia Verlag, 1973), 13 ff.

15 Savigny (Fn. 14), 7 ff.

Rechtsverhältnis ist eine in die Rechtsform erhobene tatsächliche Beziehung unter Menschen. Die Vielzahl der Rechtsverhältnisse unter den Gliedern der Gesellschaft bildet das rechtliche Beziehungsgeflecht. Dieses Geflecht wird nach bestimmten Typen durch Muster geprägt; diese Muster heissen Rechtsinstitute. Savignys Ansatz führt später zum institutionellen Rechtsdenken: zum Denken in Ordnungszusammenhängen und Funktionsbedingungen.

4. Utilitarismus

Der Utilitarismus, der von Jeremy Bentham begründet worden ist, stellt die grosse philosophische Gegenströmung zur Pflichtenethik oder Deontologie dar, die Immanuel Kant formuliert hat. Sein Ziel umschreibt der Utilitarismus nicht als Gerechtigkeit, sondern als das höchste Glück aller. Er beruht dabei auf einer Logik der Nützlichkeit, bezogen auf Lust- und Unlust-Empfindungen des Menschen. Das hat auch rechtstheoretische Konsequenzen. Nicht Ideale, sondern Bedürfnisse und Interessen sind die Grundlagen des Rechts. Recht ist Mittel zum Zweck ihrer Befriedigung.

„Im Unterschied zur sog. deontologischen Ethik sollen Handlungen bzw. Handlungsregeln (Normen) nicht für sich selbst oder aus ihren Eigenschaften heraus als richtig oder falsch beurteilt werden; ihre Richtigkeit bestimmt sich vielmehr von den Folgen her. Gemessen werden die Folgen an ihrem Nutzen (lat. utilitas, daher die Bezeichnung Utilitarismus). Entscheidend ist aber nicht der Nutzen für beliebige Ziele, Werte oder Zwecke – der Utilitarismus impliziert keinen Wertnihilismus (N. Hartmann) –, sondern der Nutzen für das, was in sich gut ist.“[16].

Als höchstes Gut gilt das menschliche Glück, die Erfüllung der menschlichen Bedürfnisse und Interessen. Sittlich geboten ist, was am meisten Lust bereitet oder Unlust vermeidet. Dabei geht es nicht nur um das Glück des Handelnden, sondern um das Wohlergehen aller Betroffenen. Die utilitaristische Maxime lautet: Handle so, dass die Folgen deiner Handlung für das Wohlergehen der Gesamtheit optimal sind. Handlungsziel ist „das grösste Glück der grössten Zahl“.

Typisch für den Utilitarismus ist der fehlende Bezug zur Gerechtigkeit. Moralische Fragen werden als Interessenkonflikte behandelt, nicht als Rechtskonflikte. Der Einzelne ist Interessenträger, nicht Rechtsträger. Er hat sich dem Gesamtinteresse unterzuordnen, wenn dieses überwiegt. Das Leid des einen darf mit dem Wohlergehen des andern verrechnet werden, wenn die Gesamtsumme des Glücks trotzdem gesteigert wird[17].

16 Höffe (Fn. 9), 10.

17 Höffe (Fn. 9), 45 f.; Jeremy Bentham, Eine Einführung in die Prinzipien der Moral und der Gesetzgebung, in: *Einführung in die utilitaristische Ethik: Klassische und zeitgenössische Texte*, hg. von Otfried Höffe, 3. A., Tübingen: A. Francke Verlag 2003, 55 ff.

5. Positivismus

Nach rechtspositivistischer Ansicht kann Gegenstand und somit Erkenntnisobjekt der Wissenschaft nur das positive Recht sein. Jegliche ethische Bewertung vom Standpunkt eines überpositiven Rechts (sei das im Sinne theologischer Offenbarung, naturrechtlicher Spekulation oder idealer Gerechtigkeitsvorstellung) scheidet somit als Untersuchungsgegenstand aus. Recht wird als Komplex sozialer Normen aufgefasst, welche durch autoritative Setzung und wirksame Durchsetzung Geltung erlangen.

Den verschiedenen Ausprägungen des Rechtspositivismus[18] ist im Wesentlichen Folgendes gemeinsam:

1. „Sie vertreten alle die *These der Trennung von Recht und Moral*, also die Ansicht, die Geltung des positiven Rechts sei unabhängig davon, ob seine Normen mit bestimmten moralischen Überzeugungen übereinstimmen oder nicht“[19].

2. „Entsprechend der These der Trennung von Recht und Moral sieht der Rechtspositivismus die *Aufgabe der Rechtswissenschaft* darin, das positive Recht zu beschreiben und zu erklären, wie es wirklich ist, anstatt darüber zu räsonieren, wie es sein sollte“[20]. Dabei betrachtet der normlogische Positivismus nur das formale Normensystem, der Rechtsrealismus nur die Rechtswirklichkeit.

Der Positivismus kennt zwei grundlegend verschiedene Ausprägungen:

a) Normlogischer Positivismus

Im Gegensatz zu den Realisten will Hans Kelsen das Recht von allem Tatsächlichen und von allen politischen Zwecken lösen[21]. Ihn interessiert die reine normative Perspektive: das Recht als das Gesollte. Nach dem Stufenbauschema bezieht jede Norm ihre Geltungskraft aus einer höherrangigen Norm, die ihre Schaffung vorsieht. Zuoberst steht die (formale) Grundnorm. Rechtserzeugung ist Konkretisierung höherstufiger Normen[22].

Kelsen trennt streng zwischen Sein und Sollen. Sollenssätze folgen nicht den Gesetzen der Kausalität, sondern sind eine Folge menschlicher Setzung: Ein Sollen entsteht, wenn einer Bedingung eine Folge zugerechnet wird. Normative Beziehungen unterscheiden sich von kausalen Beziehungen dadurch, dass erstere einen menschlichen Eingriff voraussetzen. Sein und Sollen folgen unterschiedlichen Denkprinzipien und lassen sich nicht voneinander ableiten[23].

Daher kann die Geltung einer Norm nie in einem Faktum, sondern immer nur in einer anderen Norm begründet sein. Die Frage nach dem Geltungsgrund

18 Vgl. Koller (Fn. 8), 141 f. mit einer Auflistung der wichtigsten Theorien des Rechtspositivismus.
19 Koller (Fn. 8), 142.
20 Koller (Fn. 8), 142.
21 Hans Kelsen, *Reine Rechtslehre*, 2. A., Wien: Deuticke, 1960, III.
22 Kelsen (Fn. 21), 228 ff.
23 Kelsen (Fn. 21), 3 ff.

einer Norm führt daher zu einem (an sich endlosen) Regress auf immer höherrangige Normen. Während in einem statischen Normensystem eine oberste inhaltliche Norm erforderlich wäre, von der sich die Inhalte aller anderen Normen des Systems ableiten liessen, genügt es in einem dynamischen System, dass eine oberste Norm bestimmt, wer zum Erlass inhaltlicher Normen ermächtigt ist. Diese Grundnorm ist nach Kelsen hypothetisch, also bloss vorausgesetzt. Aus positivistischer Sicht darf die Grundnorm keine transzendenten Werte oder moralische Pflichten zum Inhalt haben. Sie lautet daher verkürzt: „Man soll sich so verhalten, wie die Verfassung vorschreibt"[24]. Als geltende Verfassung wird dabei nur eine Ordnung anerkannt, die positiv gesetzt und im Grossen und Ganzen wirksam ist[25].

Die Leistung des normlogischen Rechtspositivismus besteht vor allem darin, dass eine allgemeine Theorie des Rechts zu entwickeln versucht wird, welche die Elemente, die Einheit, die Dynamik und die Geltung von Rechtsordnungen erklärt.

b) Rechtsrealismus

Im Gegensatz zu den Positivisten Kelsen und Hart sehen die Realisten (Hägerström und Ross in Skandinavien, Holmes, Pound, Llewellyn und andere in den USA) im Recht nicht eine ideelle Sollensordnung, sondern eine Wirklichkeit. Gesetze und Urteile sind soziale Fakten, welche eine bestimmte Wahrscheinlichkeit schaffen, dass künftige Entscheide der zuständigen Behörden in bestimmter Richtung ausfallen werden. Ob diese Wahrscheinlichkeit zutrifft, hängt von soziologisch und psychologisch analysierbaren Faktoren ab. Eine Norm gilt dann, wenn sie tatsächlich angewendet wird (soziologische Komponente) und der Richter das Gefühl hat, an die Norm gebunden zu sein (psychologische Komponente).

Das Recht ist die Prognose künftigen Verhaltens von Behörden. So definiert der amerikanische Legal Realism nach Oliver W. Holmes Recht als Prophezeiung, wie sich die Gerichte tatsächlich verhalten werden. Holmes verhält sich sowohl den Regeln als auch den entscheidungsbegründenden Fakten gegenüber skeptisch. Alles ist Vermutung (Hypothese)[26].

Der deutsche Realismus der Weimarerzeit analysiert vor allem die Beamtenideologie des Richterstandes und entwickelt eine Soziologie der Klassenjustiz – Justiz als Produkt der Richterklasse[27].

24 Kelsen (Fn. 21), 204.

25 Kelsen (Fn. 21), 219; Koller (Fn. 8), 150–161.

26 Oliver Wendell Holmes, „The Path of the Law", *Harvard Law Review* 10 (1897), 457–478; Robert S. Summers, *Pragmatischer Instrumentalismus und amerikanische Rechtstheorie: Darstellung und Kritik*, Freiburg i. B./München: Alber, 1983.

27 Eugen Ehrlich, Freie Rechtsfindung und freie Rechtswissenschaft (1903), in: *Rechtsphilosophie oder Rechtstheorie?* hg. von Gerd Roellecke, Darmstadt: Wissenschaftliche Buchgesellschaft, 1988, 126 ff.; Athanasios Gromitsaris, *Theorie der Rechtsnormen bei Rudolph von Ihering: Eine Untersuchung der Grundlagen des deutschen Rechtsrealismus*, Berlin: Duncker und Humblot, 1989.

6. Ökonomismus

Die ökonomische Analyse des Rechts zählt zwar zu den funktionalistischen Rechtstheorien, weil sie mit diesen die Frage nach der Leistung des Rechts für Gesellschaft und Wirtschaft teilt; sie stellt aber keine Systemtheorie im engeren Sinne dar, weil sie vom methodischen Individualismus ausgeht und nicht von den Systemzusammenhängen.

Grundannahme dieser Theorie ist, dass ein ökonomisch effizienter Markt gerechte Lösungen hervorbringt. Am idealisierten Markt wählen die Teilnehmer immer jene Lösung eines Konfliktes, welche für alle am vorteilhaftesten ist. Daraus ergibt sich eine optimale Nutzungsverteilung[28].

Diese Konzeption folgt einem ökonomischen Gerechtigkeitsbegriff: Ökonomische Effizienz schafft gerechte Lösungen, weil sie dafür sorgt, dass jede Ressource zu ihrem höchsten Wert genutzt wird. Diese Nutzung ist ökonomisch gerecht, weil sie das wirtschaftliche Gesamtwohl fördert. Damit bildet diese Theorie einen ökonomisch operationalisierten Utilitarismus, leistet aber mehr Berechenbarkeit als das hedonistische Kalkül. Sie ist zwar primär ein analytisches Modell des Rechts. Sie gestattet aber zugleich praktische Empfehlungen für die Rechtsetzung und die Rechtsanwendung zu formulieren und erlangt damit den Status einer juristischen Methodik.

7. Funktionalistische Rechtstheorien

Die funktionalistische Betrachtung fragt allgemein nach der Leistung des Rechts für die Gesellschaft oder die Wirtschaft und im Besonderen nach der Leistung eines Rechtsphänomens für das Rechtssystem als Ganzes. Das Rechtssystem ist hier nicht das System der Rechtsnormen (etwa nach Kelsen), sondern das Sozialsystem, das innerhalb der Gesellschaft Entscheidungen nach der Unterscheidung von Recht und Unrecht trifft.

Der soziologische Systembegriff ist nicht einheitlich. Teils wird an Strukturen, teils an Funktionen angeknüpft, teils werden Regeln der Kybernetik (Steuerung) genutzt. Wichtig ist meist, dass Systeme sich selbst regulieren und sich von ihrer Umwelt abgrenzen.

Nach der funktionalistischen Systemtheorie von Niklas Luhmann differenziert sich die moderne Gesellschaft, indem sich ihre Teilbereiche zu Systemen ausbilden. Damit reagieren diese Systeme auf die historisch wachsende Komplexität der gesellschaftlichen Verhältnisse: In Abgrenzung zu ihrer gesellschaftsinternen Umwelt reduzieren sie in ihrem Innern die Komplexität der Kommunikationsbeziehungen und erhöhen damit ihre Funktionsfähigkeit[29].

28 Richard A. Posner, Recht und Ökonomie: Eine Einführung, in: *Ökonomische Analyse des Rechts*, hg. von Heinz-Dieter Assmann/Christian Kirchner/Erich Schanze, Kronberg: Athenäum, 1978, 93 ff.; vgl. zur Kritik an der ökonomischen Analyse des Rechts auch Karl-Heinz Fezer, Aspekte einer Rechtskritik an der economic analysis of law und am property rights approach, *Juristenzeitung (JZ)* 41 (1986), 817 ff.

29 Niklas Luhmann, Moderne Systemtheorien als Form gesamtgesellschaftlicher Analyse, in: *Theorie der Gesellschaft oder Sozialtechnologie: Was leistet die Systemforschung*, hg. von

Z. B. reduzieren Rechtsnormen die Komplexität gesellschaftlicher Entscheidungskonflikte und erhöhen so die Effizienz des Rechtssystems.

Solche soziale Systeme sind beispielsweise das Wirtschaftssystem[30], das politische System und das Rechtssystem[31]. Jedes dieser Systeme ist selbstreproduzierend, so genannt autopoietisch und daher gegenüber direktem Einfluss von aussen (operativ) geschlossen[32]. Aber es ist kognitiv offen, also lernfähig. Und so haben die Systeme unterschiedliche Möglichkeiten, einander Umweltbedingungen zu schaffen, nach denen sich die anderen richten müssen.

Das Rechtssystem definiert sich durch die Gesamtheit jener Kommunikationen, welche sich an der Unterscheidung von Recht und Unrecht ausrichten[33]. Das Recht ist ein autonomes Sozialsystem, das sich allein aus seinen eigenen Elementen selbst reproduziert. Z. B. entstehen Rechtsnormen durch Rechtsakte, also durch Operationen des Rechtssystems, die selber durch Rechtsnormen gesteuert sind[34] (*die Gesetzgebung ist ein vom Rechtssystem gesteuerter Prozess, der die Gesetze so produziert, dass diese den funktionalen Anforderungen des Rechtssystems – und nur diesen – entsprechen*). Da aber die anderen Teilsysteme der Gesellschaft (*z. B. Politik, Wirtschaft*) in gleicher Weise autonom sind, kann das Recht sie nicht direkt steuern. Vielmehr konstruiert jedes System seine eigene Sicht von den andern und richtet sich nach der eigenen Interpretation des „Geräuschs", das es von seiner Umwelt empfängt.[35]

Vor allem die Frage nach der Autonomie bzw. Interdependenz verschiedener sozialer Ordnungen wie Recht, Politik, Wirtschaft lässt sich systemtheoretisch fassen. Unterschiedlich beurteilt werden dann aber die Beziehungen der Systeme untereinander. Die Theorie der Interdependenz sieht keine Dominanzen, sondern nur wechselseitige Abhängigkeiten. Die Theorie der Autopoiesis betont die Systemautonomie und beschränkt die Interdependenz auf Interferenzen und strukturelle Kopplungen[36].

8. Diskurstheorie des Rechts

Ausgangspunkt für die Diskurstheorie nach Jürgen Habermas bildet die Feststellung, dass unser Kommunikationsmittel, die Sprache, letztlich auf einem

Jürgen Habermas/Niklas Luhmann, Frankfurt a. M.: Suhrkamp, 1971, 10 f.; Niklas Luhmann verwendet hier einen kybernetischen Systembegriff, der das System durch seine operative Geschlossenheit gegenüber seiner Umwelt definiert.

30 Niklas Luhmann, *Die Wirtschaft der Gesellschaft*, Frankfurt a. M.: Suhrkamp, 1996, 52 ff.

31 Niklas Luhmann, *Das Recht der Gesellschaft*, Frankfurt a. M.: Suhrkamp, 1993, 407 ff.

32 Luhmann (Fn. 31), 42 ff.

33 Luhmann (Fn. 31), 67.

34 Luhmann (Fn. 31), 54 ff.

35 Gunther Teubner, Die Episteme des Rechts. Zu erkenntnistheoretischen Grundlagen des reflexiven Rechts, in: *Wachsende Staatsaufgaben – sinkende Steuerungsfähigkeit des Rechts*, hg. von Dieter Grimm, Baden-Baden: Nomos, 1990, 115 ff.

36 Vgl. Karl-Heinz Ladeur, *Postmoderne Rechtstheorie: Selbstreferenz – Selbstorganisation – Prozeduralisierung*, Berlin: Duncker und Humblot, 1992, 155 ff.; Gunther Teubner, *Recht als autopoietisches System*, Frankfurt a. M.: Suhrkamp, 1989, 36 ff., 39 ff.

Konsens der Kommunikationsteilnehmer beruht. Die Begriffe „wahr" oder „falsch" etwa können nicht einfach durch Definition, sondern nur durch Beispiel und Gegenbeispiel eingeführt werden. Sind solche Begriffe einmal durch implizite oder explizite Vereinbarung Elemente einer Sprache geworden, so sind die Teilnehmer nicht länger frei, diese einmal so oder anders zu verwenden. „Wahrheit" ist somit nicht einfach etwas, das man vorfindet und von jedem anerkannt werden müsste, sondern erst die Anerkennung bildet das Kriterium der Wahrheit. Nach der Diskurstheorie bestimmt also der Konsens, was wahr oder richtig ist[37].

Überall dort, wo die fünf Sinne bei der Verifizierung einer Aussage mitwirken, ist die Chance für einen Konsens zwar grösser als bei nichtempirischen Sätzen. Es liegt aber nahe, den Konsens auch zum Geltungsanspruch von normativen Sätzen zu machen. Im Gegensatz zum naturrechtlichen Ansatz geht es demnach nicht darum, aus der Natur des Menschen möglichst gut belegbare Grundsätze für das richtige Zusammenleben abzuleiten, sondern darum, wie die Individuen sich über die grundlegenden Normen ihrer sozialen Ordnung verständigen.

Die Diskurstheorie befasst sich hauptsächlich mit den verfahrensmässigen Voraussetzungen, welche solche Verständigungsprozesse erst ermöglichen und erfolgreich machen. Wesentliche Probleme der Ethik werden auf diese Weise ins Prozedurale verlagert. Damit eine Norm gemäss dem Diskursprinzip Anspruch auf Geltung erheben kann, müssen folgende vier Voraussetzungen erfüllt sein:

- Selbstbindung der Gesprächsteilnehmer: *Was ich sage, gilt.*
- Reziprozität der Beziehungen: *Ich lasse gelten, was du sagst.*
- Symmetrie der Rahmenbedingungen: *Ich gewähre dir die gleichen Einflusschancen.*
- Zustimmung aller möglicherweise Betroffenen: *Nur dein Einverständnis verpflichtet dich.*

Die Diskurstheorie ist ein Bestandteil der Theorie des kommunikativen Handelns. Wir verständigen uns in der Lebenswelt durch wahrheitsähnliche Geltungsansprüche unserer normativen Äusserungen. Meist werden diese Geltungsansprüche nicht bestritten. Geschieht dies doch, dient der Diskurs zur Überprüfung der Gültigkeit einer behaupteten Norm. Die Anforderungen der Diskursethik an die Prozeduren dieser Überprüfung gelten als regulative Idee auch für Diskurse, welche in Staat und Recht institutionalisiert sind. Diskursethik wird so zum Massstab der Fairness in öffentlichen Strukturen und Verfahren. Das Recht insgesamt ist jene Institution, welche diskursethische Forderungen in je stufengerechter Relativierung konkretisieren soll. Rechtlich legitime Entscheidungen müssen sich durch faire Diskurse legitimieren.

37 Jürgen Habermas, Faktizität und Geltung: Beiträge zur Diskurstheorie des Rechts und des demokratischen Rechtsstaats, 4. A., Frankfurt a. M.: Suhrkamp, 1994; vgl. zum juristischen Diskurs Robert Alexy, Theorie der juristischen Argumentation: Die Theorie des rationalen Diskurses als Theorie der juristischen Begründung, 2. A., Frankfurt a. M.: Suhrkamp, 1991.

9. Rückblick auf die Typologie der modernen Rechtstheorien

Was zeigt uns dieser kurze Überblick über typische Rechtstheorien? Er soll deutlich machen, dass das soziale Phänomen Recht Anlass zu sehr unterschiedlichen Theorien gibt. Der vermeintlich objektivierende Rückzug auf den Beobachterstandpunkt gestattet ganz unterschiedliche Aussagen über die „Wahrheit" oder „Wirklichkeit" des Rechts. Jeder Beobachter erschafft seine eigene Wahrheit.

Gemeinsam ist aber allen hier skizzierten Rechtstheorien der Versuch der Selbstbeobachtung des Rechts. Alle Rechtstheorien sind Reflexionen der Rechtswissenschaft über das Recht. Als Theorien versuchen sie, das Recht zu objektivieren und zu erklären. Sie tun dies allerdings meist in praktischer Absicht: Sie vertreten die Betonung einer bestimmten Perspektive beim Erlass und bei der Interpretation von Rechtsnormen. Rechtstheorie ist immer eine Reflexion über eine eigene Praxis. Sie ist der Versuch einer Rationalisierung der dogmatischen und methodischen Aufgabe der Rechtswissenschaft. Auch als Rechtstheoretiker erheben Juristinnen und Juristen den Geltungsanspruch, juristische Entscheidungen vernünftig begründen zu können. Sie wollen andere Angehörige ihrer Disziplin von der Richtigkeit ihrer Theorie überzeugen.

These 4:
Der Rechtswissenschaft können unterschiedliche rechtstheoretische Ansätze zugrunde gelegt werden. Diesen Ansätzen entsprechen verschiedene Konzepte einer Gesellschafts- und Handlungstheorie. Das vorherrschende Konzept beruht auf liberalen und individualistischen Grundannahmen, welche entweder deon¬tologisch oder utilitaristisch entfaltet werden. Alle Varianten münden aber in eine Theorie der juristischen Argumentation ein, welche sich zur Aufgabe stellt, einen Partner rational zu überzeugen. Alle Methodologien setzen damit die Befähigung des Menschen zur Vernunft im Sinne der Aufklärung voraus.

IV. Reflexion der Rechtswissenschaft: Wissenschaftstheorie

Bis anhin bewegte sich die Reflexion auf der Ebene der *Rechtstheorie*, d. h. der Analyse des Rechts durch die Rechtswissenschaft. Es ging um die Frage: Was ist das Recht? Nun betreten wir die Metaebene der *Wissenschaftstheorie* als der systematischen Reflexion über die Rechtswissenschaft; hier geht es um die Frage: Was ist die Rechtswissenschaft?

Dabei wird sich die Rechtswissenschaft als normative Entscheidungslehre erweisen, die v. a. durch folgende Merkmale gekennzeichnet ist:

- die Verknüpfung von Teilnehmerstandpunkt und Beobachterstandpunkt (1.),
- die Synthese von Systemdenken und Problemlösungsdenken (2.) und

- die Konkretisierung der Diskursprinzipien für den juristischen Diskurs (3.).

Als Ergebnis wird sich zeigen, dass der zentrale Unterschied zu den Naturwissenschaften im finalen Denken liegt, welches die Rechtswissenschaft prägt (4.).

1. Teilnehmen und Beobachten

Teilnehmer- und Beobachterstandpunkt führen zu zwei Arten von Erkenntnis. Die Wahl des Standpunktes entscheidet – bewusst oder unbewusst – über den Stellenwert ganzer Wissenschaften. Es handelt sich somit um eine wissenschaftstheoretische Grundentscheidung. Die Unterscheidung von Beobachterstandpunkt und Teilnehmerstandpunkt bildet denn auch die Grundlage für die Unterscheidung zwischen Erkennen und Verstehen sowie von deskriptivem und normativem Denken[38].

Die drei Begriffspaare bezeichnen je zwei Varianten eines bestimmten Elements im Denken:

- Das erste Begriffspaar, Beobachten und Teilnehmen, betrifft den Standpunkt des erkennenden *Subjekts* in Bezug auf den Gegenstand seiner Erkenntnis: Bin ich Beobachter oder Teilnehmer?
- Das zweite Begriffspaar, Erkennen und Verstehen, betrifft die *Tätigkeit* des Subjekts: Als Beobachter erkenne ich meinen Gegenstand unmittelbar, als Teilnehmer muss ich versuchen, ihn zu verstehen. Ich verschaffe mir dabei eine andere Art von Wissen (Faktenwissen oder Orientierungswissen).[39]
- Das dritte Begriffspaar, deskriptives und normatives Denken, betrifft die Qualität des Erkennens (Wahrheit oder Richtigkeit) und kennzeichnet den Gegenstand der Erkenntnis als Faktum oder Norm.

Auf jeder Seite der Unterscheidung besteht eine dreigliedrige Gedankenkette:

- Beschreiben lässt sich nur, was man erkannt hat; erkennen aber kann man nur vom Beobachterstandpunkt aus.
- Normativ erfassen lässt sich nur, was man verstanden hat. Sinnhaft verstehen aber kann man nur vom Teilnehmerstandpunkt aus.

Beobachten und Teilnehmen sind somit die Grundoperationen, auf welchen die unterschiedlichen Wissenschaften von der Gesellschaft aufbauen.

Soziale Verhältnisse können wir von unterschiedlicher Warte aus untersuchen: Vom Beobachterstandpunkt aus können wir die Gesellschaft als Objekt unserer Beobachtung analysieren. Dieser Zugang zur Wirklichkeit führt zur *Systemtheorie* der Gesellschaft. Vom Teilnehmerstandpunkt her können wir

38 Vgl. dazu und zum Folgenden Mastronardi (Fn. 2), Ziff. II, Kap. 1–4.

39 Der Begriff des Erkennens wird im Schrifttum unterschiedlich verwendet. So wird oft dem Beobachten direkt das Verstehen gegenübergestellt, ohne das Teilnehmen gesondert auszuweisen (vgl. Jürgen Habermas, *Erkenntnis und Interesse*, 12. A., Frankfurt a. M.: Suhrkamp, 1999, 394). Im Folgenden wird „Erkennen“ als die Tätigkeit des Beobachters vom „Verstehen“ als jener des Teilnehmers unterschieden. Beide sind freilich Teile des Wissens oder der Erkenntnis in einem weiteren Sinne. Erkennen ist daher zugleich der Oberbegriff für alle Formen des Wissenserwerbs.

die Gesellschaft als die Welt verstehen, in der wir leben. Dieser Zugang zur Wirklichkeit führt zur *Handlungslehre*[40].

Wer immer sich über das Recht äussert, sollte daher klarmachen, von welchem Standpunkt aus er dies tut. Die Dogmatiker und ein grosser Teil der Rechtsphilosophen nehmen den Teilnehmerstandpunkt ein und suchen nach normativer Orientierung. Die Soziologen, Politologen und ein Teil der Rechtsphilosophen (insbesondere die Realisten und die Systemtheoretiker) nehmen den Beobachterstandpunkt ein und suchen funktionale Erkenntnisse.

Die beiden Standpunkte unterscheiden sich vor allem in den ihnen zugrunde liegenden Erkenntnisinteressen:

- Das Erkenntnisinteresse des Teilnehmers liegt im Bedürfnis nach persönlicher Handlungsorientierung, nach dem Richtigen. Letztlich ist es *ein Entscheidungsinteresse*. Der Teilnehmer sucht normative Anleitung für die Beurteilung einer Situation und für sein Handeln. Idealtypus dieser normativen Betrachtungsweise ist die moralische Erkenntnis.
- Das Erkenntnisinteresse des Beobachters liegt im Wunsch, objektive Gesetzmässigkeiten festzustellen. Der Beobachter sucht nach der Wahrheit. Im Prinzip ist er dabei von der Verantwortung für das, was andere aus seiner Erkenntnis machen, entlastet. Idealtypus dieser deskriptiven Betrachtungsweise ist die Naturwissenschaft.[41]

In den Sozialwissenschaften spielen beide Erkenntnisinteressen eine Rolle. Die Rechtswissenschaft betont den Teilnehmerstandpunkt, Soziologie, Politikwissenschaft und Ökonomie vertreten den Beobachterstandpunkt. Es gibt jedoch in all diesen Disziplinen auch den gegenteiligen Ansatz: Die Realisten[42] und die Vertreter der ökonomischen Analyse des Rechts[43] betreiben Rechtswissenschaft als Beobachter, während jene Realwissenschafter, welche die Methode der teilnehmenden Beobachtung pflegen oder die Ideengeschichte ihrer Disziplin erforschen, den Beobachterstandpunkt zumindest teilweise verlassen. Entsprechend unterschiedlich sind die zugehörigen methodischen Vorgehensweisen.

Die Paradoxie der beobachtenden Sozialwissenschaft liegt freilich darin, dass der Forscher immer zugleich Subjekt und Objekt seiner Erkenntnis ist, weil er in der Gesellschaft lebt, welche er erforschen will. Er ist Teil seines Gegenstandes. Reine Beobachtung wird dadurch unmöglich. Der Teilnehmerstandpunkt lässt sich zwar unterdrücken, überwinden lässt er sich nicht. Alle Sozialwissenschaft ist daher verstehend und ein (oft verborgenes) Stück weit normativ.

40 Jürgen Habermas, *Theorie des kommunikativen Handelns*, Bd. 2, Frankfurt a. M.: Suhrkamp, 1981, 229 ff.

41 Technik ist in dieser Gegenüberstellung die Transformation von Beobachterwissen in Teilnehmernutzen – oft unter Vernachlässigung der normativen Implikation dieses Wechsels im Standpunkt.

42 Zu dieser soziologisch ausgerichteten Rechtstheorie vgl. Mastronardi (Fn. 2), Ziff. III, Kap. 2.2.2.

43 Vgl. dazu Mastronardi (Fn. 2), Ziff. II, Kap. 5.1.2.

2. System- und Problemlösungsdenken

Die zweite Unterscheidung betrifft den Einsatz des Denkens zum Zweck der Systembildung bzw. der Lösung von Problemen. Das führt einerseits zur Perspektive des Funktionalismus, anderseits zur Perspektive der Handlungstheorie[44].

Wird das Recht als System betrachtet, geraten seine Funktionen für die Gesellschaft ins Blickfeld. Dann erscheint das Recht primär als Friedensordnung. Es ist jener Teil der Gesellschaftsordnung, welcher Konflikte mit Hilfe staatlicher Macht befriedet. Der Ordnungscharakter des Rechts erfordert, dass dauerhafte Regeln gesetzt und durchgesetzt werden. Die Rechtswissenschaft hat diese Ordnung in kohärenter Weise zu strukturieren. Diese Strukturierung macht aus dem Recht das *Rechtssystem.*

Wird das Systemdenken alleine vom Beobachterstandpunkt aus genutzt, entwickelt es eine funktionalistische Theorie des Rechts als System (dazu sogleich unter Ziff. 3)[45]. Das Systemdenken kann aber auch vom Standpunkt des Teilnehmers aus genutzt werden. Dann führt es zur systematischen Anleitung praktischer Entscheide. Zunächst bringt das Systemdenken die einzelnen Rechtsnormen durch Abstraktion und Generalisierung in einen logischen und sinnhaften Zusammenhang (Systembildung). Aus diesem Gesamtzusammenhang lassen sich sodann rationale Entscheide ableiten, indem Regeln voneinander abgeleitet und Urteile gefällt werden (Deduktion und Subsumtion).

Bei handlungsorientierter Sichtweise ist das Recht hingegen primär ein Verfahren der Problemlösung. Es ist Richtschnur oder Massstab richtiger Entscheidung. Es formuliert die Wertungen, nach welchen konkrete Probleme zu lösen sind. Zu diesem Zweck muss das Recht aus seiner abstrakten, regelhaften Form gelöst und in konkrete, individuelle Inhalte übersetzt werden. Im Prozess der Rechtsanwendung gewinnt die formale Gesetzesnorm ihren Entscheidungsgehalt, indem sie zum Urteil konkretisiert wird. Diese *Konkretisierung* reichert die abstrakten Begriffe der Rechtsnorm mit den rechtserheblichen Gesichtspunkten des Sachverhalts an, bis das normative Urteil die Umstände des Einzelfalles angemessen berücksichtigt.

Aufgabe der juristischen Dogmatik ist es, die beiden Sichtweisen des Rechts auszugleichen. Die juristische Lehre konstruiert einerseits Institute des Rechts

44 Vgl. dazu und zum Folgenden Mastronardi (Fn. 2), Ziff. III, Kap. 4.

45 Eine Variante funktionalistischen Denkens ist die akteurzentrierte Analyse. Sie behält den Beobachterstandpunkt bei, konzentriert sich aber nicht auf das System als Ganzes, sondern interessiert sich dafür, wie individuelle Akteure rational Handeln. Ihre Ergebnisse bewahren aber den objektivierenden Charakter von Verhaltensanalysen. Sie betreffen die Funktionsbedingungen typischer Verhaltensweisen und informieren über die Erfolgsbedingungen menschlichen Handelns bei vorausgesetzten Zielen. Sie vermitteln dem Teilnehmer in der praktischen Entscheidungssituation aber keine Handlungsorientierung über die zu verfolgenden Ziele. Vgl. Karl-Dieter Opp, *Methodologie der Sozialwissenschaften. Einführung in Probleme ihrer Theorienbildung und praktischen Anwendung*, 6. A., Wiesbaden: VS Verlag für Sozialwissenschaften, 2005, 90 ff.; Zur Unterscheidung der verhaltenswissenschaftlichen Analyse vom kommunikationstheoretischen Verständnis menschlichen Handelns vgl. Jürgen Habermas, *Zur Logik der Sozialwissenschaften. Materialien*, Frankfurt a. M.: Suhrkamp, 1970, 138 ff.

(*wie Privatautonomie, Gewaltenteilung, Unschuldsvermutung*) und erstellt die Systematik der Rechtsordnung. Sie folgt damit dem Systemdenken. Anderseits ist die Dogmatik nicht Selbstzweck. Sie dient immer der gerechten Problemlösung und richtet so die Rechtsordnung auf die Lösung typischer Einzelfälle aus. Sie folgt hierin dem Problemdenken. *Die Sicherheitslinie im Strassenverkehr formuliert zwar ein generelles Verbot; bei einem Verkehrsunfall darf davon aber ausnahmsweise abgewichen werden, weil die abstrakte Regelung sonst nicht gestatten würde, das konkrete Problem zu lösen.*

Die Dogmatik verknüpft die beiden Denkweisen, indem sie in ihren Konstruktionen vorwiegend Typen benutzt und nicht scharfe Begriffe. Ferner stellt sie neben Regeln zahlreiche Grundsätze auf, welche nach Konkretisierung rufen. Damit ist das juristische System immer offen für die von der Praxis geforderten Anpassungen.

Ziel der Dogmatik ist die Gewährleistung *juristischer Rationalität*: Die Dogmatik umschreibt diejenigen Gründe, die als Rechtfertigung juristischer Entscheidungen anerkannt werden können. Da diese sowohl dem Einzelfall gerecht werden sollen, wie in die Gesamtheit des Rechts passen müssen, vereinigt die Dogmatik sowohl topische wie systematische Argumente. Die Qualität der juristischen Lehre liegt gerade in der richtigen Mischung von Vielfalt und Ordnung in der Argumentation. *Ein gerechter Entscheid soll möglichst viele Aspekte des Falles berücksichtigen, aber er soll sich trotzdem auf jene Argumente beschränken, welche im Gesamtzusammenhang des Rechts wesentlich sind.* Die Dogmatik bestimmt, in welchem systematischen Rahmen sich welche Topik entfalten soll. Dabei neigt die moderne Rechtswissenschaft dazu, dem problemorientierten Denken grösseren Raum zu gewähren als dem Systemdenken[46].

Das Verfahren der *Typenbildung*, mit welchem die angemessene Stufe der Generalisierung bestimmt wird[47], liefert auch die brauchbare Verknüpfung von System- und Problemdenken.

3. Recht als System und als Diskurs

Systemdenken und Problemlösungsdenken führen zu zwei grundsätzlich verschiedenen Selbstverständnissen der Rechtswissenschaft: Beobachterperspektive und Systemdenken führen die Rechtswissenschaft zur Systemtheorie des Rechts. Teilnehmerperspektive und Problemlösungsdenken machen aus der Rechtswissenschaft eine Diskurstheorie des Rechts. Nach der einen Konzeption ist Rechtswissenschaft Analyse funktionaler Zusammenhänge im Rechtssystem; nach der andern ist sie Anleitung für gutes Urteilen[48].

Die beiden Ansatzpunkte führen zu unterschiedlichen praktischen Konsequenzen, die am Beispiel der Bedeutung einer Rechtsnorm in beiden Denkweisen illustriert werden können:

46 Helmut Coing, *Grundzüge der Rechtsphilosophie*, 5. A., Berlin: de Gruyter, 1993, 292 ff.
47 Vgl. Mastronardi (Fn. 2), Ziff. III, Kap. 3.1.3.2., Rz. 793 ff.
48 Vgl. dazu und zum Folgenden Mastronardi (Fn. 2), Ziff. II, Kap. 5.

- Soll eine Rechtsnorm eine bestimmte Funktion für ein soziales System erfüllen, dann wird sie strategisch als Instrument eingesetzt. Sie dient als zweckrationales Mittel zur Erreichung vorgegebener Ziele (*vgl. die Ausschaffungshaft im Asylrecht oder die Bestrafung des Insiderhandels: Sie sind Instrumente zur Durchsetzung vorgegebener Zwecke der Asylpolitik bzw. des Kapitalmarktes*). Die Qualität der Norm lässt sich hier anhand ihrer Wirksamkeit im Dienste bestimmter Ziele oder Zwecke messen. Die Sinnfrage bleibt dabei ausgeklammert.
- Soll eine Rechtsnorm Wegweiser für die vernünftige Entscheidung eines Konfliktes unter Menschen sein, dann wird sie als handlungsorientierende Wertung gesetzt. Sie dient der kommunikativen Verständigung über Ziele und Wege des Zusammenlebens. Sie ist Antwort auf die Frage nach dem Sinn einer Handlung (*so dient die Definition des Flüchtlingsbegriffs dem Entscheid über die Frage, welche Ausländer in einem Land aufgenommen werden sollen; die Kapitalverkehrsfreiheit umschreibt den Entscheid darüber, wie frei Kapital über die Landesgrenzen verschoben werden darf*). Die Qualität der Norm ist hier anhand grundlegender Menschen- und Gesellschaftsbilder zu bewerten.

Die beiden Alternativen beginnen bewusst mit einem *Sollen*. Denn ihnen liegt eine normative Entscheidung zugrunde: im ersten Fall für das funktionale Denken, das zur Gedankenkette des *Beobachtens* gehört, im zweiten Falle für das normative Denken, das zur Gedankenkette des *Teilnehmens* passt. Beide Entscheidungen sind a priori zulässig. Aber sie haben je eigene Konsequenzen, die verantwortet werden müssen. Denn jede Entscheidung im Recht ist rechtfertigungsbedürftig, auch jene über die Denkweise, welche verfolgt wird.

Die Verantwortung der Juristin und des Juristen liegt nun darin, sich über beide Denkweisen Rechenschaft zu geben und jeder Variante der Rechtswissenschaft den legitimen Platz in seiner Praxis zuzuweisen. Damit erlangt die Denklinie, welche vom Teilnehmerstandpunkt über das Problemlösungsdenken zum Diskurs führt, den Primat vor der Denklinie, welche vom Beobachterstandpunkt über das Systemdenken zur Systemtheorie gelangt. Der Jurist ist primär Teilnehmer im Rechtsprozess und hat auch seine Beobachtungen zu verantworten.

Insgesamt führt der vorliegende Gedankengang zu folgendem Ergebnis:

These 5:
Wissenschaftstheoretisch ist die Rechtswissenschaft als eine Disziplin mit folgenden Merkmalen zu kennzeichnen:
- Sie nutzt zwar den Beobachterstandpunkt, nimmt aber als praktische Kunstlehre im Wesentlichen den Teilnehmerstandpunkt ein;
- Sie ist eine hermeneutische Disziplin, welche sowohl Tatsachen wie Normen nicht abstrakt erkennen kann, sondern verstehen, d. h. interpretieren muss;
- Sie verfolgt nicht nur ein Erkenntnis- und ein Verständigungsinteresse, sondern zudem ein Entscheidungsinteresse. Sie hat damit handlungsorientie¬renden Charakter und trägt für ihre Aussagen Verantwortung;
- Sie hat sowohl deskriptive wie normative Aussagen zum Gegenstand. Sie trägt damit teilweise den Charakter einer funktionalistischen Theorie, teilweise jenen einer Handlungslehre;
- Sie dient sowohl der Systembildung wie der Problemlösung und pflegt somit sowohl ein Systemdenken wie ein Problemlösungsdenken;
- Sie kann das Recht sowohl als System wie als Diskurs darstellen.

4. Kausales und finales Denken

Die wissenschaftstheoretische Reflexion hat Merkmale der Rechtswissenschaft hervorgehoben, welche dieser einen interdisziplinären Charakter verleihen. Und trotzdem bewahrt sie im Vergleich mit anderen Disziplinen einen klaren Standpunkt:

Die Naturwissenschaften und mit ihnen alle andern empirischen Disziplinen befassen sich mit der Wahrnehmungsfrage: *„Was ist der Fall?"* Sie setzen bei den Wahrnehmungen unserer Sinne an und verfeinern und systematisieren diese. Ihrem Systematisierungsversuch legen sie ein kausales Denken zugrunde. Sie fragen: *„Warum ist das so?"*

Die hermeneutischen Wissenschaften und mit ihnen die Rechtswissenschaft befassen sich mit der Sinnfrage: *„Was bedeutet das?"* Die Ergebnisse empirischer Disziplinen bilden für sie einen Gegenstand, den sie zu verstehen, zu bewerten oder gar zu verändern suchen. Soweit sie überhaupt systematisieren, liegt ihrem Bemühen ein finales Denken zugrunde. Sie fragen: *„Wozu dient das?"* Die Rechtswissenschaft beispielsweise entwickelt Begründungen immer vom normativen Ziel her: Ein gerechtes Urteil setzt voraus, dass bestimmte Ziele erreicht werden.

Kausales Denken sieht die Wirklichkeit als eine Folge von Ursachen. Finales Denken sieht die Wirklichkeit als eine Verwirklichung von Zielen.

Was für das eine Denken eine Kette von Ursache und Wirkung ist, ist für das andere Denken eine Verknüpfung von Voraussetzung und Ziel.

Die Naturwissenschaften schliessen von „post hoc" auf „propter hoc". Was später geschieht, geschieht wegen dem Früheren. Wiederholbare Abläufe gelten als durch das erste Glied der Kette kausal begründet. Begründung meint hier nicht einen argumentativen Grund, eine causa, sondern einen naturgesetzlichen Zwang, einen Determinismus.

Finales Denken rechnet auch mit einer Ereigniskette. Diese besteht aber nicht aus den Folgen bestimmter Ursachen, sondern aus Voraussetzungen zur Erreichung bestimmter Ziele. Abläufe werden final begründet. Sie wiederholen sich, wenn sie sich als Handlungen zur Erreichung des Ziels bewähren. Gründe sind hier nicht Determinanten, sondern vernünftige Argumente.

Wie nun sollen wir den Menschen erkennen? Kausal oder final? Die Gehirnforschung ist dem Paradigma der Kausalität verpflichtet[49]. Daher bestimmt aus ihrer Sicht das limbische System das scheinbar freie Handeln des Menschen. Eine finale Betrachtungsweise kann die gleichen empirischen Daten aber anders interpretieren: Sie fragt danach, wozu es gut sei, dass ein Grossteil unseres Handelns nicht bewusst werden muss. Und sie findet heraus, dass es gerade Voraussetzung unserer Freiheit ist, dass wir durch das limbische System von bewussten Entscheidungen entlastet werden.[50]

> These 6:
> Die Naturwissenschaften stellen die Wahrnehmungsfrage „Was ist der Fall?“ und bilden ihre Systematisierung mit dem Mittel des kausalen Denkens. Die hermeneutischen Wissenschaften stellen die Sinnfrage „Wozu dient das?“ und bilden ihre Systematisierungen mit dem Mittel des finalen Denkens. Jede Wis¬senschaft kann nur jene Fragen beantworten, die sie stellt und für die sie ihre Methoden entwickelt. Die Naturwissenschaften fragen nach dem Objekt – da ist es nur logisch, dass sie das Subjekt nicht erkennen können. Die Naturwissenschaften stellen die Sinnfrage nicht. Sie haben keine Methoden dafür. Sie können sie daher auch nicht beantworten. Integrale Antworten sind nur im interdisziplinären Diskurs zu erwarten, der jede Disziplin zu ihrem Recht kommen lässt.

Zumindest auf der Metaebene der Wissenschaftstheorie haben wir die Freiheit der Wahl zwischen dem kausalen und dem finalen Denkansatz. Wenn wir wollen, können wir uns naturwissenschaftlich determiniert verstehen. Aber wir müssen es nicht. Und zumindest für die Gesellschaftswissenschaften ist es

49 Der biologische Vitalismus pflegt zwar auch eine Art des finalen Denkens, aber aus der funktionalen Perspektive des Beobachters, nicht aus der normativen Warte des Teilnehmers. Vgl. Gunnar Stollberg, *Vitalism and Vital Force in Life Sciences – The Demise and Life of a Scientific Conception*, zu finden unter http://www.uni-bielefeld.de/soz/pdf/Vitalism%20HPLS-1.pdf (Stand: 29. 06. 2006).

50 Eine allgemeine menschliche Erfahrung sagt uns doch: Damit ich Zeit habe, das Wichtige zu entscheiden, muss ich die Routine automatisieren. Deshalb ist es sinnvoll und im hermeneutischen Sinne bewährt und daher begründbar, dass der Mensch sein Gehirn in der feststellbaren Weise organisiert: Damit ich frei über meine Handlungen entscheiden kann, muss das limbische System alle Bereitschaftsdispositionen dafür herstellen. 99 % aller Prozesse lasse ich reflexartig ablaufen, damit ich 1 % reflektiert steuern kann.

nicht sinnvoll. Für die Rechtswissenschaft wäre es sogar fatal. Es gibt somit „gute Gründe" gegen die „Kausalität".

Exkurs:

Finales Denken ist nicht die einzige Alternative zum Empirismus. Finales Denken entspricht einer Strebensethik, wie sie etwa der aristotelischen Entelechie zugehört, wonach jedes Ding nach seiner vollendeten Form und Wirksamkeit strebt. Realität ist dann die Verwirklichung der Gestaltmöglichkeiten, welche im Seienden angelegt sind. Die Annahme eines solchen wesenmässigen Strebens des Menschen führt etwa zur Glücksethik (Hedonismus). Die andere Alternative liegt in der Freiheitslehre einer Vernunftethik (Kant), die den Primat nicht bei der Realität, sondern bei der Idee setzt. Letztlich läuft die Gegenüberstellung auf jene von Idealismus und Realismus hinaus: Ist die Wirklichkeit eine Manifestation der Idee oder ist die Idee ein Produkt der Wirklichkeit?

V. Fragen an die Gehirnforschung

Das vorliegende Referat hat versucht, die Rechtswissenschaft wissenschaftstheoretisch zu analysieren. Dabei stand immer das Ziel im Hintergrund, Gemeinsamkeiten und Unterschiede zu anderen Disziplinen hervorzuheben. Im Zusammenhang dieses Bandes ist dabei vor allem das Verhältnis zur Naturwissenschaft im Allgemeinen, zu Biologie und Gehirnforschung im Speziellen von Interesse.

Zweifellos kann die Rechtswissenschaft in vielen praktischen Fragen Wichtiges von der Gehirnforschung übernehmen. Zu denken ist vor allem an das Strafrecht, aber auch an das Haftpflicht- und an das Versicherungsrecht. In der grundsätzlichen Frage der Freiheit und der Verantwortung des Menschen aber fehlt heute noch die gemeinsame Grundlage. Diese lässt sich nur schaffen, wenn beide Disziplinen gleichermassen auf ihre theoretischen Prämissen hinterfragt werden.

- Für die Rechtswissenschaft hat dieses Referat mehrere Stufen der Reflexion expliziert: Die Dogmatik wurde durch die Methodik hinterfragt, diese durch die Rechtstheorie und diese durch die Wissenschaftstheorie. Auf allen Stufen wurden Voraussetzungen aufgezeigt, welche – meist unbewusst – in die Dogmatik einfliessen.
- In der bisherigen Debatte um die Willensfreiheit hat sich die Gehirnforschung vorwiegend auf der Stufe der Dogmatik bewegt („Handlungsentscheidungen kommen zustande, ohne dass jemand da wäre, der sie trifft"[51]; „... die beiden entscheidenden Komponenten des Phänomens ‚Willensfreiheit', nämlich etwas frei zu wollen (zu beabsichtigen, zu planen) und etwas

51 Wolfgang Prinz, „Kritik des freien Willens: Bemerkungen über eine soziale Institution", *Psychologische Rundschau* 55 (2004), 4, 198 ff., 202.

in einem freien Willensakt aktuell zu verursachen, [sind] eine Täuschung“[52]). Klärungsbedürftig sind daher alle hinter dieser Dogmatik liegenden Stufen solcher Aussagen:

- die Methodik zur Herleitung von Aussagen über die Willensfreiheit,
- eine Theorie der Entscheidung und
- eine Wissenschaftstheorie der Gehirnforschung.

Für die Rechtswissenschaft sind die wichtigsten Fragen hier gestellt worden. Für die Gehirnforschung wären die entsprechenden Fragen die folgenden:

- Steht die Gehirnforschung ganz auf dem Beobachterstandpunkt?
- Welche Theorie legt sie der Systematisierung ihrer empirischen Befunde zugrunde?
- Versteht sie ihre Aussagen rein als Deskription von Phänomenen oder verleiht sie ihnen den Wert einer Erklärung oder einer Kausalanalyse der Wirklichkeit?
- Wie reflektiert sie den Schritt von der Empirie zur Interpretation?
- Wie reflektiert sie den Schritt von der Beobachtung einzelner Phänomene zur Systembildung (Aussagen über den Menschen)?
- Wie reflektiert sie den Schritt von der Beobachtung zur Entscheidungslehre (Aussagen über den freien Willen)?
- Wie sieht sie das Verhältnis von Naturwissenschaft und Geisteswissenschaft: Wie reflektiert sie den Wechsel der Disziplinen bei Schlüssen aus der Materie auf den Geist oder aus ihren deterministischen Prämissen auf die philosophische Kategorie der Freiheit?
- Welche implizite Philosophie steht hinter der Interpretation von Ergebnissen der Gehirnforschung (Individualismus, Hedonismus)?

VI. Nachwort

Die Tagung hat die vorstehenden Fragen nicht explizit beantwortet. Immerhin ist aus der Sicht des Autors ein weitgehender Konsens darüber gefunden worden, dass die Gehirnforschung Willensfreiheit nicht ausschliesst. Allerdings war dafür auch eine Klärung des Freiheitsbegriffs erforderlich:

Freiheit bedeutet nicht, dass der Mensch von Bedingungen unabhängig sei (negativer Freiheitsbegriff). Der freie Mensch muss nicht indeterminiert, gewissermassen ein „unbewegter Beweger“ sein.[53] Freiheit ist keine objektive Gegebenheit, sondern eine subjektive Aufgabe, eine Norm (positiver Freiheits-

52 Gerhard Roth, Fühlen, Denken, Handeln: wie das Gehirn unser Verhalten steuert, Frankfurt a. M.: Suhrkamp, 2001, 445.

53 Vgl. Aristoteles, Bestimmungen über das erste, unbewegte Wesen (Gott), in: *Aristoteles' Metaphysik. Zweiter Halbband: Bücher VII (Z) – XIV (N)*, 2. A., hg. von Horst Seidel, Hamburg: Felix Meiner Verlag, 1984, Buch XII Kapitel 7; Zur aktuellen Debatte zu Freiheit und Determinismus vgl. Roderick M. Chisholm (Human Freedom and the Self, in: *Free Will*, hg. von Gary Watson, Oxford: Oxford University Press, 1982, 24 ff.), der Freiheit als Indeterminiertheit versteht, während für Michael Pauen (*Illusion Freiheit? Mögliche und unmögliche Konsequenzen der Hirnforschung*, 2. A., Frankfurt a. M.: S. Fischer Verlag, 2005, 38 ff.) Freiheit und Determinismus miteinander kompatibel sind.

begriff). Sie ist nicht vorgegeben, sondern aufgegeben. Sie lässt sich nicht definieren, sondern bedeutet ihrem Gehalt nach gerade die Offenheit des Menschen. Insbesondere kann Freiheit nicht in der Sprache der dritten Person beobachtet werden, sondern nur in der ersten Person (und im Austausch mit der zweiten Person) erfahren werden. Damit ist sie einer Beobachtung durch die objektivierende, kausal oder funktional verfahrende Wissenschaft unzugänglich. Sie kann nur vom Subjekt her (d. h. vom Teilnehmerstandpunkt aus) erfahren und verstanden werden.

Ich weiss zwar nie, ob und in welchem Mass ich „frei bin" (Selbstbeobachtung)[54], aber ich habe trotzdem die Aufgabe, frei zu handeln (Teilnahme). Die Frage nach meiner Freiheit ist nicht eine Frage nach der Wahrheit meines Seins, sondern eine Frage nach der Richtigkeit meines Sollens. Freiheit ist eine Idee, welche in normativer Spannung zum Faktischen steht. Sie kommt daher nur zu ihrem Recht, wenn der Teilnehmerstandpunkt als gleichwertige Form der Weltsicht neben dem Beobachterstandpunkt anerkannt wird.

Die Rechtswissenschaft setzt nicht voraus, dass der Mensch indeterminiert handle, sondern nur, dass er es als seine Aufgabe anerkenne, (im Rahmen der erkennbaren Bedingungen) frei zu handeln. Entscheidend für die Verantwortlichkeit des Menschen ist sein Handeln im Bewusstsein, auch anders handeln zu können. Das Konzept der Freiheit als Aufgabe genügt für die Begründung der Pflicht, für die Folgen seines Handelns einzustehen. Die Fähigkeit, diese Pflicht zu erfüllen, kann allerdings aus verschiedenen Gründen reduziert oder gar zerstört sein. In diesem Ausmass kann der Einzelne nicht für sein Handeln verantwortlich gemacht werden (Frage der Zurechnungsfähigkeit).

54 Hier wird Freiheit negativ definiert als Unabhängigkeit von Bedingungen, die der Akteur im Augenblick der Entscheidung nicht selbst steuern kann.

2. Freiheit und Determination

Peter Heintel, Klagenfurt

Thesen zum Thema Gehirnforschung und individuelle Verantwortung

I. Vorbemerkungen

Die nachfolgenden Thesen richten sich nicht gegen Versuche, das Gehirn neurobiologisch, -physiologisch, d. h. nach naturwissenschaftlichen Modellen, zu untersuchen und zu begreifen, sie wollen vielmehr die Grenzen dieses Modells aufzeigen und behaupten, dass es hier Phänomene gibt, die sich aus *prinzipiellen Gründen* in ihm nicht erfassen lassen.

II. Thesen

(1) Das naturwissenschaftliche Modell hat aufgrund seines *analytisch, zerlegenden, elementarisierenden, auf Messung* angewiesenen Charakters gegenüber allem „synthetisch" Lebendigem unaufhebbare Grenzen; sie sind kurz zusammengefasst Folgende:

a) Im Leben, Erleben und denkenden Erfahren, vorliegende Einheiten, *Gestalten, (Teils-)Ganzheiten, Szenerien, Rhythmen* können als solche nicht erfasst werden. Man muss sie aus Elementen und ihrem aufeinander Einwirken erklären. Also sucht und findet man *Elemente, Verbindungen, Träger („Boten"-Stoffe)*, die man voneinander trennt, unterscheidet, um aus ihnen dann wieder mühsam ein Ganzes herzustellen, das eigentlich schon von vornherein da und vorausgesetzt ist. Dabei bleibt immer ein Rest: Ein „künstlich" im Nachhinein Zusammengesetztes erklärt nicht die lebendige Einheit. Wir können zwar Elemente isolieren, Prozesse sichtbar machen, benennen und messen, wie aber daraus eine Einheit (z. B. die Einheit der Wahrnehmung) wird, kann nicht erklärt werden. Dies führt dazu, dass immer weiter elementarisiert wird (Selbstverkomplizierung) und damit die Zusammensetzung immer schwerer gelingt. Die Hoffnung über Quantitätssteigerung eine neue Qualität zu erreichen, muss enttäuscht werden. Immer noch gilt: Das Ganze ist mehr als die Summe seiner Teile.

b) Das Modell ist auf *klassische Grundkategorien* verwiesen, die bereits bei Aristoteles festgehalten wurden. Wichtig sind hier insbesondere *Raum (Ort), Zeit (physikalisches Nacheinander), Wechselwirkung (Rückkoppelungen)*. Diese Kategorien sind für Messungen unverzichtbar. Die Grundelemente brauchen ihren Ort, ihre Einflussnahme aufeinander, eine Abfolge in der Zeit, die Wirkung aufeinander muss im Nacheinander messbar sein; auch Wechselwirkungen werden im Schema der Zeit-/Kausalitätskategorie gemessen. Die Verwendung der Grundkategorien, das Verwiesensein auf Messbarkeit beschreiben aber auch ihre Grenzen:

- Es gibt *keine „Gleichzeitigkeit"*, wobei sie „kürzer" oder „länger" sein kann; Gestalten, Szenerien verfügen aber über eine solche; vieles ist an verschiedenen Orten zugleich da und wirkt aufeinander. Gehirnforschung operiert nun mit tausendstel Sekunden, um noch ein Nacheinander zu retten, etwas, das der „normalen" Wahrnehmung ohnehin nicht mehr zugänglich ist.
- Es verführt zu einer *Festsetzung, Priorisierung und Hierarchisierung von Orten.* Auch wenn in einer lebendigen Synthesis viele Wirkzusammenhänge gleichzeitig sind, muss das Modell einen besonderen Ort ausmachen, wo Prozesse *anfangen,* wo sie enden, und was ihnen in der Zwischenzeit von anderen Orten her geschieht. Es neigt daher auch zu *zentralistischen* Vorstellungen, in denen hierarchisch dann alles zusammengefasst wird. Diesem Denken verdankt das Gehirn wohl auch seine zentrale Stellung im Gesamtkörper des Menschen als Ort des Denkens, Bewusstseins, Geistes, auch der Gefühle; inzwischen spekuliert man allerdings über ein *„Bauchgehirn"* – sehr verwirrend.
- *Messungen* sind der Mathematik und Logik verpflichtet. Diese Tatsache bedeutet *Ausschluss von Widersprüchen.* Es ist aber gerade das Denken des Gehirns ein einzig aufgetanes Widerspruchsfeld, wie später noch gezeigt werden wird. Für dieses hat die Gehirnforschung zwar unterschiedliche Namen (Emergenzen, „Begleiterscheinungen", Parallelismus etc.), aber keine methodischen Erfassungsformen. Demgegenüber täte eine *„dialektische" Gehirnforschung* not.
- Das naturwissenschaftliche Modell mit seinen Messmethoden schafft eine *unaufhebbare Differenz zwischen Subjekt (des Erkennens) und seinem nach außen verlegten Objekt* (Gegenstand, Organ etc.). Diese äußert sich schon in zwei voneinander unabhängigen Sprach- und Begriffsebenen. Auf der Objektseite kennt man Neuronen, Synapsen, Dentride, Axone, Serotonine, elektromagnetische Ströme usw., auf der Subjektseite kennt man Wahrnehmungen, Gefühle, einen (freien) Willen, ein Ich, ein Selbstbewusstsein, die Erinnerung etc. Die Forschung versucht nun, diese *(willkürliche) Spaltung wieder zu heilen;* arbeitet also ständig an ihrem eigenen Geburtsfehler. Sie meint immer dann die Synthese, Verbindung wiederhergestellt zu haben, wenn sie z. B. aufzeigen kann, dass bei einer bestimmten Wahrnehmung dieselben elektromagnetischen Wellen feststellbar sind oder man für die Verarbeitung neuer Wahrnehmungsinhalte mehr Energie zu brauchen scheint. Die gemessenen Wellen, die diversen Computerbilder sind immer aber ein zusätzliches *Drittes;* methodisches Artefakt mit deutlich begrenzter Aussagekraft. In ihm das Bewusstsein oder das Ich entdecken zu wollen, geht von einer falschen ontologischen Identifikation aus; deshalb sprechen auch kritischere Forscher von *„Entsprechungen".* Was aber sagen diese aus? Naturwissenschaftler neigen immer noch zu einem versteckten ontologischen Objektivismus. Sie würden im Modell so gerne die vorausgesetzte Wirklichkeit finden, also z. B. Bewusstseinsprozesse mit Messprozessen identifizieren können. Aber auch die konstruktivistische Annahme hilft hier nicht weiter, da sie insbesondere im Falle des Gehirns zu einem ausweglosen Zirkel führt; unbeantwortet bliebe nämlich auch die Frage des Motivs:

Warum konstruiert sich das Gehirn gerade so und nicht anders. Schließlich ist es ja selbst Ort seiner eigenen Konstruktion.

- Naturwissenschaft tut sich weiters schwer mit *(lebendiger) Bewegung und der Kontinuität von Prozessen.* Um sie zu begreifen, muss sie sie in Diskontinuitäten auflösen. Aus ihrer Zusammensetzung im Nachhinein ergibt sich aber kein Kontinuum. Lebendige Prozesse fließen aber aus- und ineinander. Stellt uns das Gedächtnis ein Bild zur Verfügung, nehmen wir dieses wahr, keineswegs aber verfolgen wir Wirkzusammenhänge von Elementen, die aufeinander „feuern", wie es jetzt heißt. Besonders problematisch wird das diskontinuierliche Begreifen im Zusammenhang mit Gedächtnis, Erinnerung und Lernen, also mit der *„Historizität" des Gehirns;* seiner Natur- und Kulturgeschichte; aber auch in der eigenen Lebensgeschichte laufen gleichzeitig und ineinander greifend gegenwärtige und gegenwärtig-geschichtliche Prozesse ab. Hinzu kommen noch *„willensindizierte" Prozesse (Entscheidungen),* die bewusste Diskontinuitäten setzen, die aus den elementarisierten Prozessen überhaupt nicht erklärt werden können.
- Mit *Geschichte,* auch Naturgeschichte hat die physikalisch orientierte Naturwissenschaft ohnehin immer schon Probleme gehabt. Naturgesetze wollen ein *ahistorisches, sich gleich bleibendes Objekt.* Nun hat der Mensch nicht nur Natur- sondern auch Kultur-, Entwicklungs-, und Lerngeschichte. Seine Natur „ermöglicht" ihm Kultur und Geschichte; d. h. aber, dass sein Körper (Leib), *seine Organe dafür „offen" sein müssen;* dass sie sich selbst dafür eignen und sich in dieser Entwicklung auch (organisch) bilden. Historische Prozesse (Bewegungen) entstehen gerade dadurch, dass offensichtlich der Mensch nicht naturhaft-organisch festgelegt sondern unabgeschlossen ist. Er ist als Objekt immer auch zugleich sein eigenes Subjekt, das zu diesem in unaufhebbarer Differenz ist. Diese Differenz, die unser Mensch-Sein wesenhaft ausmacht, ist naturwissenschaftlich nicht begreif- und erklärbar. Wenn nun aber das Gehirn Ort des Denkens, Gedächtnisses, der Erinnerung, historischer Prägungen und deren teilweiser Überwindung ist, muss es *als Organ* in dieser Differenz dargestellt werden; dies ist organisch unmöglich. Die Differenz ist sozusagen immateriell, sie beschreibt die Dialektik der Materie selbst, die der Mensch ist. Für einen solchen Widerspruch hat die Naturwissenschaft (mit Recht) keinen Ort.
- Was in der Physik im Themenbereich Unschärferelation bereits allgemein bekannt ist, vermisst man des Öfteren in der experimentellen Gehirnforschung: *Den Einfluss, den das Experiment (die Einstellung dazu, die Erwartung, die mit ihm verbunden ist, etc.) auf das „Objekt" selbst hat.* Diese sollen bei der Messung selbst außen verbleiben. Diesbezügliche Maßnahmen müssen bei einem „Organ", das sich gewissermaßen selbst denkt, als besonders paradox erscheinen. Wir wollen so tun, als könnten wir das forschende Denken, seine Absichten, Vorstellungen, Reduktionen etc., vom denkenden Objekt selbst abtrennen, letzteres also nur für sich nehmen. Selbst die „naive" Versuchsperson, die über Sinn und Zweck des Experimentes nicht näher eingeweiht wurde, weiß, dass es sich um ein Experiment handelt. Wer kann behaupten, dass die mit diesem Wissen

verbundenen Gedanken auf letzteres überhaupt keinen Einfluss haben können?

(2) In der naturwissenschaftlich ausgerichteten Gehirnforschung mit ihrer Gegenstands-Objektbezogenheit kann all das nicht begriffen werden, was in der Philosophie unter dem Thema transzendentale Voraussetzungsproblematik läuft. Auch wenn sie diese nicht einbeziehen muss – keine Naturwissenschaft kümmert sich im Erforschen ihrer Gegenstände im selben Akt um die Problematik der Gegenstandskonstitution – wirkt sich diese „Unterlassung“ im „Gegenstand“ Gehirn doch besonders aus:

- Um es nämlich als äußeres Objekt, als gesondertes Organ zu fixieren, muss die Gehirnforschung es zunächst gleichsam dessen entkleiden, was es später zu finden hofft, es also ohne Bewusstsein, Willen, Geist etc. zu denken. Sie verspricht sich dann über das arrangierte Experiment, diese vorher weggelassenen Phänomene wieder zu entdecken.
- Auch wenn sie es zu vermeiden sucht, sie bleibt mit einer unaufhebbaren Differenz konfrontiert, die klar macht, dass sie ihren „Gegenstand“ niemals völlig erforschen kann, hier eine unüberschreitbare Erkenntnisgrenze vorliegt. Die Differenz besteht schlicht darin, dass jenes Denken, welches das bestimmte Denken im Gehirn denkt, ein anderes ist als letzteres. D. h., dass wir es in der Gehirnforschung immer mit zweierlei Denken und Bewusstsein zu tun haben. Das eine versuchen wir an bestimmte messbare Vorgänge anzubinden, das andere sieht sich sozusagen dabei zu und bleibt im selben Vorgang unbestimmt. Dieses transzendental begriffene Denken ist in jedem Erkenntnisvorgang *„vorausliegende Voraussetzung“*. Man kann es zwar „wegzudenken“ versuchen und sich ausschließlich mit dem Gegenstand beschäftigen. Dies aber ist wiederum der Gehirnforschung zu wenig. Sie möchte auch dieses Denken erfassen, spricht über das Ich, den freien Willen, das Selbstbewusstsein und versucht es an die gegenständlichen Vorgänge anzubinden. Hier findet eine Grenzüberschreitung statt, die m. E. zur Aufklärung der genannten Phänomene nur Verwirrendes beiträgt.
- Es ist ein legitimes Motiv, dem klassischen Dualismus zwischen Körper und Geist, Gehirn und Denken in seiner unvermittelten Form überwinden zu wollen; zugleich will man nicht unkritisch reduktionistisch sein. Auch die Parallelschaltungshypothese bringt nicht sehr viel Erklärungsgewinn. Dennoch landet man sehr oft in Metaphern (Emergenz, Begleiterscheinung etc.) oder in Formen der alten „Gespenstermetaphysik.“ Weil man die Differenz loshaben will oder zu wenig ernst nimmt, versucht man Bewusstsein, Geist, Wille etc. ebenso zu vergegenständlichen, wie den eigentlichen Forschungsgegenstand selbst. Man sucht Orte, an denen sie „sind“, Vorgänge, die sie bezeichnen lassen, Plätze, wo sie entstehen usw. Mag man für bestimmte experimentelle Anordnungen auch immer so etwas wie „Entsprechungen“ finden, es ist unmöglich, damit die gesamte Differenz aufzuheben. Überhaupt ist von der Philosophie her zu sagen, dass es sich – schon um des Menschen, seiner Offenheit und Freiheit willen – um eine Differenz handelt, die niemals „gegenständlich-materiell“-auflösbar ist. Diese Tatsache hat zur Konsequenz, dass sie auch inhaltsleer bleiben muss; ebenso auch die eine Seite der sie bezeichnenden Begriffe. Selbst-

bewusstsein, Ich, Freiheit, Wille, Geist etc. sind Differenzbegriffe, die zwar aus sich heraus Bestimmung (z. B. auch Wissenschaft und Forschung) ermöglichen, selbst aber unbestimmt bleiben müssen. Diese philosophische Herausforderung kann eine Naturwissenschaft nicht annehmen; obwohl es doch ganz einsichtig sein sollte, dass es ein seltsames Unterfangen darstellt, Freiheit (aus)bestimmen zu wollen. Sie würde gerade dadurch ihren Charakter als Freiheit verlieren. Andererseits ist es auch nicht leicht anzunehmen, dass wir hier ständig mit Begriffen hantieren, ohne ihre Bestimmung angeben zu können und dennoch dabei zu wissen, worum es sich handelt. Dieser Sachlage kann die Naturwissenschaft natürlich nichts abgewinnen, ihre Verweigerung beschreibt aber auch ihre Grenzen, generell die der Wissenschaften vom Menschen. Man könnte diese nun an allen „Differenzbegriffen" durchdeklinieren. Es genügt aber die Literatur der Gehirnforscher zu studieren und dabei zu bemerken, wie schwer sie sich mit ihnen tut (z. B. mit dem *Selbstbewusstsein*, dem „Ich"; würden sie es nämlich restlos an neuronale Prozesse anbindbar sein, gäbe es nie eine „Identitätsproblematik", auch keine Gewissensproblematik).

– Aus den Abläufen und Vorgängen *im* Gehirn lassen sich auch die diversen „Sprünge" nicht erklären, die es mit sich anstellt. Wie und wo wird aus bewusstlosen Abläufen Bewusstsein? Warum werden manche Eindrücke bewertet, manche nicht. Wieso haben wir dort und da die Kraft, längst in Automatismen und Routine abgesunkene Vorgänge wieder hervorzuholen und kritisch zu überlegen? Wie kann überhaupt „Neues" als solches angenommen, wie zum Ziel gemacht werden? Was unterscheidet das aufnehmende vom bewertenden, selektierenden Gehirn? Wieso sind wir uralten Prägungen und Mustern so nachhaltig ausgeliefert und wissen zugleich davon? Um welches Wissen handelt es sich dabei? Die Historiker sprechen von einem „kollektiven Gedächtnis", wo hat denn dieses seinen Sitz? Oder gibt es dieses gar nicht, weil es doch nur Einzelmenschen gibt? Was veranlasst uns zu erinnern, was zu vergessen? Was, wenn wir uns „absichtlich" Zeiten einräumen, um uns zu erinnern? Alle diese Sprünge und Übergänge lassen sich nicht anhand linearer Vorgänge begreifen, sondern m. E. nur dann, wenn man die erläuterte unaufhebbare Differenz zur Geltung bringt.

(3) Was einst zu Beginn der Naturwissenschaften schon aufgefallen ist, verstärkt sich im Thema Gehirnforschung besonders. Auch bevor uns die Naturwissenschaft die Natur erklärte, hatten wir ein Wissen über sie. Es war ein anderes, adäquat einer feudal-agrarischen Gesellschaftsform. Dieses und alles andere mit ihm verbundene Wissen wurde zunächst für falsch erklärt – was Natur ist sagt uns die Naturwissenschaft. Seit Menschen über sich nachdenken, denken sie auch über ihre Organe nach; ebenso über das Denken, die Gefühle, die Erkenntnis, das Bewusstsein, die Freiheit. Im Laufe der Geschichte hat sich so einiges Wissen angesammelt, historisches, kulturelles sowie auch aus anderen Gebieten der Wissenschaft und Kunst. Von der Naturwissenschaft her gesehen müssen wir eigentlich sagen, dass wir über unser Gehirn und seine Funktionen viel mehr „wissen", als wir (laut Gehirnforschung) eigentlich „wissen" (dürfen). Welchen Charakter hat dieses Wissen? Ist es falsch, antiquiert, Mythos,

Glaube, willkürliche Konstruktion? Oder handelt es sich doch um Brauchbares? Betrachtet man die Gehirnforschung, sieht man sie hier im Zwiespalt. Einerseits muss sie im Sinne ihrer notwendigen methodischen Abstraktion „tabula rasa“ machen; die Phänomene *sind* ja erst zu erforschen. Andererseits kommt sie doch nicht umhin, sie aufzunehmen, sich mit ihnen zu beschäftigen, sie hineinzumischen. Dabei stellt sie seltsamerweise durchaus ihre Brauchbarkeit heraus. Wahrscheinlich ist das Wissen über unsere „innere“ Natur auch von einem anderen Charakter, als jenes über unsere äußere. Überhaupt wäre folgendes Paradoxon festzuhalten: Eigentlich müssten wir über unser Gehirn bestens Bescheid wissen, weil es doch es selbst ist, das sich denkt. Hier wäre ein „direkter Draht“ zu vermuten, über den wir gegenüber der äußeren Natur nicht in gleicher Weise verfügen. Wir sind es doch selbst, die unser Wissen über uns selbst erzeugen, müssen wir davon ausgehen, dass wir uns absichtlich oder unabsichtlich täuschen? Oder gar, dass unser Wissen über uns selbst überhaupt nichts mit uns zu tun hat? Liest man in der Gehirnforschung nach, hat man fast diesen Eindruck. Indem sie das Innere zum Äußeren „verobjektiviert“, ist sie gezwungen, eine Trennung zu markieren, die sie schwer wieder aufheben kann. Sicher kann zwar anempfohlen werden, auch mit seinem Wissen über sich selbst aus vielen Gründen skeptisch umzugehen. Das „innere Band“ aber überhaupt zu zerreißen ist ebenso problematisch. Dass wir aber mit dem Wissen über uns selbst kritisch (d. h. sie von sich selbst unterscheidend) umgehen können, ist naturwissenschaftlich nicht erklärbar. Dies setzt nämlich wiederum eine prinzipiell uneinholbare Differenz, eine Offenheit voraus, die gerade dann zur Wirkung kommt, wenn man sie eben nicht bestimmt. Genau dieses gestattet aber Entwicklung.

(4) Naturwissenschaften haben große Schwierigkeiten, Geschichtlichkeit zu denken. Ihr Idealgegenstand ist ein sich in der Zeit gleich bleibender, nicht prinzipiell verändernder. Zwar gibt es *in* ihm diverse Prozesse zu erkennen, diese wiederholen sich aber in genau erfassbaren Abständen. Lebendiges, insbesondere der Mensch, hat Geschichte. Selbst wenn die Naturgeschichte nach evolutiven Gesetzen verlaufen mag (ich zweifle übrigens daran, dass Mutationen wirklich erklärt sind), beim Menschen kommt noch etwas hinzu. Man könnte bei ihm von einer Evolution zweiter Ordnung sprechen. Er ist nämlich nicht nur Geschichte, er *hat* sie, formt sie bewusst und unbewusst, hat eine *offene* Zukunft vor sich. Die Entwicklungsgeschichte vom Homo sapiens bis zum gegenwärtigen Gehirnforscher zeigt, wie er sich verändert, was er aus sich gemacht hat. Die Frage ist, ob es überhaupt in ihm etwas gibt, das sich gleich geblieben ist. Auf sozialen, kulturellen, wissenschaftlichen Gebieten nehmen wir Entwicklung und Fortschritt viel selbstverständlicher wahr, als im leiblich, körperlichen Bereich. Zwar nehmen wir im Vergleich an Knochenbau und Muskeln auch hier Unterschiede wahr; diese werden aber meist funktionalistisch erklärt und dies befriedigt unsere Neugierde. In dieses Erklärungsmuster fallen auch die Ansichten, die in unserem Körper ein sich gleich bleibendes Instrument sehen, mit dem man eben höchst Verschiedenes herstellen kann, wie Städte, Pyramiden, das Bürgerliche Gesetzbuch. Als solches ist er der Naturwissenschaft willkommenes Objekt. Der dieser Modellvorstellung nachfolgende Dualismus ist unabwendbar. Ein sich gleich bleibender Körper wird von seinem

„Werk" abgetrennt. In erster Annäherung hat dieser Schritt viel Einleuchtendes für sich, bei näherem Hinsehen gerät man allerdings in Aporien. Nicht bloß, weil es Rückwirkungen vom Werk auf das Instrument gibt – schließlich wird heute darüber debattiert, ob man Menschen klonen darf -, sondern weil es ja schließlich gerade dieser Körper und seine Organe sind, die diese Werke ermöglichen und mit ihnen sich verändern müssen. Organe wären demnach, analog zur Geschichtlichkeit des Menschen *offene Organe;* ansonsten würden sie immer nur dasselbe produzieren und sich in immer demselben bestätigen.

Am „Organ" Gehirn lässt sich diese Tatsache besonders gut zeigen. Es muss sich als Organ ständig ändern – neu vernetzen – wenn es „weiterdenken" will, neue Eindrücke verarbeiten usw. Es ist also ein Organ in ständiger Bewegung. Dies allein wäre noch kein Grund, Naturwissenschaften an Grenzen angelangt zu sehen. Schließlich handeln sie von vielen bewegten Gegenständen. Das Fatale aber ist hier, dass sich die Bewegungen gemäß geschichtlichen Veränderungen nicht in gleicher Weise wiederholen. Selbst, wenn es Messungen gibt, die ein ähnliches Computerbild liefern, die Bedeutungen, die jeweiligen „Endprodukte" sind ganz andere, je nachdem, was vom Organ aufgefasst, bewältigt werden muss. Man muss also zumindest die Hypothese zulassen, dass sich das Gehirn mit seinen Denkinhalten auch organisch beweglich und veränderbar zeigt. Wie anders wären sonst auch Phänomene zu begreifen, die bei der Betrachtung von Kulturunterschieden vermerkt werden: Man spricht davon, dass etwas, das in der einen Kultur gang und gäbe, in der anderen gar nicht *„denkbar"* ist; das Gehirn muss eben erst darauf trainiert werden. Der Schluss daraus wäre, dass es ein historisch-soziales-kulturelles Organ ist – wie überhaupt der ganze Leib des Menschen. Diese Seite ist der Naturwissenschaft aber unzugänglich.

Geht man aber von ihr aus, rücken auch die Theorien und Modelle der Gehirnforschung in ein neues Licht. Sie können nämlich auch als ein Kulturprodukt betrachtet werden. Auffallend ist jedenfalls, dass polytheistische Kulturen dem Gehirn nicht so eine zentrale Rolle zugewiesen haben, während stark hierarchisierte Gesellschaften seine Bedeutung als Zentralorgan hervorzuholen neigen (und auch im Gehirn Zentren verorten). Kann es ein Zufall sein, dass heute die „Netzwerkmodelle" dominieren, und auch sonst die Hierarchie in die Krise geraten ist? Die uns faszinierende Supermaschine ist der Computer. Ist es verwunderlich, dass er zum Vorbild für das Gehirn geworden ist?

Meine Hypothese hätte aber noch weitreichendere Konsequenzen: Könnte es sein, dass sowohl reale Organisationsformen der Menschen, als auch Theorien und Modelle Rückwirkungen auf unser Gehirn haben? Man könnte sich dies in zweierlei Hinsicht vorstellen.

Einmal als Folge historischer Vergesellschaftungen. Es ist nicht anzunehmen, dass sich die Menschen zuerst die Hierarchien ausgedacht haben, um sie dann zu verwirklichen. Wahrscheinlich sind sie ihnen „konstellativ" passiert. Mit ihnen hat sich aber unser ganzes Denken verändert. Die Zeit der Abstraktionen begann, d. h. eine Denkgeschichte, die bis heute wirksam ist. Unser Gehirn musste sich nicht nur dieser Situation anpassen, es musste sie denken lernen; zunächst gab es auch viel an Widerstand gegen sie. Vielleicht hat sie sie erst „lieben" gelernt, als sie sich denken und damit bewusst gestalten konnte? Und das alles soll „am Organ“ Gehirn spurlos vorbeigegangen sein? Unser Gehirn war wohl aufgefordert, sich so zu organisieren, dass es der realen Vergesellschaftungsform entsprach. Also hat es sich vielleicht *doch* hierarchieanalog strukturiert und auch über sich selbst Hierarchiemodelle entwickelt.

Zum Zweiten kann auch darüber diskutiert werden, ob nicht Modellvorstellungen geheime (Selbst)Trainingsprogramme für das Gehirn sind; Komplexitätsreduktion- und Disziplinierungsvorhaben. Wer weiß nicht, dass heute besonderer Wert darauf gelegt werden muss, dass wir schon von klein auf die neuen Technologien beherrschen. Sie nehmen eine zentrale Stellung in unserem Leben ein. Unser Gehirn darauf zu trainieren, wird vielleicht auch dadurch gestützt, dass es von sich selbst eine Computervorstellung entwickelt und diese in seine organische Verfasstheit aufnimmt. Will es mit den gegenwärtigen Vernetzungsanforderungen Schritt halten, muss es dieses Modell in seine eigene Verfasstheit aufnehmen. Vielleicht dient unsere Gehirnforschung daher weniger der Erklärung von Gehirnvorgängen, von Denken und Bewusstsein sondern mehr der „Selbstprogrammierung“ eines „chaotischen“ Organs, von dem jedenfalls zugegeben wird, dass seine Komplexität alle unsere Vorstellungen übertrifft? Es wird uns zwar versichert, dass alles nur eine Frage der Zeit und der fließenden Forschungsgelder ist, bis wir diese Komplexität entschlüsselt haben. Sollte aber die Forschung und Modellbildung Selbstdisziplinierungscharakter haben, wird mit (Gegen)Reaktionen zu rechnen sein. D. h. aber, dass es gerade die Erkenntnis selbst wäre, die durch ihre „Festschreibung“ im Gehirn neue Komplexität hervorruft. Sie entstünde dadurch, dass das Gehirn mit seinen Selbstfixierungen nicht zufrieden ist. Weil es sich zu sehr auf Denken, Bewusstsein, Logik und Rationalität festgelegt sieht, „entdeckt“ es in sich selbst plötzlich eine alternative Gehirnhälfte, die ebenso trainiert werden kann, oder gar ein „Bauchgehirn“, das ständig Gefühlsbotschaften emittiert.

(5) Ein besonderes Kapitel der Gehirnforschung stellt das Kapitel Bedeutung, Bewertung und Entscheidung dar. Naturwissenschaftliche Gesetze haben sich gern als „wertneutral“ verstanden. Forschung muss aber dann in Schwierigkeiten kommen, wenn sie es gerade mit diesen Phänomenen zu tun hat. So kann sie zwar vielleicht messen, *was* bei Bewertungsvorgängen geschieht, nicht aber *warum, wie* bewertet und entschieden wird. Gleiche Messdaten haben höchst unterschiedliche, ja oft widersprüchliche Resultate zur Folge. Da nützt auch der Hinweis nichts, dass in ihnen auf das limbische System zurückgegriffen wird, gleichsam als Ort der Bedeutungsgebung und Bewertung. Die Beschreibung wird nur erweitert, erklärt wird dabei nicht. Auch kommen hier Bedingungen zum Tragen, die bei Individuen höchst unterschiedlich zur Geltung kommen, überhaupt ihre Individualität ausmachen. Warum nämlich etwas wie entschieden wird, hängt von lebensgeschichtlichen Erfahrungen und Prägungen ab, von der Sozialisation, der man ausgeliefert war, von der Kultur, in der man lebt usw. Diese Bedingungsfaktoren lassen sich in einer Prozessmessung nicht auffinden und schon gar nicht in ihrer Bedeutung unterscheiden.

Noch schwieriger wird es, will man bewusste – also freie – Entscheidung messen. „Kausalität aus Freiheit“ nennt Kant recht plastisch das hier vorhandene Dilemma. Es gibt vorher einen einsehbaren Zusammenhang und nach der Entscheidung auch wieder. Der „Punkt“ der Entscheidung aber, der die neue

Reihe in Gang bringt, ist selbst von anderer Qualität sowohl als das Vorhergehende als auch als das von ihm Verursachte. Diese andere Qualität lässt sich nicht genauso messen, wie alles andere. Entscheiden bleibt „unsichtbar." Es kann nicht gelingen, die eine auf die andere zu reduzieren. Entscheiden wird nicht an einem Extraausschlag der Welle sichtbar. Und selbst wenn, er würde nichts über den besonderen Charakter von Entscheiden aussagen, nämlich der Fähigkeit, die Menschen haben, sich denkend und überlegend, innehaltend einem organischen Geschehen auf geheimnisvoller Weise zu entziehen; sich gleichsam selbst gegenüber zu setzen. Diese Selbstdifferenz, die überhaupt erst so etwas wie Bewertung, bewusste Selektion, Gewissen, Verantwortlichkeit, Moralität etc. ermöglicht, die zugleich immer auch mehr oder weniger gewaltsam reduziert, ist aus der Gesamtheit des Geschehens im Gehirn nicht erklärbar. Dieses selbst, so muss man jedenfalls annehmen, ist bereits organisch immer viel, vielmehr als aus ihm heraus konkret entschieden wird. Jede Entscheidung könnte daher als partielle Organreduktion aufgefasst werden, zumindest als Unterscheidung in geltend Gemachtes und in bloße Möglichkeit Versetztes. Das Schöne ist nur, dass jede neue Entscheidung anscheinend wiederum im Pool der Möglichkeiten ansetzen kann. Irgendwie dürften sie nicht verloren gehen.

(6) Die Darstellung eines berühmten Experiments der Gehirnforschung soll meine Thesen illustrieren. Ich meine in ihm viel an methodisch induzierter Naivität zu bemerken: Wie in der Naturwissenschaft angeordnet, meinen sie tatsächlich, Elemente und Prozesse idealtypisch isolieren zu können (ein solches Beispiel findet sich bei Gerhard Roth[1]). Mehr noch wie in jedem mikrophysikalischen Zusammenhang muss aber hier die Experimentanordnung auf ihren Forschungsgegenstand einwirken. Ich zitiere den Bericht des Experimentes:

> „Der amerikanische Neurobiologe Benjamin Libet hat vor einer Reihe von Jahren aufsehenerregende Versuche zur Beziehung zwischen Bereitschaftspotential und Willensakt durchgeführt (Libet et al., 1983; vgl. auch Libet, 1985). Die Versuchspersonen wurden trainiert, innerhalb einer gegebenen Zeit (1–3 s) spontan den Entschluss zu fassen, einen Finger der rechten Hand oder die ganze rechte Hand zu beugen. Dabei blickten sie auf eine Art Oszilloskop-Uhr, auf der ein Punkt mit einer Periode von knapp drei Sekunden rotierte. Zu genau dem Zeitpunkt, an dem die Versuchspersonen den Entschluss zur Bewegung fassten, mussten sie sich die Position des rotierenden Punktes auf der ‹Uhr› merken. In einer anderen Serie genügte es, sich zu merken, ob der Entschluss vor oder nach einem Stop der Punktrotation gefasst wurde, was für die Versuchspersonen erheblich einfacher ist. Bei allen Versuchspersonen wurde während der Experimente das Bereitschaftspotential gemessen, d. h. aus dem EEG herausgefiltert. Es zeigte sich, dass der Willensakt immer (durchschnittlich 200 ms) der Motorreaktion vorausging und dass der Beginn des Bereitschaftspotentials im Durchschnitt 550–350 ms, mit einem Minimum bei 150 ms und Maximum bei 1025 ms, dem ‹Willensentschluss› vorausging. In keinem Fall fiel das Bereitschaftspotential mit dem Willensentschluss zeitlich zusammen oder folgte diesem gar. Dieser Befund wird von manchen Neurobiologen und Philosophen dahingehend interpretiert, dass der Willensentschluss nicht die *Ursache* der Bewegung ist, sondern ein *Begleitgefühl* für die Handlung selber. Libet selbst hat die Bedeutung dieser Befunde hinsichtlich der Frage der Willensfreiheit sehr vorsichtig interpretiert. Er glaubte im Anschluss an seine

1 Gerhard Roth, *Das Gehirn und seine Wirklichkeit. Kognitive Neurobiologie und ihre philosophischen Konsequenzen*, Frankfurt a. M: Suhrkamp Verlag (suhrkamp taschenbuch wissenschaft, 1275), 1997, 307 f.

> Untersuchungen, dass die Antriebe unseres Handelns subcortical-unbewusst zustande kommen und dann infolge des Bereitschaftspotentials bewusst werden. Er stellte aber fest, dass Versuchspersonen manchmal, nachdem sie einen Entschluss fassten, ein ‚Veto' gegen das Ausführen der bestimmten Reaktion verspürten, und dass die Bewegung in der Tat dann nicht folgte. Daraus schloss Libet, dass es einen corticalen Willen gibt, der die subcortical aufkommende Bereitschaft zu einer bestimmten Handlung lenken und sogar blockieren kann. Hierdurch sieht er den freien Willen gerettet. An der subcorticalen unbewussten Steuerung des Verhaltens lässt er aber keinen Zweifel, ebenso wenig daran, dass das Gefühl, etwas zu wollen, *nach* dem Bereitschaftspotential auftritt (Libet, 1985)."[2]

Ich will hier gar nicht die seltsame naturwissenschaftlich orientierte „Rettung" des „freien Willens" besprechen, vielmehr auf die Messung des „Bereitschaftspotentials" eingehen. Für mich ist es nicht unproblematisch, ein solches als „objektive Gegebenheit" zu messen, wenn Versuchspersonen daraufhin trainiert werden, „spontan" (!) einen Entschluss zu fassen. Es liegt für mich zumindest im Bereich des Wahrscheinlichen, dass Training, Versuchsbereitschaft etc. bei den Versuchspersonen mindestens ebenso ein „Bereitschaftsgefühl" erzeugen, nämlich ein solches, das sich bereit erklärt, am Versuch mitzumachen und wahrscheinlich auch hofft, bzw. neugierig ist, auf das, was dabei herauskommt. Ein derartig „zweites" Bereitschaftsgefühl würde ich jedenfalls vermuten und annehmen, dass es in gewisser Weise mit dem Willensakt die Hand zu beugen „interferiert." Was also wird dann gemessen? Die Antwort auf diese Frage hat aber weitreichende Konsequenzen. Stammt nämlich das Bereitschaftsgefühl zum Teil aus der akzeptierten Versuchsanordnung, ist es nicht als vorgängige Ursache eines Willensentschlusses, die Hand zu beugen, zu betrachten. Ebenso weiß auch die trainierte Versuchsperson von vornherein, worum es geht. Könnte nicht auch das „Wissen" um einen Ausstehenden aber zu tätigendem Willensentschluss ebenso ein Bereitschaftsgefühl nachfolgen lassen? Dann wäre dessen Vorwegnahme ausschlaggebend, etwas was wir, so meine ich jedenfalls, aus unserem alltäglichen Handeln zu wissen meinen. Wenn wir nämlich über einen möglichen Entschluss, eine zu tätigende Entscheidung nachdenken, entwickeln wir ohne sie zu tätigen stets beide Gefühle, Bereitschaft oder Abwehr, je nachdem. „Probehandelndes" Bewerten von Entschlüssen und deren Konsequenzen gehört nicht bloß zur „Intelligenz" des Menschen, es ist mit all jenen Gefühlen (Bereitschaften und Ablehnungshaltungen) verbunden, die uns in diesem Experiment linear-kausal und nacheinander daherbuchstabiert werden.

In seiner Metaphorik interessant ist der Begriff „Begleitgefühl" für den Willensentschluss. Er zeigt deutlich die Schwierigkeit, in der sich jede Gehirnforschung befindet, die in dieser Weise experimentell vorgeht. Von seiner Art finden sich viele; ich nenne sie „Brückenbegriffe." Wissenschaftlich müssen sie als komplett *unexakt* bezeichnet werden, weil sie nicht dem Forschungsobjekt zuzuordnen sind, im Experiment selbst auch keinen Platz haben. Dort bemerken wir eine Abfolge von Zuständen, in denen das, was wir Wille oder Entschluss nennen, zugegebenermaßen nicht aufzufinden ist. Naturwissenschaftlichen Experimenten ist so etwas wie ein eigener Wille des Objekts auch fremd. Ihnen geht es um den Nachweis innerer Abfolgen und Determinationen,

2 Roth (Fn 1), 307 f.

die, wenn sie immer wieder auftreten, wiederholbar sind, uns einen Gesetzesbegriff formulieren lassen. Sehr irritiert wären wir, würde im Objekt plötzlich ein Wille auftreten, der seinen Wunsch nach anderen Abfolgen bekundet; der innere Kausalitäten nach seinem Entschluss gestalten möchte.

(7) „Gibt es eine individuelle Verantwortungsmöglichkeit aus Sicht der Gehirnforschung?“, so lautet das Thema meines Referates. Die bisher in einer gewissen Ausführlichkeit vorgetragenen Thesen wurden deshalb geschrieben, um hier zu einer klaren Antwort zu kommen. Sofern sich die Gehirnforschung methodisch einem naturwissenschaftlichen Ansatz (oft sogar einem „physikalistischen“) verpflichtet sieht, fällt die Antwort nicht schwer. Aus ihrer Sicht gibt es nämlich weder ein Ich noch seine Verantwortung. Sie hat dafür weder Zugang noch Sinn. Neben dem Mainstream gibt es in der Gehirnforschung aber weniger bekannte Seitenzweige, wie etwa Gerald Hüther in Göttingen, der davon abweichende Vorschläge zur Gehirnforschung unterbreitet, damit auch für Philosophie, Gesellschafts- und Geisteswissenschaft anschlussfähig ist. In unserem Buch „Hirnforschung als dialektische Sozialwissenschaft“[3] haben wir versucht, auch eine „andere“ Hirnforschung als die hier in ihrer Ausgriffsweite kritisierte darzustellen. In ihr kann es Zugänge zu den im Referat angesprochenen Themen geben.

Die naturwissenschaftlich orientierte Gehirnforschung kann, auch wenn sie sich noch so viel Mühe gibt, über Freiheit, Wille, Gewissen, Verantwortung schon wegen ihrer methodischen Vorentscheidung nicht viel Weiterführendes aussagen. Ich schließe mich hier folgendem Befund von Hans-Ludwig Kröber an:

> „Wissen wir heute sehr viel mehr als vor einhundert Jahren über die Funktionsweise des Gehirns? Die Antwort ist ja. Sind wir damit der Beantwortung zentraler Fragen wesentlich nähergekommen? Die Antwort ist nein. Als solche zentralen Fragen muss man die folgenden bezeichnen: In welchem Verhältnis stehen Körper, materiale Strukturen einerseits, Bewusstseinsprozesse andererseits? In welchem Verhältnis stehen die materialen Strukturen und elektrophysiologischen oder biochemischen Abläufe zu komplexen Konstrukten wie Selbstbewusstsein, Wille, Motivation, moralische Wertung, Zukunftsplanung?“[4]

Zweck der Naturwissenschaften muss es immer sein, philosophisch gesprochen, Seiendes mit Seiendem in einem Ursache-Wirkungsverhältnis zu verbinden. Dies auch *entgegen* aller bestehenden Natur und Realität zu vermögen, ist ihre großartigste Leistung, der wir ihre technische Anwendbarkeit verdanken. Was dabei von den Gehirnforschern kaum diskutiert wird, ist die eigene Voraussetzung, welche die Naturwissenschaft bestimmt. Man kann sie selbst nämlich als eine der größten individuellen und kollektiven Freiheitsleistungen der Menschen ansehen, der es gerade nicht um die Gesetze der Natur selbst ging, sondern um die Eingriffsmöglichkeit, die Kontrolle, die Machtausübung im Sinne einer Veränderung der ursprünglichen Natur zugunsten der Menschen. Kausalitäten, Determinismen gibt es natürlich in der Natur, wie auch

3 Peter Heintel/Kurt Broer, *Hirnforschung als dialektische Sozialwissenschaft*, Wien: Lit Verlag, 2005.

4 Hans-Ludwig Kröber, Die Hirnforschung bleibt hinter dem Begriff strafrechtlicher Verantwortlichkeit zurück, in: *Hirnforschung und Willensfreiheit*, hg. von Christian Geyer; Frankfurt a. M.: Suhrkamp Verlag, 2005, 104.

im Menschen, interessanter sind aber diejenigen geworden, die ihnen „von außen“ vorgeschrieben wurden. Spätestens seit Kant haben Philosophen und später auch Physiker diesen wissenschaftstheoretischen Perspektivenwechsel vollzogen und kein kritischer Physiker würde sich wie Gerhard Roth oder Wolf Singer zu argumentieren getrauen, die immer noch so tun, als beschrieben sie die tatsächlichen Abläufe im Gehirn. Auch hier kann ich mich Hans-Ludwig Kröber anschließen. Er sagt über sie:

> „Aber sie wirken seltsam unempfindlich gegenüber diesen grundsätzlichen und ja nicht erst seit wenigen Jahren erörterten Fragestellungen. Insbesondere dem Laienpublikum wird oftmals eine zwar mit markigen Aussagen beeindruckende, aber doch recht grobe Philosophie für den Hausgebrauch vorgetragen.“[5]. Und weiter: „Bedenklich jedoch ist die Neigung mancher Hirnforscher, nun auch als Hirndeuter aufzutreten und vor Laien und staunenden Journalisten unter Demonstration vieler bunter Bilder zu verkünden, dass die Willensfreiheit widerlegt und auch die strafrechtliche Verantwortlichkeit eine Fiktion sei. Die bunten Bilder, die von den Laien schwerlich in ihrer Aussagekraft eingeschätzt werden können, haben hier die Funktion von Reliquien: Sie sollen den Glauben stärken wie das Leichentuch von Turin. In Wirklichkeit ist es ein recht weiter Weg von den Bildern aus dem PET, dem funktionellen Positronen-Emissions-Tomographen, bis hin zur Frage der strafrechtlichen Verantwortlichkeit.“[6]

Es mag dies für manche zu polemisch klingen. Wer sich aber selbst von der „groben Philosophie“ überzeugen will, der möge den Aufsatz von Wolf Singer im gleichen Band lesen, der den vielsagenden Titel trägt: „Verschaltungen legen uns fest: Wir sollten aufhören, von Freiheit zu sprechen“[7]. Was Wolf Singer hier anstellt, um uns die Freiheit als Illusion hinzustellen, ist einfach haarsträubend und eine Zumutung für argumentierendes Denken; insbesondere dort, wo er aufzuzeigen versucht, woher denn diese Illusion kommt. Denn immerhin muss er anerkennen, dass es sie gibt, ja dass sie sogar einen gewissen Sinn hat; die meisten Gehirnforscher, wie z. B. Gerhard Roth, bleiben sicherheitshalber bei der bloßen Feststellung stehen:

> „Das Gefühl, bei der Willensbildung und der Handlungsentscheidung frei zu sein (d. h. nicht aus Ursachen, sondern aus Gründen zu handeln und im Prinzip auch anders entscheiden zu können), ist eine Illusion, wenngleich eine für unser komplexes Handeln notwendige Illusion. Menschen fühlen sich – wie David Hume es formulierte – dann frei, wenn sie tun können, was sie wollen; die Bedingtheit ihres Willens wird dabei gar nicht thematisiert. Bewusste Prozesse spielen eine wichtige Rolle beim Abwägen von Alternativen und deren Konsequenzen, aber sie entscheiden nichts.“[8]

Eine in diesem immer auch schon dualistischen Ansatz, der von ihnen zwar bekämpft, sich aber notwendigerweise hintenherum wieder einstellen muss, erkenntniskritisch zu verortende Frage stellen sie sich aber alle nicht. Wie verhält sich eine Illusion, nach der wir handeln, leben, entscheiden, Verantwortung übernehmen, zum in sich determinierten Gehirngeschehen, das ja ohne dieses

5 Kröber (Fn 4), 104.

6 Kröber (Fn 4), 107 ff.

7 Wolf Singer, Verschaltungen legen uns fest: Wir sollten aufhören, von Freiheit zu sprechen, in: *Hirnforschung und Willensfreiheit*, hg. von Christian Geyer; Frankfurt a. M.: Suhrkamp Verlag, 2005, 30 ff.

8 Gerhard Roth, „Das Problem der Willensfreiheit. Die empirischen Befunde“, *Information Philosophie*, 2004, 5, 20.

abläuft. Zweifellos bestimmt die Illusion doch unser Verhalten, und dieses wird doch auch vom Gehirn gesteuert. Konkurrieren in ihm also Determination und Illusion? Wolf Singer ordnet diesen ganzen Illusionskomplex der „Selbsterfahrung" zu und führt aus:

> „Dieser Sichtweise steht die von unserer Selbsterfahrung genährte Überzeugung entgegen, dass wir an einer geistigen Dimension teilhaben, die von den Phänomenen der dinglichen Welt unabhängig und ontologisch verschieden ist. Weil wir diese geistige Dimension einer verschiedenen Seinswelt zuordnen, gehen wir davon aus, dass sie aus der dinglichen Welt, die in der Dritten-Person-Perspektive erfasst wird, nicht ableitbar ist. Wir erfahren unsere Gedanken und unseren Willen als frei, als jedweden neuronalen Prozessen vorgängig. Wir empfinden unser Ich den körperlichen Prozessen gewissermaßen gegenübergestellt. Wir erfahren uns als wertende, mit Intentionalität ausgestattete Wesen, die sich selbst und anderen Verantwortung zuschreiben für das, was sie tun, und wir empfinden uns in der Lage, mit unserem Gewissen in Zwiegespräche einzutreten, mit unseren kategorischen Imperativen zu argumentieren, unsere Stimmungen zu beherrschen und uns über diese Handlungsdeterminanten hinwegzusetzen. Uns erscheint unser wahrnehmendes, wertendes und entscheidendes Ich als eine geistige Entität, die sich der neuronalen Prozesse allenfalls bedient, um Informationen über die Welt zu gewinnen und Beschlüsse in Taten umzusetzen. Damit das Gewollte zur Tat wird, muss etwas im Gehirn geschehen, was das Gewollte ausführt. Es müssen Effektoren aktiviert werden, und dazu bedarf es neuronaler Signale. Entsprechend müssen die Sinnessysteme eingesetzt werden, also wiederum neuronale Strukturen, um etwas über die Welt zu erfahren. Bei alldem begleitet uns das Gefühl, dass wir es sind, die diese Prozesse kontrollieren. Dies aber ist mit den deterministischen Gesetzen, die in der dinglichen Welt herrschen, nicht kompatibel."[9]

Abgesehen von dem längst überwundenen ontologischen Dualismus („Entität"), gegen den hier Wolf Singer meint, auftreten zu müssen, ist seine Argumentation doch seltsam konsequenzenlos. Er muss am Ende ein „Gefühl" zulassen, das wir zwar haben, das aber nicht „kompatibel" ist. Ein neues „metaphysisches Gespenst" tritt hier auf, das es eigentlich gar nicht geben dürfte, das jedenfalls auf die deterministischen Gesetze keinen Einfluss hat, bzw. haben kann.

(8) Was, wie schon erwähnt, die naturwissenschaftlich ausgerichtete Gehirnforschung überhaupt nicht denken kann und will, sind Widersprüche: „Falls die Prämisse gilt, dass Weltdeutungen widerspruchsfrei sein müssen"[10]. Mit diesem „Müssen" haben sie sich aber selbst ihre Zuständigkeit für den Menschen untersagt. Sie sollten es daher unterlassen, immer wider über Themen zu befinden, die sie gar nichts angehen. Denn, wenn wir eines vom Menschen wissen, so dies, dass sein „Wesen" einen einzigen Widerspruch darstellt (nachzulesen übrigens auch bei dem bekannten Physiker H. Pietschmann[11]). Er ist Naturgeschöpf (determiniert in vielen Zusammenhängen) und weil er dies weiß, selbst sich zum Gegenstand (z. B. Objekt naturwissenschaftlicher Forschung) machen kann, ist er es nicht. Sein Gehirn ist genetisch-evolutiv, historisch und lebensgeschichtlich „verschaltet" und dennoch hat er die Fähigkeit „umzuschalten", aus Routine auszubrechen, in „Revolutionen" die Geschichte neu zu beginnen. Er wird durch Gefühle, Leidenschaften immer wieder „überwältigt" und

9 Singer (Fn 7), 36.
10 Singer (Fn 7), 39.
11 Herbert Pietschmann, *Aufbruch in neue Wirklichkeiten. Der Geist bestimmt die Materie*, Stuttgart: Weitbrecht Verlag in K. Thienemanns Verlag, 1997.

kann sie auch distanzieren, steuern, verdrängen. Nun mag dies alles im neuronalen Geschehen des Gehirns, den „Milliarden“ Zellen seine Entsprechung haben, erklärt ist durch sie dies alles nicht und wird es auch niemals sein; denn Widersprüche können nicht gemessen werden. Uns selbst als permanenten „Widerspruchsmanager“ sind diese Entsprechungen auch relativ egal und von geringer Handlungsrelevanz. Kein Mensch wird Lehrbücher der Gehirnforschung lesen, um darnach sein Handeln und Entscheiden auszurichten, zumal, wenn es ihm dort ohnehin als Illusion nachgewiesen wird.

Fragen des Rechts und der Moral aber haben es immer auch mit Widersprüchen zu tun und müssen auf diese eine Antwort geben; sie können sie nicht einfach als Einbildung hinwegkomplimentieren. Da ist z. B. jener Widerspruch zu bewältigen, der zentral in das Vortragsthema hereinspielt, nämlich der des Verhältnisses von Moralität und Legalität, von individuellem Gewissen und bestehenden Gesetzen. Ebenso wird Verantwortung einmal dem Individuum allein zugeordnet, andererseits als kollektive Aufgabe gesehen („Solidargesellschaft“). Jemandem, der mit sich selbst uneins ist, im Widerspruch zu sich selbst sich befindet, traditionell ein „schlechtes Gewissen hat“, dem nützt es auch nicht viel, wenn man ihm einzureden versucht, dass es weder das Ich noch das Gewissen *„wirklich“* gibt, dass es sich um ein „Begleitgefühl“ handelt, um das sich die Natur unseres Gehirns ohnehin nicht kümmert.

Ein „freiheitsentsprungener“ Grundwiderspruch unserer Geschichte ist der von Bewahren und Verändern. Er hat schon viel an Unglück angerichtet, aber auch Glück gebracht. Wie soll auf ihn die „Prämisse der Widerspruchsfreiheit“ angewandt werden? Zumal es mir nicht nachvollziehbar ist, wie in einem konsequent gedachten Determinismus auf den Menschen angewandt überhaupt etwas „Neues“ in die Welt kommen kann. Es mag dann zwar die Flucht in die „Emergenz“ angetreten werden. Genau aber diese beschreibt unsere Unfähigkeit, neue Ereignisse kausal-deterministisch zu erklären. Vielmehr wird uns etwas viel „Schlimmeres“ zugemutet. Wir müssen uns bis hinein in unsere leibliche Organisation als „offene“, unbestimmte Wesen verstehen lernen, und in diese Richtung auch unser Gehirn denken; es „bildet“ sich dann nicht nur in sich selbst, sondern es wird zu einem sozialen, kulturellen, historischen „Organ.“ Diesem können sich Rechtswissenschaften und die Philosophie zuwenden. Denn, es soll davon ausgegangen werden, dass der Mensch nicht nur ist (Seiendes mit Seiendem kausal in immer sich wiederholender Weise in sich verbindet), sondern, dass er *„wird“*. Sein Werden ist aber nicht Sache physikalischer Abläufe.

Im moralischen Sinn heißt dies, dass der Mensch und überhaupt die Menschheit sich „aufgegeben“ sind, ihr Werden zur eigenen Gestaltungsaufgabe machen können, letztlich für die Geschichte, die sie selbst entwerfen, auch selbst verantwortlich sind. Auch dieser „Standpunkt“ ist nicht vom Anfang an da gewesen. Es ist die Aussage Hegels, die Geschichte sei „Fortschritt im Bewusstsein der Freiheit“ aufzugreifen und in ihren Konsequenzen zu überlegen; es ist dies vorerst auch keine moralische Aussage.

Demokratien, Grund- und Freiheitsrechte gibt es auch noch nicht so lange; sie bestehen aber und beruhen auf der Anerkennung individueller Freiheit und Verantwortlichkeit, auf einem Bewusstsein, das zu einem verallgemeinerbaren

Selbstbewusstsein sich entwickelt hat. Wir dürfen uns dieses nicht mehr wegnehmen lassen, weder durch „Rückfälle“ in die Geschichte, noch durch die Borniertheit von Wissenschaften, die ihren methodisch sinnvollen Reduktionismus zum „partikularen Universalismus“ aufblasen.

Die alternative, durchaus auch wissenschaftliche Fragestellung, die allerdings den notwendigen Widerspruch berücksichtigt, wäre daher eine andere: Nicht bloß, „was sind wir“, sondern „was wollen wir mit uns anstellen“ unter den Voraussetzungen, die uns die Natur – auch die unserer selbst – und unsere geschichtliche Entwicklung zur Verfügung stellt. Dieses bewusste Wollen ist aber sowohl individuell wie auch kollektiv imstande, Voraussetzungen zu verändern, umzugestalten, anzupassen. Hier hat jede naturwissenschaftliche Forschung und Wissenschaft ihren legitimen Platz, auch die Gehirnforschung, die uns für unsere Zusammenhänge beispielsweise sagen kann, durch welche organische Beschädigung dieses Wollen eingeschränkt wird.

Auf diese und ähnliche Determinationen hat das Rechtssystem m. E. immer schon, freilich in recht unterschiedlicher Weise, Rücksicht genommen (jedenfalls „Affekte“, lebensgeschichtliche Tatsachen z. B. strafmildernd betrachtet). Es hat sich aber auch in Richtung individueller Zuordnung und Verantwortlichkeit entwickelt; damit die Verallgemeinerung von „Willensfreiheit“ gefördert. Es wäre fatal, diese „Schwerpunktsetzung“ aufgrund von Scheinerkenntnissen wieder zurücknehmen zu wollen. Um die Gehirnforschung nicht zu kränken, könnte man in ihrem Sinn argumentieren; man könnte nämlich behaupten, dass die Komplexität und Plastizität des Gehirns endlich dazu geführt hat, dass Freiheit und Wille als „Selbstregelungsfaktor“ des Gehirns in ihm selbst Anerkennung gefunden hat; es sich ab einer gewissen Zeit so „organisiert“ hat, dass die berühmte kantsche „Kausalität aus Freiheit“ in ihm ihren „Ort“ gefunden hat. Im Übrigen: Wenn Juristen, Richter und Verteidiger die Ergebnisse der Gehirnforschung anerkennen und berücksichtigen, so ist dies ein disziplinübergreifender „Freiheitsakt.“ Denn sie müssen ihnen gewissermaßen „glauben“, weil sie ja die hochkomplexen Experimente und die Ableitungen daraus selbst nicht nachvollziehen können. Aber auch ansonsten wäre der behauptete Determinismus kein Unglück für die „freie“ Rechtsprechung. Würde sich ein Straftäter nämlich auf ihn berufen und damit seine Unschuld unter Beweis stellen wollen, könnte der Richter dasselbe tun. Er sei ebenso determiniert, ein angemessenes Urteil zu sprechen.

Weiterführende Literatur:

Max R. Bennett/Peter Michael Stephan Hacker, *Philosophical Foundations of Neuroscience*, Blackwell Publishing Ltd, 2003.

Peter Heintel/Kurt Broer, Hirnforschung als dialektische Sozialwissenschaft, Wien: Lit Verlag, 2005.

Christian Geyer (Hg.), *Hirnforschung und Willensfreiheit. Zur Deutung der neuesten Experimente*, Frankfurt a. M.: Suhrkamp Verlag, 2004.

Georg Friedrich Wilhelm Hegel, Enzyklopädie der philosophischen Wissenschaften III im Grundrisse (1830), *Werke*, Bd. 10, Frankfurt a. M.: Suhrkamp Verlag (suhrkamp taschenbuch wissenschaft, 610), 1986.

Peter Heintel/Wilhelm Berger, *Die Organisation der Philosophen*, Frankfurt a. M.: Suhrkamp, 1998.

Dietmar Hübner (Hg.), *Dimensionen der Person: Genom und Gehirn*, Paderborn: Mentis Verlag, 2006.

Gerald Hüther, *Bedienungsanleitung für ein menschliches Gehirn*, Göttingen: Vandenhoeck & Ruprecht Verlag, 3. A. 2002.

Julian Jaynes, *Der Ursprung des Bewusstseins*, Übers. von Kurt Neff, Reinbek bei Hamburg: Rowohlt Taschenbuchverlag (rororo Sachbuch 9529), 1997.

Immanuel Kant, *Kritik der reinen Vernunft (1781)*, Hamburg: Felix Meiner Verlag (Philosophische Bibliothek, Bd. 37 a), 1956.

Immanuel Kant, Kritik der praktischen Vernunft (1788), *Kritik der praktischen Vernunft und andere kritische Schriften, Werke in sechs Bänden* (hg. von Rolf Toman) Bd. 3, Köln: Könemann Verlagsgesellschaft, 1995.

Wolfhart Matthäus, *Denken dialektisch gedacht*, Innsbruck/Wien: Studienverlag, 1999.

Herbert Pietschmann, *Aufbruch in neue Wirklichkeiten. Der Geist bestimmt die Materie*, Stuttgart: Weitbrecht Verlag in K. Thienemanns Verlag, 1997.

Gerhard Roth, *Das Gehirn und seine Wirklichkeit. Kognitive Neurobiologie und ihre philosophischen Konsequenzen*, Frankfurt a. M: Suhrkamp Verlag (suhrkamp taschenbuch wissenschaft, 1275), 1997.

Gerhard Roth, „Das Problem der Willensfreiheit. Die empirischen Befunde“, *Information Philosophie*, 2004, 5, 14–21.

Wolf Singer, *Ein neues Menschenbild. Gespräche über Hirnforschung*. Frankfurt a. M: Suhrkamp Verlag (suhrkamp taschenbuch wissenschaft, 1596), 2003.

Wolf Singer, Verschaltungen legen uns fest: Wir sollten aufhören, von Freiheit zu sprechen, in: *Hirnforschung und Willensfreiheit*, hg. von Christian Geyer; Frankfurt a. M.: Suhrkamp Verlag, 2005, 30 ff.

Manfred Spitzer, *Lernen. Gehirnforschung und die Schule des Lebens*, Heidelberg: Spektrum Akademischer Verlag, 2002.

Björn Burkhardt, Mannheim

Thesen zu den Auswirkungen des neurophysiologischen Determinismus auf die Grundannahmen der Rechtsgesellschaft

I. Zum neurophysiologischen Determinismus

1. Der neurophysiologische Determinismus beinhaltet,
   a) dass sich Geist und Bewusstsein innerhalb physiologischer, physikalischer und chemischer Gesetzmäßigkeiten vollziehen, dass sie sich in das Naturgeschehen einfügen, es nicht sprengen;[1]
   b) „dass mentale Prozesse wie das Bewerten von Situationen, das Treffen von Entscheidungen und das Planen des je nächsten Handlungsschritts auf neuronalen Prozessen beruhen, die ihrer Natur nach deterministisch sind";[2]
   c) dass das Wollen, Denken und Verhalten des Menschen in großen Teilen von limbischen Gehirnsystemen gesteuert werden, die grundsätzlich unbewusst arbeiten und dass diese Antriebe dem bewussten Ich nur begrenzt zugänglich sind;[3]
   d) dass es Willensfreiheit im Sinne des „Unter-denselben-physiologischen-Bedingungen-willentlich-andershandeln-Könnens" (starker, alternativistischer, libertarischer, kontrakausaler, indeterministischer Begriff von Willensfreiheit) nicht gibt.

2. Der neurophysiologische Determinismus impliziert nicht die Vorhersagbarkeit der neuronalen (und mentalen) Prozesse.

3. Der neurophysiologische Determinismus schließt nicht aus,
   a) dass intentionale Zustände (z. B. Überzeugungen, Wünsche, Absichten, aber auch das Freiheitserleben) kausal wirksam sind;[4]
   b) dass Menschen zu antizipativer, zielgerichteter, selbstkontrollierter und rationaler Verhaltensselektion fähig sind und dass Überlegungen einen Unterschied machen (sich auf den Inhalt einer Entscheidung auswirken);
   c) dass menschliches Handeln in dem Maße als autonom angesehen werden kann, in dem es von der individuellen Erfahrung gelenkt wird;[5]
   d) dass eine Entscheidung, solange sie nicht gefallen ist, auch völlig anders hätte ausfallen können (weil die neuronalen Prozesse eine hoch nicht-lineare Dynamik aufweisen und weil dementsprechend die Be-

1 Gerhard Roth 2001, 33.
2 Wolf Singer 2005c, 708.
3 Gerhard Roth 2001, 34.
4 Wolfgang Prinz 2004, 204; Gerhard Roth 2005, 701–704.
5 Gerhard Roth 2003, 56.

wegungstrajektorien des Gesamtsystems in seinem vieldimensionalen Zustandsraum nicht festgelegt sind);[6]

e) dass das Subjekt sich zu Recht als Urheber der Entscheidung erfährt, die es getroffen hat.[7]

II. Zu den Ansichten einiger Hirnforscher und Psychologen den Inhalt des allgemeinmenschlichen Freiheitserlebens, die Grundlagen des Rechts und den diesbezüglichen Meinungsstand betreffend

1. Einige Hirnforscher und Psychologen behaupten:

a) Die „Alltagspsychologie" (die Freiheitsintuition des Alltagslebens, der alltagspsychologische Common Sense) enthalte die starke, alternativistische Annahme von Willensfreiheit. Wir hätten bei einer bestimmten Klasse von Handlungen, die man Willenshandlungen nenne, unabweislich das Gefühl bzw. die Überzeugung, frei zu sein. Wir seien überzeugt, wir könnten „unter identischen sonstigen Bedingungen auch anders handeln" bzw. hätten im Rückblick auch anders handeln können. Diese Überzeugung (Intuition, Selbstwahrnehmung) lasse sich mit den wissenschaftlichen Erkenntnissen nicht vereinbaren.[8] Sie sei eine Illusion, wenngleich eine für unser komplexes Handeln notwendige.[9]

b) Der starke, alternativistische Begriff der Willensfreiheit bilde „eine der Grundlagen" des deutschen und des kontinentaleuropäischen Strafrechts.[10] Die Mehrzahl der führenden Strafrechtler gehe von der „Realexistenz der Willensfreiheit" aus.[11] Es werde „gemeinhin angenommen [...], dass die Zuschreibung von Verantwortung und Schuld und damit die Grundpfeiler unserer Rechtssysteme mit der Existenz dieser [alternativistischen] Freiheit verbunden seien".[12] Deshalb würden die Grundthesen der modernen Hirnforschung mit großer Besorgnis rezipiert. Auch wenn es andere, kompatibilistische Schuldkonzepte gebe, der „verfassungsrechtlich fundierte klassisch indeterministische Schuldbegriff der Rechtsprechung" beharre darauf, „dass Schuldfähigkeit voraussetze, dass man in einer konkreten Situation unter genau den gleichen Umständen auch anders hätte handeln können".[13]

6 Wolf Singer 2005a, 87.

7 Wolf Singer 2004, 252.

8 Wolfgang Prinz 2004, 198–201; Gerhard Roth 2004b, 14, 20; 2006, 10; Wolf Singer 2004, 237–240; 2005c, 708, 713.

9 Gerhard Roth 2004b, 20.

10 Gerhard Roth 2004b, 14; 2006, 25.

11 Gerhard Roth 2004a, 65.

12 Wolf Singer 2005b, 531.

13 So Henrik Walter 2006, 322. Walter behauptet damit zugleich, und zwar ohne Prüfung und Begründung, dass die beiden höchsten deutschen Gerichte mit einem inkonsistenten Begriff, einem begrifflichen Unding, einem widersprüchlichen Konzept operierten (vgl. S. 320). Nur nebenbei: Was Henrik Walter den „klassisch indeterministischen Schuldbegriff der Rechtsprechung" nennt, hat schon Max Ernst Mayer (1915, 211 ff.) als „die denkbar

c) Von „Juristen und Soziologen [werde] argumentiert, dass die Behauptungen der Hirnforscher und Psychologen zur Willensfreiheit schon deshalb nicht zutreffen können beziehungsweise dürfen, weil andernfalls unser gesamtes westlich-demokratisches Weltbild (Menschenwürde) und unser gesamtes Rechtssystem (nicht nur das Strafrecht, sondern auch das Vertragsrecht) zusammenbrechen würden".[14]

2. Wären die Behauptungen unter II 1 a und b richtig, so wären die Auswirkungen des neurophysiologischen Determinismus auf die Grundannahmen der Rechtsgesellschaft tatsächlich unabsehbar. Die Behauptungen sind jedoch unzutreffend. Unbedingte, alternativistische Willensfreiheit ist kein Bestandteil der Grundannahmen der Rechtsgesellschaft (dazu III), und sie entspricht auch nicht dem allgemeinmenschlichen Freiheitserleben (dazu IV). Soweit es Palmström-Juristen, wie unter II 1 c behauptet, überhaupt gibt, bilden sie eine verschwindende Minderheit.[15]

III. Zu den Grundannahmen der Rechtsgesellschaft

1. Die Rechtsgesellschaft geht davon aus, dass normale erwachsene Menschen
   a) zur antizipativen, zielgerichteten, selbstkontrollierten und rationalen Verhaltensselektion fähig sind;
   b) darauf angelegt sind, im Bewusstsein der Freiheit (Bewusstsein des Anderskönnens) zu handeln, und dass dieses Bewusstsein alle normalen intentionalen Handlungen begleitet.

   Diese Annahmen bilden die personale Grundlage der Verantwortlichkeit. Sie stehen nicht in Widerspruch zum neurophysiologischen Determinismus (vgl. IV).

2. Zu den normativen Grundannahmen der westlichen Rechtsgesellschaften gehört das Postulat, dass der Staat seine Bürger als freie, der selbständigen Entscheidung und Verantwortung fähige Personen zu behandeln habe.[16] Dieses Postulat, das auch der Menschenwürdegarantie und den

schlimmste Verkennung des § 51 [Reichsstrafgesetzbuch 1871, entspricht § 20 des geltenden deutschen Strafgesetzbuches], die gefährlichste Entstellung des Kausalitätsgesetzes und der Unzurechnungsfähigkeit" bezeichnet.

14 Gerhard Roth 2006, 9 f.

15 Der Jurist Eduard Kohlrausch (1905, 20), von dem das berühmte Wort stammt, Willensfreiheit sei eine „staatsnotwendige Fiktion", schreibt zum Alternativismus: „Ich kann mich mit der Bemerkung begnügen, daß für mein Denkvermögen ein Mensch, der unter eindeutig gegebenen äußeren und inneren Umständen genau so gut so wie anders handeln könnte, nicht ins Zuchthaus, auch nicht in eine Irrenanstalt, sondern in einen Glaskasten gehört, auf daß ihn jeder anstaune als die abnormste und unbegreiflichste Bildung, die je ein Menschenauge bisher geschaut hat." Solche und ähnliche Äußerungen, die in der Strafrechtsliteratur weit verbreitet sind, hindern Gerhard Roth nicht, den Alternativismus zu den Grundlagen des Strafrechts zu rechnen.

16 Vgl. Claus Roxin/Gunther Arzt/Klaus Tiedemann 2006, 30 f.

Freiheitsgrundrechten zugrunde liegt, steht nicht in Widerspruch zum neurophysiologischen Determinismus.

a) Die Menschenwürdegarantie hat ihren Grund nicht in einem indeterministischen Menschenbild. Der Schutz des Einzelnen vor Aberkennung und Schmälerung seines Personseins, vor massiven Verletzungen seiner geistig-seelischen Identität und Integrität, vor Beeinträchtigung seiner höchstpersönlichen Privatsphäre und vor Fremdbestimmung sowie die Gewährleistung des Existenzminimums sind unabhängig davon (geboten), ob die Willensbildungsprozesse neurophysiologisch determiniert sind oder nicht.

b) Die gesellschaftliche Gewährleistung von Handlungsfreiheiten ist ebenfalls unabhängig davon, ob man den Menschen als neurophysiologisch determiniert oder als willensfrei ansieht. Die Gewährung von Handlungsfreiheit hat allerdings ihren Preis: „If you want to be free, you must *take* responsibility."[17]

3. Alle Rechtsgesellschaften teilen die Menschen in zwei Gruppen ein – in solche, die zur Besorgung eigener Angelegenheiten (zur Selbstverwaltung, zu vernunftgemäßem Handeln, zur freien Willensbestimmung) fähig sind, und solche, die diese Fähigkeit nicht besitzen.

   Der neurophysiologische Determinismus trägt zu dieser Unterscheidung nicht bei, ändert aber auch nichts daran, dass sie notwendig ist. Indeterministische (alternativistische etc.) Willensfreiheit liefert ebenfalls kein Einteilungskriterium.

   a) Indeterministische (alternativistische etc.) Willensfreiheit ist
      – keine Voraussetzung zivilrechtlicher Geschäfts-, Testier- oder Deliktsfähigkeit (unbestritten);
      – keine Voraussetzung der Wahlberechtigung (unbestritten);
      – keine Voraussetzung strafrechtlicher Schuld (in Deutschland und Österreich vorherrschende Meinung), und zwar auch dann nicht, wenn man annimmt, dass strafrechtliche Schuld persönliche Schuld ist (bestritten).

   b) Persönliche Schuld setzt voraus, dass der Täter die unter III 1 a genannte Fähigkeit besitzt und seine rechtswidrige Tat im Bewusstsein des Anderskönnens (III 1 b) vollzogen hat.

4. Der (angeblich) „verfassungsrechtlich fundierte klassisch indeterministische Schuldbegriff" (II 1 b) ist ein Phantom. Es ist zu bestreiten, dass dem Schuldverständnis des deutschen Bundesverfassungsgerichts und des deutschen Bundesgerichtshofs die Annahme einer starken, alternativistischen Willensfreiheit zugrunde liegt.[18]

17 Daniel Dennett 2003, 292; Günther Jakobs 1999, 48: Synallagma von Handlungsfreiheit und Folgenverantwortung.

18 Die Ausdrücke „Willensfreiheit" und „indeterministisch" kommen in den Entscheidungen, auf die gewöhnlich Bezug genommen wird (Entscheidungen des Bundesgerichtshofes in Strafsachen 2 [1952], 194 ff., 200; Entscheidungen des Bundesverfassungsgerichts 45 [1977], 187 ff., 227), nicht vor. Die Gerichte sprechen vielmehr vom „Anderskönnen" und

5. Exkurs: Was indeterministische (alternativistische etc.) Willensfreiheit ebenfalls nicht ist:
   - eine Bedingung praktischen Handelns und Erlebens;
   - eine staatsnotwendige Fiktion;
   - eine anthropologische Setzung des Gesetzgebers;
   - eine normative Setzung und eine soziale Spielregel;
   - ein Produkt kollektiver Konstruktion.

6. Zwischenbilanz: Die unter III 1.–3. genannten Grundannahmen der Rechtsgesellschaft stehen nicht in Widerspruch zum neurophysiologischen Determinismus. Damit ist aber die Frage nach dessen Auswirkungen auf die Grundannahmen der Rechtsgesellschaft noch nicht abschließend geklärt. Es gibt einen wunden Punkt, nämlich die Tatsache des Freiheitserlebens, das mit jeder normalen bewussten Handlung verbunden ist (III 1 b). Wenn dieses Freiheitserleben eine Illusion ist (II 1 a), dann ist dies geeignet, eine der Grundannahmen der Rechtsgesellschaft zu diskreditieren.[19]

IV. Zum Inhalt und zur Bedeutung des menschlichen Freiheitserlebens (Erlebnis des Anderskönnens)

1. Die Behauptung, dass das allgemeinmenschliche Freiheitserleben eine Illusion sei, beruht ersichtlich auf der Annahme, dass dieses Erleben einen indeterministischen (alternativistischen etc.) Gehalt habe (II 1 a). Diese Annahme ist auch unter Psychologen[20] und Philosophen weit verbreitet. Empirische Untersuchungen, die diese Annahme bestätigen, gibt es aber nicht.[21]

vom „Angelegtsein des Menschen auf freie, verantwortliche Selbstbestimmung". Diesen Anforderungen lässt sich auch auf der Grundlage des neurophysiologischen Determinismus ein vernünftiger Sinn abgewinnen. Eine zutreffende Einschätzung der genannten Entscheidung des Bundesgerichtshofes findet sich bei Günther Jakobs 1982, 69–71.

19 Vgl. die entsprechende Argumentation bei Joshua Green/Jonathan Cohen 2004, 1775–1785. Diese Autoren nehmen an, dass die Neurowissenschaft wahrscheinlich Auswirkungen auf das Recht habe, und zwar ungeachtet der Tatsache, dass die existierende (anglo-amerikanische) Rechtsdoktrin kompatibilistisch sei und im Prinzip für alle Erkenntnisse der Neurowissenschaft einen Platz habe: „New neuroscience will change the law not by undermining its current assumptions but by transforming people's moral intuitions about free will and responsibility." Green/Cohen behaupten, diese Intuitionen seien inkompatibilistisch und libertarisch.

20 Thomas Goschke 2006, 107, 110, 145 ff.; Julius Kuhl 1996, 744 f.; Wolfgang Prinz 2004, 198 ff.

21 Erst in jüngster Zeit haben einige Philosophen (nicht etwa, wie man erwarten sollte, Sozialpsychologen) damit begonnen, die Behauptungen über die Freiheitsintuitionen und ihren Inhalt mit den Mitteln der Sozialwissenschaften empirisch zu überprüfen. Erste Ergebnisse deuten darauf hin, dass die Alltagsintuitionen der Menschen nicht indeterministisch und nicht inkompatibilistisch sind. Vgl. dazu Eddy Nahmias et al. 2004, 162 ff.; Eddy Nahmias 2006, 215 ff.

2. Erlebte Entscheidungsfreiheit als Kognitionsresultat ist zu unterscheiden von
   - dem *Gefühl*, in einem alternativistischen (indeterministischen etc.) Sinne frei zu sein („Ich fühle mich frei");
   - der *Intuition*, in einem alternativistischen Sinne frei zu sein („Ich bin frei");
   - der *Überzeugung*, dass es alternativistische Willensfreiheit gibt.

3. Ein unbedingter Wille, Willensfreiheit im Sinne eines „Unter-denselben-physiologischen-Bedingungen-willentlich-andershandeln-Könnens", entspricht nicht unserem Freiheitserleben.

4. Das Freiheitserleben hat im Wesentlichen vier Aspekte: (1) Erleben von Handlungsfreiheit, (2) Erleben epistemischer/doxastischer Offenheit, (3) das Erleben psychologischer Unterdeterminiertheit und (4) das Gefühl der Autorschaft. Es lässt sich unter allen diesen vier Aspekten mit dem neurophysiologischen Determinismus in Einklang bringen. Es stimmt normalerweise mit der Wirklichkeit überein, kann diese freilich auch verfehlen.

5. Wenn das menschliche Freiheitserleben keinen indeterministischen Gehalt hat, dann leidet die „neurowissenschaftliche Willensfreiheitsdebatte", die bei der Inkompatibilitätsbehauptung von *Gerhard Roth*, *Wolfgang Prinz* und *Wolf Singer* ihren Ausgang nimmt (II 1 a), an einem Geburtsfehler.

6. Das Freiheitserleben impliziert, dass Menschen so handeln und sich beurteilen müssen, als ob sie in einem indeterministischen (alternativistischen etc.) Sinne frei wären.[22]

7. Es macht für den Menschen keinen Unterschied, ob er in einem indeterministischen (alternativistischen etc.) Sinne frei ist, oder ob er „nur" so handeln und sich beurteilen muss, als ob er in diesem Sinne frei wäre.

8. Menschen erleben sich nicht als frei, weil sie frei sind, sie sind frei, weil sie sich als frei erleben. Oder wie es bei *Wolfgang Prinz*[23] heißt: Die Tatsache, dass wir uns als frei erleben, „ändert unser Verhalten, sie zwingt uns, unsere Handlungen zu reflektieren. Dadurch werden wir zu moralischen und rationalen Subjekten erzogen. Insofern kann man sagen: Menschen werden – jedenfalls zu einem gewissen Grad – zu dem, wofür andere und sie selbst sich halten."[24] – Dem ist nichts hinzuzufügen, und dementsprechend gilt:

22 Georg Simmel 1924, 226; Christine Korsgaard 1996, 162 f. Storrs McCall 1984, 329 ff., 334, bemerkt treffend: „Intelligent beings act in such a way as to affect what happens in the future, and the first step is to picture the future as an indeterminist would view it."

23 Wolfgang Prinz 2005, 32.

24 Auch diese Einsicht ist alt. In einem Beitrag des französischen Philosophen Elme Marie Caro aus dem Jahre 1881 heißt es: „Un être intelligent, dès qu'il se croit libre, l'est en fait. Moralement et psychologiquement, on est libre aussitôt qu'on pense l'être et dans la

Nichts ist kontraproduktiver, als den Menschen einzureden, ihr Freiheitserleben stehe in Widerspruch zur Welt.

V. Ergebnis

Der neurophysiologische Determinismus als solcher hat keine Auswirkungen auf die Grundannahmen der Rechtsgesellschaft. Ob die Ergebnisse der Hirnforschung im prognostischen und therapeutischen Bereich solche Auswirkungen haben, ist eine andere (und wichtigere) Frage.

Literaturverzeichnis

Elme Marie Caro, „L'abbé Galiani en exile e sa correspondance", *Journal des Savants* (1881), 722–739.

Daniel Dennett, *Freedom Evolves*, London: Penguin Books, 2003.

Thomas Goschke, Der bedingte Wille, in: *Das Gehirn und seine Freiheit*, hg. von Gerhard Roth/Klaus-Jürgen Grün, Göttingen: Vandenhoeck und Ruprecht, 2006, 107–156.

Günther Jakobs, Strafrechtliche Schuld ohne Willensfreiheit?, in: *Aspekte der Freiheit*, hg. von Dieter Henrich, Regensburg: Buchverlag der Mittelbayerischen Zeitung, 1982, 69–83.

Günther Jakobs, Bemerkungen zur objektiven Zurechnung, in: *Festschrift für Hans-Joachim Hirsch zum 70. Geburtstag*, hg. von Thomas Weigend/Georg Küpper, Berlin: Walter de Gruyter, 1999, 45–63.

Joshua Green/Jonathan Cohen, „For the Law Neuroscience Changes Nothing and Everything", *Philosophical Transactions of the Royal Society*, London B 359 (2004), 1775–1785.

Eduard Kohlrausch, „Der Kampf der Kriminalistenschulen im Lichte des Falles Dippold", *Monatsschrift für Kriminalpsychologie und Strafrechtsreform* 1 (1905), 16–25.

Christine M. Korsgaard, *Creating the Kingdom of Ends*, Cambridge: Cambridge University Press, 1996.

Julius Kuhl, Wille und Freiheitserleben: Formen der Selbststeuerung, in: *Motivation, Volition und Handlung* (Enzyklopädie der Psychologie, Themenbereich C, Serie IV, Bd. 4), hg. von Julius Kuhl/Heinz Heckhausen, Göttingen: Hogrefe, 1996, 665–765.

Max Ernst Mayer, *Der Allgemeine Teil des deutschen Strafrechts*, Heidelberg: Winter, 1915.

Storrs McCall, „Freedom Defined as the Power to Decide", *American Philosophical Quarterly* 21 (1984), 329 ff.

Eddy Nahmias et al., „The Phenomenology of Free Will", *Journal of Consciousness Studies* 11, 7–8 (2004), 162 ff.

Eddy Nahmias, „Folk Fears about Freedom and Responsibility: Determinism vs. Reductionism", *Journal of Cognition and Culture* 6 (2006), 215 ff.

Wolfgang Prinz, „Kritik des freien Willens: Bemerkungen über eine soziale Institution", *Psychologische Rundschau* 55 (2004), 198–206.

Wolfgang Prinz, „Wer deutet das Denken?" Streitgespräch zwischen Wolfgang Prinz und Wolf Singer. *Die Zeit* 29 (2005), 31–32.

Gerhard Roth, „Das Ich ist nicht der Herr im Hause", *Das Magazin* 12/03 (2001), 32–34.

Gerhard Roth, Willensfreiheit, Verantwortlichkeit und Verhaltensautonomie des Menschen aus Sicht der Hirnforschung, in: *Jus humanum, Grundlagen des Rechts und Strafrecht. Festschrift für Ernst-Joachim Lampe zum 70. Geburtstag*, hg. von Dieter Dölling, Berlin: Duncker & Humblot, 2003, 43–63.

mesure où l'on croit l'être. C'est là vérité humaine, complète, en dépit de tous les raisonnements *a priori* et de tous les théorèmes du déterminisme et du mécanisme."

Gerhard Roth, Freier Wille, Verantwortlichkeit und Schuld, in: *Berlin-Brandenburgische Akademie der Wissenschaften. Debatte Heft 1.* Zur Freiheit des Willens, Berlin: Oktoberdruck, 2004a, 63–70.

Gerhard Roth, „Das Problem der Willensfreiheit. Die empirischen Befunde", *Information Philosophie* 5 (2004b), 14–21.

Gerhard Roth, „Gehirn, Gründe und Ursachen", *Deutsche Zeitschrift für Philosophie* 53 (2005), 691–705.

Gerhard Roth, Willensfreiheit und Schuldfähigkeit, in: *Das Gehirn und seine Freiheit*, hg. von Gerhard Roth/Klaus-Jürgen Grün, Göttingen: Vandenhoeck & Ruprecht, 2006, 9–27.

Claus Roxin/Gunther Arzt/Klaus Tiedemann, *Einführung in das Strafrecht und Strafprozessrecht*, 5. A., Heidelberg: C. F. Müller Verlag, 2006.

Georg Simmel, *Kant*, 6. Aufl., München: Duncker & Humblot, 1924.

Wolf Singer, „Selbsterfahrung und neurobiologische Fremdbeschreibung", *Deutsche Zeitschrift für Philosophie* 52 (2004), 235–255.

Wolf Singer, „Die Welt jenseits der Oszillografen", Ein Streitgespräch zwischen dem Hirnforscher Wolf Singer und dem Philosophen Marcus Willascheck. Forschung Frankfurt, *Das Wissenschaftsmagazin* (2005a), 84–91.

Wolf Singer, Grenzen der Intuition: Determinismus oder Freiheit, in: *Summa. Dieter Simon zum 70. Geburtstag*, hg. von Rainer M. Kiesow/Regina Ogorek/Spiros Simitis, Frankfurt a. M.: Klostermann Verlag, 2005b, 529–538.

Wolf Singer, „Wann und warum erscheinen uns unsere Handlungen als frei? Ein Nachtrag", *Deutsche Zeitschrift für Philosophie* 53 (2005c), 707–722.

Henrik Walter, Sind wir alle vermindert schuldfähig? Zur Neurophilosophie der Verantwortlichkeit, in: *„...weil er für die Allgemeinheit gefährlich ist!"*, hg. von Stephan Barton, Baden-Baden: Nomos Verlagsgesellschaft, 2006.

Kurt Seelmann, Basel

Sind die Grundannahmen einer Rechtsgesellschaft mit den Resultaten der modernen Hirnforschung vereinbar?

I. Einleitung

Fragt man in Zusammenhang mit der modernen Hirnforschung nach den Grundannahmen einer Rechtsgesellschaft, also nach den Grundannahmen einer durch das Recht geordneten Gesellschaft, so geht man offenbar von einer bestimmten Befürchtung aus: Die Ergebnisse der Hirnforschung, jedenfalls so, wie manche Hirnforscher sie interpretieren, könnten mit den Voraussetzungen einer durch Recht geordneten Gesellschaft in einen Konflikt geraten. Nun sagen die Hirnforscher zwar unmittelbar nichts zum Thema „Recht", aber sie sagen etwas über den Menschen. Ein Konflikt kann sich daraus ergeben, weil ebendies auch das Recht tut: Auch das Recht sagt etwas über den Menschen, es hat ein bestimmtes Bild des Menschen als Grundlage des Selbstverständnisses der Juristen. Präsentiert die moderne Hirnforschung ein damit nicht vereinbares anderes Bild, so ist nicht auszuschliessen, dass sie dadurch das Selbstverständnis der Juristen in Frage stellt.

Die Folge wäre dann möglicher Weise ein Korrekturbedarf,[1] im Extremfall gar die Verabschiedung dessen, was wir als ein solches Menschenbild des Rechts bezeichnen können. Aber worin, so müssen wir zunächst fragen, besteht überhaupt das vom Recht zugrunde gelegte Bild vom Menschen? Gibt es ein einheitliches Bild des Menschen im Recht?

II. Das 20. Jahrhundert und die Natur des Menschen

1. Soziale Natur

„Der Mensch im Recht"[2] war gerade im 20. Jahrhundert immer wieder ein Forschungsgegenstand. Das Bild des Menschen im Recht ist sogar zum Hauptthema einer Auseinandersetzung zwischen den Forderungen nach Generalisierung versus Individualisierung im Recht geworden. Das Recht muss, um die soziale Komplexität auf durchschaubare Handlungsstrukturen zu reduzieren, vom empirisch-konkreten Menschen mit all seinen besonderen Wünschen, Bedürfnissen und Erwartungen abstrahieren. Das Recht muss deshalb den Menschen zur Kunstfigur der Person umformen, an der vom konkreten

1 In diesem Sinne etwa Gunnar Spilgies, „Die Kritik der Hirnforschung an der Willensfreiheit als Chance für eine Neudiskussion im Strafrecht", *HRRS* 2005, 43 ff.; Anja Schiemann, „Kann es einen freien Willen geben? Risiken und Nebenwirkungen der Hirnforschung für das deutsche Strafrecht", *NJW* 2004, 2059.

2 Der immer wieder zitierte Begriff stammt von Gustav Radbruch, *Der Mensch im Recht, Heidelberger Antrittsvorlesung*, Tübingen, 1927.

Menschen nur das übrig bleibt, was ihm mit anderen Menschen gemeinsam ist. Person ist ein Träger von Rechten und Pflichten und insoweit mit anderen Menschen gleich. Diese Reduktion des Menschen auf eine Kunstfigur macht ihn für das Rechtssystem berechenbar und genügt damit den Erfordernissen der Rechtssicherheit.

Aber damit kann das Recht in Gerechtigkeitskrisen geraten, bedeutet Gleichbehandlung angesichts gänzlich unterschiedlicher sozialer Rollen und ökonomischer Möglichkeiten doch immer auch, dass das Recht gänzlich Ungleiches gleich behandelt und damit ungerecht handelt. Wer Gerechtigkeit in den Vordergrund stellt, muss Individualisierung zum Zweck der Kompensierung von Ungleichheiten fordern, muss ein Bild des Rechts kritisieren, wie Anatole France es karikiert hat, eines Rechts, das Armen wie Reichen verbietet, zu betteln, Brot zu stehlen und unter Brücken zu schlafen.[3]

Was zeigt diese Debatte? Der Mensch im Recht ist einerseits unvermeidlich Resultat einer Abstraktion. Er ist Person gerade insoweit, als er mit allen anderen eine Position teilt. Aber er ist im modernen Recht zugleich auch in seiner konkreten sozialen Situation zu erfassen, gerade auch in seinen ungleichen Machtpositionen, die es verbieten, den Mieter gleich wie den Vermieter, den Arbeitnehmer gleich wie den Arbeitgeber zu behandeln. Der weltanschaulich-politische Streit dreht sich darum, wie weit die Abstraktionsleistung des Rechts zu gehen hat.

2. Biologische Natur

Die „Mensch-im-Recht"-Debatte des 20. Jahrhunderts, soweit sie heute noch Beachtung findet, war also, jedenfalls in erster Linie, eine Debatte über abstrakte Person und konkretes Individuum, eine Debatte folglich über die Frage, ob und gegebenenfalls inwieweit die *soziale* und das heisst ökonomisch differenzierte Natur des Menschen im Recht etwas verloren habe oder aber aus dem Recht prinzipiell ausgeklammert werden müsse.

Aber das ist nur die eine Seite der Debatte. Es ist nämlich keineswegs so, dass neben dieser Auseinandersetzung über die soziale Natur des Menschen seine *biologische* Natur früher im Recht unbeachtet geblieben ist. Im Gegenteil, sie war nur so selbstverständlich, dass ihretwegen gar keine Meinungsverschiedenheiten entstanden. Sie erfuhr früher und erfährt auch heute noch unbestrittene Anerkennung – vom Lebensmittelrecht über das Immissionsschutzrecht, das Gesundheitsrecht und das Eherecht bis zum Recht auf Nahrung, Schlaf und Bewegung in Gefängnissen. All diese Rechtsmaterien machen nur Sinn, wenn das Recht den Menschen jederzeit auch und gerade in seiner Körperlichkeit, in seiner Naturseite, zum Gegenstand hat.

Es gibt sogar Grenzsituationen, in denen um der Erhaltung der Personalität willen das Recht des einen paradoxerweise zurücktreten muss hinter die biologische Individualität des anderen – wer zu verhungern und damit die leibliche Grundlage seiner Personalität zu verlieren droht, der darf dem anderen wenn

3 Anatole France, *Le lys rouge (1894)*, dt.: *Die rote Lilie*, München, 1925, 116.

nötig sogar gegen dessen Willen etwas wegnehmen und damit die rechtliche Interaktion mit ihm an diesem Punkt aufkündigen. Hegel hat dieses heute unverzichtbare Rechtsprinzip als rechtfertigenden Notstand herausgearbeitet.[4]

Es hat aber im 20. Jahrhundert noch einen ganz anderen, nicht selbstverständlichen Einbezug des Biologischen ins Recht gegeben. Man darf nicht verdrängen, dass die *biologische* Natur des Menschen vor allem im deutschen Recht eine ausgesprochen verhängnisvolle Rolle gespielt hat. Die Behauptung, nur der Volksgenosse könne Rechtsgenosse sein und Volksgenossen seien nur Menschen „deutschen Blutes",[5] beschnitt vielen Menschen aus rassistischen Gründen bereits den Personstatus. Erst nach 1945 kam international eine Reaktion auf: Begriff und Gedanke der Menschenwürde, des allen Menschen gebührenden gleichen rechtlichen Respekts, niedergelegt in verschiedenen staatlichen Nachkriegsverfassungen und in internationalen Konventionen, waren auch die Konsequenz auf derlei Biologismen im Recht. Niemand darf seither in der Rechtsordnung mit einem prinzipiell geringeren Rechtsstatus behandelt werden, jeder hat ein gleiches Recht auf Rechte.

Die Ambivalenz zwischen Abstraktion zur „Person" einerseits und Differenzieren nach sozialen Unterschieden andererseits hat also die Wirkungsgeschichte bis hinein ins 20. Jahrhundert bestimmt. Generalisierung und Individualisierung in der rechtlichen Erfassung des Menschen als Sozialwesen sind Pole der rechtlichen Grundsatzdebatten bis in unsere Tage. Zu diesem Fundament kommt mit dem erwähnten Begriff der Menschenwürde seit der Mitte des 20. Jahrhunderts aus den angesprochenen Gründen ein weiteres hinzu.

Somit lässt sich sagen, dass seither das Menschenbild des Rechts auf einem zweistufigen Fundament ruht: Zu der mit anderen vor dem Hintergrund rechtlicher Interaktion gleichen und auch in ihren leiblichen Existenzvoraussetzungen ernst genommenen Person tritt als Fundierung der in seiner Würde, und das heisst in seinem Recht auf gleichen Personstatus, respektierte Mensch hinzu. Oder anders formuliert: Die Person, vorher schon hervorgehoben als Referenzpunkt jenes spezifischen Typs von Interaktion, den wir „Recht" nennen, wird nunmehr als Status jedem menschlichen Individuum garantiert. Die Paradoxie, dass damit einer vorrechtlichen Entität rechtlich etwas zugesichert wird, ist die mehr oder weniger bewusst wahrgenommene Grundlage vieler Streitigkeiten über den Begriff der Menschenwürde. Sie zwingt zu der Annahme, dass die wechselseitige Respektierung als Personen, der Akt wechselseitiger Anerkennung, zugleich Grundannahme des Rechts überhaupt ist.

4 Georg Wilhelm Friedrich Hegel, Grundlinien der Philosophie des Rechts oder Naturrecht und Staatswissenschaft im Grundrisse (1820), *Rechtsphilosophie* (hg. von Karl-Heinz Ilting), Bd. 2, Stuttgart-Bad: Cannstatt 1974, § 127, 458 ff.

5 Karl Larenz, Rechtsperson und subjektives Recht, in: *Grundfragen der neuen Rechtswissenschaft*, hg. von Georg Dahm et al., Berlin, 1935, 225 ff.

III. Naturwissenschaftliche Forschung als Herausforderung

Doch wie kann die Hirnforschung für ein solches Bild des Menschen im Recht eine Herausforderung sein? Inwiefern stellt sie mit den Resultaten ihrer Forschung die Voraussetzungen einer Rechtsordnung in Frage?

Die Hirnforschung hat Verunsicherungen unter Juristen bewirkt. Das kommt daher, dass dieser Forschungszweig in jüngster Zeit zu einem sprunghaften Anwachsen unserer Kenntnisse von Hirnprozessen geführt hat und dabei u. a. festgestellt wurde, dass das Auftauchen von Bewusstseinszuständen von ganz bestimmten unbewussten neuronalen Prozessen begleitet wird und dass diese neuronalen Prozesse unseren Bewusstseinszuständen unter Umständen sogar zeitlich vorausgehen.[6] Psychisches Geschehen, so wird daraus trotz noch vieler bestehender Unklarheiten der Schluss gezogen, ist durchgehend determiniert durch physische Prozesse. Wir halten zwar unsere Bewusstseinszustände gegenüber der äusseren Welt für das Primäre – die Hirnforschung aber scheint unsere Vorstellungen als illusionär zu entlarven und beurteilt die Bewusstseinszustände als etwas gegenüber den materiellen Hirnaktivitäten Sekundäres.

Den Juristen und sein juristisches Bild vom Menschen stellen diese neuen Forschungsergebnisse der Hirnforschung dann aber vor die Frage, ob er angesichts solcher Ergebnisse dem Menschen noch die Personalität und die Würde zuerkennen kann, die er, wie wir gesehen haben, als Grundannahme der Rechtsordnung versteht. Dies scheint auf den ersten Blick vielleicht gar nicht so problematisch, da die Resultate der Hirnforschung nicht ausdrücklich jene Abstraktionsleistung in Frage stellen, die wir als „Person" bezeichnen, und auch nicht ausdrücklich die Notwendigkeit einer wechselseitige Zuerkennung eines Rechts auf Rechte bezweifeln. Was die Hirnforscher mit ihrer These von der Determinierung psychischen Geschehens durch physische Prozesse in Frage stellen, ist primär etwas anderes: Sie bezweifeln mitunter, ob man dem Menschen eine Willensfreiheit zugestehen und ihm folglich eine rechtliche Verantwortung zurechnen kann oder ob man „die Begriffe ‚Willensfreiheit' und ‚Schuld' aus unserem Vokabular streichen"[7] muss. Die Konzepte zivilrechtlicher Verschuldenshaftung und erst recht strafrechtlicher Schuld sehen sich herausgefordert, ja scheinen unhaltbar geworden zu sein. Aber sind sie überhaupt zentral für das Menschenbild des Rechts? Und gegebenenfalls in welchem Sinn? Und falls sie in einem bestimmten Sinn zentral für das Recht sind, sind sie dann auch wirklich inkompatibel mit den Ergebnissen der modernen Hirnforschung?

6 Zu diesen Experimenten u. a. Gerhard Roth, Willensfreiheit, Verantwortlichkeit und Verhaltensautonomie des Menschen aus Sicht der Hirnforschung, in: *Ius humanum – Grundlagen des Rechts und Strafrecht, Festschrift für Ernst-Joachim Lampe zum 70. Geburtstag*, hg. von Dieter Dölling, Berlin, 2003, 43 ff., bes. 47 ff.

7 Roth (Fn. 6), 57.

IV. Voraussetzung von Person und Menschenwürde: Verantwortung

Inwiefern, so ist also zunächst zu fragen, ist Verantwortung eine Voraussetzung unserer Rechtsgesellschaft? Gehört zu Personalität und Menschenwürde notwendig, dass man zur Verantwortung gezogen werden kann?

1. Die Ausbildung des Personbegriffs und der Zurechnung im Mittelalter

Der Personbegriff war bereits früh mit der Vorstellung von der Zurechenbarkeit verbunden. Er ist in seiner heutigen Bedeutung ein Resultat komplexer Entwicklungen in der Trinitätslehre und der Christologie des Mittelalters.[8] Ursprünglich nur auf die göttliche Person bezogen, wurde der Begriff später auch auf den Menschen angewendet – aber in der wissenschaftlichen Verwendungsweise schon damals keineswegs, wie heute umgangssprachlich manchmal üblich, einfach als Synonym für Mensch, sondern als Bezeichnung für eine bestimmte Hinsicht des Menschen neben anderen Hinsichten. War der Einzelne in seiner Naturexistenz „Subjekt“ und als Vernunftwesen „Individuum“, so verband seit dem Hochmittelalter, insbesondere seit Alexander von Hales und Bonaventura, der auf den Menschen bezogene Begriff der Person beide Elemente, ja hatte gerade in diesem Verbinden seine Funktion: Dem Begriff für die Verbindung von Natur und Geist, eben der Person, kam als so genannte „ens morale“, als moralische Existenzform des Menschen, eine ganz zentrale Bestimmung zu, nämlich die, Adressat von Zurechnung zu sein.

Das hat mit der Struktur dieses Verhältnisses von Subjekt, Individuum und Person zu tun. Die Person ist gerade der Begriff für das Verhältnis des Individuums zum Subjekt, sie hat also die Bedeutung des Geistigen, das sich auf seine eigene Naturgrundlage bezieht. Von der Person her gesehen lässt sich diese Beziehung so fassen, dass die Person sich selbst in ein Verhältnis zu sich setzt. Dieser Akt der reflexiven Beziehung auf sich wird als etwas begriffen, das dem Subjekt und dem Individuum in ihrem jeweiligen traditionellen Sinn des bloss Natürlichen oder bloss Intellektuellen nicht zukommt. Und diese Selbstreflexivität der Person ist die Grundlage dafür, dass ihr etwas zugerechnet wird, dass sie als verantwortlich behandelt werden kann[9] – weil sie wegen der Fähigkeit zur Reflexion selbst einen kritischen Blick auf sich werfen, eine urteilende Metaebene zu sich selbst einnehmen kann. Der Aspekt der Zurechenbarkeit, der Verantwortung, ist sogar so fundamental für den Begriff der Person, dass auch andere Entitäten als nur der Mensch, wenn man sie für Referenzpunkte von Zurechnung halten will, als Personen bezeichnet werden – und zwar bis zum heutigen Tag. Man spricht dann von „juristischen Personen“, oder, z. B. im Französischen, immer noch von „personne morale“.

8 Theo Kobusch, *Die Entdeckung der Person. Metaphysik der Freiheit und modernes Menschenbild*, 2. A., Darmstadt, 1997; B. Th. Kible, Artikel „Person. Hoch- und Spätscholastik; Meister Eckhart; Luther“, in: *Historisches Wörterbuch der Philosophie*, hg. von Joachim Ritter/Karlfried Gründer, Bd. 7, Basel-Stuttgart 1989, Sp. 283 ff., bes. Sp. 288 ff.

9 Kobusch (Fn. 8), 40.

Neben der von dieser Tradition in der Person lokalisierten Selbstreflexion gibt es für die ihr schon im Hochmittelalter zugeschriebene Verantwortung eine weitere Grundlage. Es ist der Umstand, dass man sich die Person als durch das Anerkanntsein konstituiert vorgestellt hat.[10] Das in der Selbstreflexion ruhende Sich-ins-Verhältnis-setzen ermöglicht nämlich auch die Herstellung eines reflektierten Verhältnisses zu anderen, eine Einordnung in die Gesamtheit der Interaktion und somit die Bestimmung der eigenen Handlungen in ihren Auswirkungen auf andere.

2. Personbegriff und Verantwortung im neuzeitlichen Denken

Verantwortung als zentrales Element des Personbegriffs wird aber nicht nur im Mittelalter, sondern auch in der neuzeitlichen Rechtstheorie intensiv diskutiert. So gelten z. B. bei Locke[11] wie bei Kant Zurechenbarkeit und Verantwortung als Kennzeichen der Person: „Person ist dasjenige Subjekt, dessen Handlungen einer Zurechnung fähig sind",[12] und noch Hans Kelsen spricht in seiner Reinen Rechtslehre von dem der Moral- und Rechtsordnung unterworfenen Menschen als „Endpunkt einer nur aufgrund dieser normativen Ordnung möglichen Zurechnung"[13].

Den anderen zum Subjekt von Verantwortung zu machen heisst, ihn zum Interaktionspartner zu machen, zum Autor und Adressaten von Sinn. Denn Interaktion ist nicht möglich auf der Basis nur von Beobachtung und Zwang. Wer den anderen als Naturphänomen beobachtet und auf ihn einwirkt, tut in vielerlei Hinsicht Nützliches, als Arzt, Psychologe oder Anthropologe. Wer den anderen als Autor und Adressat von Sinn wahrnimmt, tut etwas anderes: Er unterstellt die Offenheit des anderen für Argumente, für Gründe. Er nimmt ihn insofern ernst, als er ihn respektiert als Akteur und Adressat von Lob und Tadel – und erst wenn der andere auf diese Interaktion nicht einzutreten vermag, schaltet man im Verkehr mit ihm auf Beobachtung kausaler Abläufe um, beobachtet einen Kranken. Den anderen bis zum Beweis des Gegenteils als seine Taten und Gedanken verantwortende Person ernst nehmen, macht ein auf Freiheit und Gleichheit basierendes Rechtsverhältnis erst möglich.

V. Kompatibilität dieser Voraussetzungen mit den Ergebnissen der Hirnforschung

Sind die Ergebnisse der Hirnforschung nun mit diesen Grundannahmen einer modernen liberalen Rechtsordnung kompatibel?

10 Kible (Fn. 8), Sp. 288.

11 John Locke, *An Essay concerning Human Understanding (1690), book II, chapter XXVII § 9*, ed. by Peter H. Nidditch, Oxford: Clarendon Press, 1975, 335.

12 Immanuel Kant, Metaphysik der Sitten (1797), Einleitung IV, *Werke. In sechs Bänden*, hg. von Wilhelm Weischedel, Bd. IV, Wiesbaen, 1956, 329.

13 Hans Kelsen, *Reine Rechtslehre*, 2. A., Wien, 1930, 97.

1. Die Selbstverständlichkeit der Kausalität menschlicher Handlungen

Zumindest auf den ersten Blick drängt sich der Eindruck auf, dass es an dieser Kompatibilität fehlt. Die Hirnforschung scheint das Menschenbild des Rechts in Frage zu stellen – lässt sie doch zweifeln, ob ein Mensch mit einem determinierten Willen überhaupt noch für etwas verantwortlich gemacht werden kann. Bricht der Rechtsordnung hier tatsächlich ein Fundament weg? Wenn dem so sein sollte, dann ist es ihr allerdings schon früher weggebrochen. Denn bereits Kant stellt fest:

> „[...] alle Handlungen des Menschen (sind) in der Erscheinung aus seinem empirischen Charakter und den mitwirkenden anderen Ursachen nach der Ordnung der Natur bestimmt, und wenn wir alle Erscheinungen seiner Willkür bis auf den Grund erforschen könnten, so würde es keine einzige menschliche Handlung geben, die wir nicht mit Gewissheit vorhersagen und aus ihren vorgehenden Bedingungen als notwendig erkennen könnten."[14]

An anderer Stelle hält er es sogar für „widersinnisch"[15] Freiheit in der Sinnenwelt finden zu wollen.

Also schon früher, lange vor der aktuellen Hirnforschung, hat sich für Juristen die Frage gestellt, wie sie angesichts der Tatsache einer für jeden Beobachter kaum bestreitbaren allgemeinen Determiniertheit in der empirischen Welt einem Akteur so etwas wie Verantwortung sollten zurechnen können. Sind die Ergebnisse der modernen Hirnforschung mit dem Erfordernis der Verantwortung, das sich aus der Fähigkeit zur Selbstreflexion ergibt, kompatibel? Auch darüber wird seit langem gestritten. Wie argumentieren die Kompatibilisten?

2. Kompatibilität klassisch?

Am wenigsten hilfreich für die Klärung unserer Thematik ist die klassische Form des Kompatibilismus bei Hobbes oder Hume, die Freiheit deshalb mit Naturgesetzlichkeit für vereinbar halten, weil sie unter Freiheit nur das Fehlen von Zwang verstehen.[16] Ihnen geht es um Handlungsfreiheit, also um das Tunkönnen des Gewollten, und nicht um die Willensfreiheit als ein Zustandekommen des einen oder anderen Willensinhalts. Da Verantwortlichkeit im rechtlichen Sinn aber gerade auch die Willensfreiheit angeht, führt die Kompatibilität der Freiheit von Zwang mit der Determiniertheit unseres Willens und unserer Handlungen für unser Problem nicht weiter.[17]

14 Immanuel Kant, Kritik der reinen Vernunft (2. A. 1787), *Werke. In sechs Bänden*, hg. von Wilhelm Weischedel, Bd. II, Wiesbaen 1956, 500.

15 Immanuel Kant, Kritik der praktischen Vernunft (1788), *Werke. In sechs Bänden*, hg. von Wilhelm Weischedel, Bd. IV, Wiesbaen 1956, 187.

16 Thomas Hobbes, *Leviathan (1651)*, ed. by. J.C.A. Gaskin, Oxford: Oxford University Press, 1996, 21. Kapitel, 139 ff.; David Hume, *A Treatise of Human Nature (1739/40)*, ed. by L.A. Selby-Bigge, Oxford: Oxford University Press, 1978, Book II, Of the Passions, 3. Teil, 2. Abschnitt, 407 f.

17 So zu Recht auch Martin Hochhuth, „Die Bedeutung der neuen Willensfreiheitsdebatte für das Recht", *Juristenzeitung (JZ)* 2005, 745 ff., 747.

3. Kompatibilität monistisch?

Am einfachsten haben es solche Kompatibilisten, die aus dem Determinismus der Natur auf die Unmöglichkeit von Freiheit schliessen oder diesen Schluss offen lassen, damit aber gleichwohl die Zurechnung von Verantwortung für vereinbar halten. Sie begnügen sich etwa im Strafrecht für den Schuldvorwurf damit, ein anderer hätte anders gehandelt,[18] verstehen Verantwortlichkeit also offenbar in einem sehr weiten Sinn. Das macht ihre Sicht problemlos vereinbar mit derjenigen der Hirnforscher. Auch die Hirnforscher wollen ja die Bedeutung des Verantwortungsgefühls nicht bestreiten. Sie gehen davon aus, dass das – kausal determinierte – Gefühl der Verantwortung sozial nützlich erscheint. Stellt man für die Verantwortung nicht darauf ab, ob jemand tatsächlich eine Entscheidungsfreiheit hatte, so steht die normative Zuständigkeit zur kausalen Determination auch in keinem Widerspruch. Der empirische Mensch mag kausal determiniert sein: Auf dieser Ebene wäre dann etwa eine Strafandrohung eine weitere mögliche Kausaldeterminante. Als Rechtssubjekt wird er mit einer Sollensanforderung konfrontiert, die ihn motivieren kann. Die Norm ist aber selbst dann, und gerade dann, noch als Ursache relevant, wenn sie im Einzelfall zunächst nicht zur Kausaldeterminante bei dem die Norm brechenden Individuum wird. Dann nämlich stellt das Recht durch eine Sanktion klar, dass es „im Recht" war und wirkt damit seinerseits als eine Kausaldeterminante auf den Täter. Sieht man die Dinge so, dann wird Verantwortung allerdings auf ein Gefühl reduziert – als blosse Wahrnehmung der Verantwortung ist sie natürlich kompatibel mit dem Determiniertsein.

Die Verantwortung aber einfach daran zu knüpfen, dass uns unsere Handlungen frei *erscheinen,* also anzusetzen am „Kriterium des selbstbewusst erfahrenen Entscheidungsspielraums"[19], verträgt sich schwerlich mit der Notwendigkeit, in der rechtlichen Interaktion von Verantwortung auszugehen. Zwar ist richtig, dass ein rational operierendes Recht eine solche Empfindung der Freiheit beim Akteur selbst dann nicht unbeachtet lassen dürfte, wenn sie sich rational nicht begründen liesse. Auch an arationalen Annahmen der Bürger kann das Recht nicht vorbeigehen. Eine Begründung rechtlicher Verantwortung allein mit diesem Gefühl der Betroffenen, seien es die aktuell Handelnden oder die bei der Beurteilung der aktuell Handelnden ihre eigenen Handlungssituationen Reflektierenden, würde aber „die normative Struktur der Gesellschaft nur individualpsychologisch ‚erschleichen'".[20] Oder noch krasser: Das Recht würde sich aus der Sicht der empirischen Forschung auf eine Selbsttäuschung gründen.

18 Vgl. etwa Günter Stratenwerth/Lothar Kuhlen, *Strafrecht Allgemeiner Teil. Die Straftat,* 5. A., Köln etc., 2004, 190.

19 So Björn Burkhardt, Bemerkungen zu den revisionistischen Übergriffen der Hirnforschung auf das Strafrecht, in: *Dokumentation. Neuro 2004: Hirnforschung für die Zukunft,* Düsseldorf 2004, 40 ff., 45 f., der allerdings damit die These vom Anders-handeln-können für vereinbar hält; vgl. auch schon Eberhard Schmidhäuser, über den axiologischen Schuldbegriff des Strafrechts: Die unrechtliche Tatgesinnung, in:, *Festschrift für Hans Heinrich Jescheck,* hg. von Th. Vogler, Berlin, 1985, 485 ff.

20 Günther Jakobs, „Individuum und Person. Strafrechtliche Zurechnung und die Ergebnisse der modernen Hirnforschung", *ZStW* 117 (2005), 247–266, 265, Fn. 56.

Richtig ist allerdings, dass das eigene Empfinden einer Entscheidungsalternative vor der Tat oder doch die Potenzialität dieser Empfindung jedenfalls eine notwendige Bedingung dafür ist, dass eine Tat einem Menschen zugerechnet und so in seine Verantwortung gestellt werden kann.[21]

Die rein psychologische Sicht der Verantwortung kapituliert aber offenbar zu schnell vor dem Kompatibilitätserfordernis. Das zeigt folgende Überlegung: Individuell kann der Handelnde selbst aus logischen – und nicht nur psychologischen – Gründen niemals wissen, wie seine eigene Entscheidung ausfällt.[22] Das kann man sich am besten dadurch klar machen, dass man einmal einen Beobachter unterstellt, dem alle Kausaldeterminanten bekannt sind und der deshalb eine Prognose der künftigen Handlung eines anderen abgeben kann. Sobald dieser Beobachter dem künftig Handelnden seine Prognose mitteilt, hat sie nicht mehr Bestand, denn sie fliesst nun ihrerseits als Kausaldeterminante in die Überlegung des künftig Handelnden ein und die Prognose des Beobachters muss um die Wirkung dieser Ursache ergänzt werden, was sich bei jeder weiteren Mitteilung der Prognose unvermeidbar wiederholt. Denkt man nun Akteur und Beobachter in einer Person, also den Selbstbeobachter, so kann dieser aus den genannten Gründen logisch zwingend niemals eine Prognose seiner eigenen Entscheidung stellen, bevor sie gefallen ist.

Wenn dies so ist, lässt sich nicht mehr psychologisierend von einem blossen Gefühl der Verantwortung sprechen. Und nur ein solches blosses Gefühl von Verantwortung wäre monistisch mit der Kausalität zu vereinbaren. Bedarf es also doch einer dualistischen Sicht?

4. Kompatibilität dualistisch?

Eine andere Möglichkeit, kompatibilistisch zu argumentieren, besteht nämlich darin, von der Vereinbarkeit der Determinierung der Natur und der Verantwortung (einschliesslich der Willensfreiheit) im Recht auszugehen, indem man Determiniertsein und Verantwortung schlicht in zwei einander nicht affizierenden Welten oder Sichtweisen ansiedelt.[23] Das Recht hat dann in der Person als dem Akteur seinen eigenen Ansatzpunkt, der mit dem der Naturkausalität unterworfenen und dem Beobachter zugänglichen Individuum nicht vermengt werden darf.

Aber auch diese Position lässt sich kaum halten, schon gar nicht bei der Betrachtung des Rechts. Die Person kann sich nicht gänzlich abkoppeln vom konkreten Individuum. Das gilt, wie die Debatte des frühen 20. Jahrhunderts gezeigt hat, auf der Ebene des Sozialen. Es gilt aber auch auf der Ebene des

21 Burkhardt, Fn. 19, 47.

22 In diesem Sinne Donald MacKay, „On the Logical Indeterminacy of a Free Choice", *Mind* 69 (1960), 3; vgl. dazu auch Reinhard Merkel, Handlungsfreiheit, Willensfreiheit und strafrechtliche Schuld. Versuch eines Beitrags zur Ordnung der verworrenen Debatte, in: *Gerechtigkeitswissenschaft – Kolloquium aus Anlass des 70. Geburtstags von Lothar Philipps*, hg. von Bernd Schünemann/Marie-Theres Tinnfeld/Roland Wittmann, Berlin, 2005, 411 ff., 462 ff.

23 Dazu Jakobs, Fn. 20, 247 ff.

Biologischen. Das rechtliche Konstrukt der Person kann z. B. nicht mit Pflichten verbunden sein, denen das Individuum schlechterdings nicht genügen kann. Der psychisch Kranke schliesst keine wirksamen Verträge und auch der psychisch Gesunde kann nicht verpflichtet werden durch die Strassen zu fliegen statt zu gehen. Das Arbeitsrecht kann nicht von 24 Stunden täglicher Arbeit ausgehen und das Strassenverkehrsrecht nicht von der Unverletzlichkeit von Fussgängern. Der rechtfertigende Notstand lässt sich schliesslich nur erklären, wenn man darauf abstellt, dass zumindest bei Lebensgefahr für das Individuum auch die Person in Gefahr ist, die Gefahr für die Natur des Individuums also ein Recht für die Person gibt. Beim Individuum bestehen Voraussetzungen, die man auch im Konzept der Person nicht ungestraft vernachlässigen darf. Oder in der Sprache der Neukantianer: Recht ist nicht einfach in der Welt der Werte zu Hause, sondern ist nur zu verstehen als eine Beziehung der Wirklichkeit auf die Sphäre des Normativen.[24]

5. Kompatibilität zeitlich halbiert?

Die Person ist dann untrennbar mit der *biologischen* Natur des Menschen verbunden, was auch vom Recht zu berücksichtigen ist. Muss dann aber der Umstand, dass sich in der Welt empirischer Fakten ein individuelles Andershandelnkönnen nicht nachweisen lässt, nicht doch auch von der Welt der Fakten in die Welt des Rechts hineinwirken? Wäre es nicht sogar ungerecht, dem Einzelnen in seine Verantwortung zuzurechnen, was determiniert ist? Das Gegenargument ergibt sich aus den angestellten Betrachtungen, wonach die Offenheit der Entscheidung nicht ableitbar ist von der Kausalität: Ist die Individualperspektive des Entscheidenden logisch nicht reduzierbar auf die kausale Ebene des Beobachters, so ist dies für das Recht auch auf der institutionellen Ebene zu berücksichtigen – ist das Recht doch nichts anderes als die institutionalisierte Interaktion der Akteure über Sinn. Aber wie lassen sich beide Aussagen verbinden?

Soll das Recht Interaktion über Sinn ermöglichen, muss es den Einzelnen als selbstreflektives und damit auch verantwortliches Individuum behandeln. Weiss das Recht aber, dass der einzelne determiniert ist, kann es ihm seine vergangenen Handlungen doch schwerlich in einem emphatischen sozialethischen Sinn vorwerfen. Zu überlegen wäre, ob daraus in einem ersten Schritt so etwas wie eine zeitlich halbierte Verantwortung resultieren könnte, ja müsste:[25] In der Gegenwart und für die Zukunft können wir nicht rechtlich interagieren, ohne einander bis zum Beweis des Gegenteils für verantwortlich zu halten, uns also wechselseitig als verantwortlich Handelnde anzuerkennen. Verantwortung muss insoweit eine zentrale institutionelle Kategorie des Rechts bleiben. Ganz anders steht es um den Blick in die Vergangenheit: Da fällt es selbst dem Akteur

24 Vgl. nur Gustav Radbruch, *Rechtsphilosophie. Studienausgabe der 2. Aufl. von 1932*, hg. von Ralf Dreier/Stanley L. Paulson, 2. Aufl. Heidelberg: C.F. Müller, 2003, 31, 34.

25 Ausgehend von der Moral dazu: Andreas Zielcke, „Die halbe Sache der Moral", *Merkur* 1986, 203 ff.

logisch nicht schwer, alle Ereignisse in einer kausalen Verknüpfung zu sehen. Das verträgt sich offenbar im Prinzip mit seiner Verantwortung. Er muss sich aufgrund nunmehr bestehender Einsicht sagen: „Ich bin schuldig geworden, weil ich damals *nicht* anders konnte“[26].

Können wir es somit für die Vergangenheit bei der Kausalität bewenden lassen – was ja zur Folge hätte, dass wir uns dann auch Vergangenes nicht wechselseitig vorwerfen könnten? Immerhin wäre eine solche Lösung – die Gegenwart und die Zukunft von Verantwortung leiten zu lassen und die Vergangenheit der Kausalität zu überantworten – auch eine Spielart der Kompatibilität. Dennoch ist die Lösung wohl ganz so einfach nicht, wie hier am Ende nur noch skizzenhaft angedeutet werden kann.

VI. Folgen für die Bewältigung der Vergangenheit im Recht

An sich könnte, was die Bedeutung der Verantwortung für die Vergangenheit angeht, tatsächlich nur an die zumindest potenzielle Empfindung von Verantwortung bei den Betroffenen und an die soziale Nützlichkeit des Gefühls der Verantwortung bei den Beobachtern angeknüpft werden. Bereits eine solche Sicht muss allerdings traditionelle zivilrechtliche Sanktionen für Taten in der Vergangenheit nicht ausschliessen. Dem anderen von ihm verursachte Schäden zuzurechnen, d. h. ihm deren Ersatz abzufordern, wäre für ihn als den Sachnächsten durchaus rational im Sinne einer adäquaten Schadensverteilung nach Rechtssphären.

Und auch darüber liesse sich reden, ob nicht bereits unter dem Gesichtspunkt kausaler Determination demjenigen Verursacher, den wir auf der Ebene des Verantwortungsdiskurses, also aus dem zukunftsgerichteten Akteursblick, intuitiv für den *Schuldigen* halten, nicht doch Strafe zugemutet werden kann. Eine solche Strafe wäre dann aus der Sicht des Beobachters ein „Sonderopfer“, das im Rahmen der Verhältnismässigkeit akzeptabel erscheint – ist er doch derjenige, der durch sein Verhalten die Norm infrage gestellt hat und dem um der auch ihm dienenden Normerhaltung willen die Tat zugerechnet werden muss. Aus der Sicht des teilnehmenden Akteurs wäre es dagegen eine gerechte Sanktion: für das Opfer eine symbolisch expressive Rekonstruktion seiner sozialen Anerkennung, für den sich selbst verantwortlich fühlenden Täter eine gerechte rechtliche Statusreduktion zum Zwecke seiner Wiedereingliederung in die Rechtsgemeinschaft.

Unser auf die Vergangenheit bezogenes Wissen von den Ursachen müsste aber – darin besteht die praktische Konsequenz dieser Gesamtsicht – eine gewisse Zurückhaltung bei der Sanktionierung anmahnen. Die Stilisierung des Täters als des alleinigen Bösewichts sollte uns schwerer fallen, die Berücksichtigung des sozialen und historischen Umfelds der Tat sollte bei der Festlegung der Sanktion in einem geringeren Masse ausgeblendet werden als dies bei

26 Martin Kriele, „Hirnforschung und Rechtsreform“, *Zeitschrift für Rechtspolitik (ZRP)* 2005, 185 ff., 186, der, wenn ich recht sehe, deshalb die hier vertretende Position im Prinzip teilt.

einem ausschliesslichen Abstellen auf die individuelle Verantwortlichkeit möglich wäre. Das Ausmass der notwendigen rechtlichen Statusreduktion wäre dann vielleicht auch schon diesseits der bereits heute anerkannten Fälle der Zurechnungsunfähigkeit und der beschränkten Zurechnungsfähigkeit vielfach geringer,[27] die Chancen vernünftiger Kriminalprävention könnten ohne die Tabuisierung der Ursachensuche wachsen.

Es müsste also, so scheint mir, über das Ausmass der Berechtigung eines sozialethischen Tadels, wie wir ihn mit Strafsanktionen erheben, unter dem Eindruck der Ergebnisse der modernen Hirnforschung noch einmal gründlich nachgedacht werden. Nicht weil die Hirnforschung uns etwas gänzlich Neues zum Thema Verantwortung eröffnet. Das Ergebnis liess sich, wie gezeigt, auch schon mit Kant haben. Aber oft muss man eben etwas mehrmals hören, um darauf zu reagieren.

27 Zu einem ähnlichen Resultat gelangt mit anderer Herleitung Hochhuth, Fn. 17, 752.

3. Angewandte Gehirnforschung und Strafrechtsordnung

Gerhard Roth, Monika Lück, Daniel Strüber,
Bremen und Delmenhorst

Gehirn, Willensfreiheit und Strafrecht

I. Vorbemerkung

Im Folgenden möchten wir uns mit zwei Themen befassen, einem philosophisch-theoretischen und einem empirischen Thema, die allerdings eng miteinander verwoben sind. Wir möchten zeigen, dass der klassische, dem deutschen bzw. kontinental-europäischen Strafrecht zugrunde liegende Begriff der Willensfreiheit in sich widersprüchlich ist und daher grundsätzlich dasjenige nicht leisten kann, was er leisten will, nämlich ein überzeugendes Schuld- und Strafprinzip zu begründen. Zweitens möchten wir anhand empirischer Untersuchungen an Gewaltverbrechern zeigen, dass deren Verhalten durch Faktoren bestimmt wird, die nicht ihrer Willensbildung unterliegen, und dass sie deshalb auch im traditionellen strafrechtlichen Sinne nicht schuldig sind. Die Konsequenzen dieser Erkenntnisse für das strafrechtliche Schuldprinzip werden wir abschließend diskutieren.

II. Der Schuldbegriff des deutschen Strafrechts

Innerhalb der deutschen und kontinentaleuropäischen Strafrechtstheorie besteht Einigkeit darüber, dass das Prinzip der Schuld die Grundlage des Strafrechts bildet. „Keine Strafe ohne Schuld" (*nulla poena sine culpa*) heißt es. Wie dieses Prinzip aber zu begründen sei, darüber gibt es seit langem heftige Auseinandersetzungen.[1] Dies steht im engen Zusammenhang mit der Tatsache, dass das deutsche Strafgesetz nicht ausdrücklich sagt, was unter Schuld zu verstehen ist. In § 46 Abs. 1 StGB heißt es, dass die Schuld die Grundlage für die Strafe ist, und in den §§ 17, 19, 20, 21 und 35 StGB werden Schuldausschließungsgründe wie Verbotsirrtum, altersbedingte fehlende Einsicht und schwere „seelische Störungen" genannt. Umso wichtiger sind deshalb positive Bestimmungen, was unter Schuld im strafrechtlichen Sinne zu verstehen sei. In diesem Sinne hat der Bundesgerichtshof in einem vieldiskutierten Urteil festgestellt:

> „Mit dem Unwerturteil der Schuld wird dem Täter vorgeworfen, dass er sich für das Unrecht entschieden hat, obwohl er sich rechtmäßig verhalten, sich für das Recht hätte entscheiden können. Der innere Grund des Schuldvorwurfs liegt darin, dass der Mensch auf freie, verantwortliche, sittliche Selbstbestimmung angelegt und deshalb befähigt ist, sich für das Recht und gegen das Unrecht zu entscheiden".[2]

1 Claus Roxin, *Strafrecht Allgemeiner Teil, Bd. I: Grundlagen Aufbau der Verbrechenslehre*, München: C.H. Beck, 1997, §§ 3, 19, 20; Beiträge in Christian Geyer (Hrg.), *Hirnforschung und Willensfreiheit*, Frankfurt: Suhrkamp, 2004.

2 BGHSt 2, 200 zitiert nach Claus Roxin, Strafrecht Allgemeiner Teil, Bd. I: Grundlagen Aufbau der Verbrechenslehre, München: C.H. Beck, 732.

So unterschiedlich die Einschätzung der Bedeutung dieses Urteils in juristischen Fachkreisen auch sein mag, so unumstritten ist es, dass das Urteil die Schuld bzw. Schuldfähigkeit eines Täters in der Fähigkeit begründet sieht, willensfrei zu handeln, und dass diese Willensfreiheit des Täters darin besteht, aufgrund eigener Entscheidung *anders handeln* zu können, als er es im konkreten Fall getan hat. Die – insbesondere durch Befunde und Aussagen von Hirnforschern und Psychologen neu angefachte – Auseinandersetzung geht dahin, ob dies eine gute, d. h. sowohl begrifflich konsistente als auch in der Praxis brauchbare Begründung sei.

Hier gibt es zwei Hauptmeinungen. Die erste lautet, dass die vom BGH vertretene Anschauung auch heute noch volle Gültigkeit habe und man am Prinzip der „Willensfreiheit" strikt festhalten müsse, insbesondere aufgrund der inneren Gewissheit, dass unser Handeln zumindest in Teilen *tatsächlich* frei sei und nicht (oder nicht völlig) einem Determinismus unterliege. Die zweite Hauptmeinung geht davon aus, dass empirische Erkenntnisse aus der Psychologie oder der Hirnforschung grundsätzlich keine Bedeutung für das normative Prinzip der Schuld haben könnten. Deshalb sei die Frage, ob es Willensfreiheit *tatsächlich* empirisch gebe, für das Strafrecht irrelevant – Willensfreiheit sei eine notwendige *Setzung* des Rechtssystems. Innerhalb dieser zweiten Position gehen einige Autoren (z. B. C. Roxin, K. Günther) davon aus, dass man die empirische (und philosophisch-theoretische) Kritik am traditionellen Begriff der Willensfreiheit ernst nehmen und zumindest einen „agnostischen" Standpunkt hinsichtlich der Determinismus-Indeterminismus-Frage einnehmen müsse. Deshalb sei der moralische (an Willensfreiheit gebundene) Schuldbegriff aufzugeben und Schuld als *Normenverletzung* in den Vordergrund zu rücken. Mit diesen zwei Positionen wollen wir uns im Folgenden kurz auseinandersetzen.

(1) Nach übereinstimmender Meinung aller Befürworter und Gegner ist der „starke" oder alternativistische Begriff von Willensfreiheit an die Vorstellung gebunden, dass der Wille dann „frei" ist, wenn er *aus sich heraus*, „selbstinitiiert" und ohne außer ihm liegende Gründe oder Ursachen eine Handlung bestimmt.[3] Es mögen äußere und innere Bedingtheiten jeglicher Art, *Zwänge*, *Motive*, vorliegen, welche die Handlung einer Person in die eine oder andere Richtung drängen – die Letztentscheidung darüber, wie gehandelt wird, liegt jedoch bei diesem freien Willen, und dieser freie Wille transzendiert entsprechend die naturgesetzliche Kausalität. Sie stellt damit eine Kausalität *sui generis* dar. Gleichzeitig wird betont, dass es sich hierbei nicht um *Zufall* oder *Indeterminiertheit* im quantenphysikalischen Sinne handeln könne, sondern um einen moralisch-sittlich begründeten Willensentschluss, der aber seinerseits nicht von psychologischen Motiven bedingt sein dürfe.

Die Unzulänglichkeiten dieses Begriffs sind bekannt. Es ist seinen Befürwortern bisher nicht gelungen zu erläutern, was unter der „Selbstinitiierung" eines Willensaktes zu verstehen sei. Immanuel Kant – der diese Vorstellung am ausführlichsten entwickelt hat und auf den sich entsprechend viele Strafrechtstheoretiker berufen – spricht in der „Kritik der reinen Vernunft" ausdrücklich von

3 Hans-Ludwig Schreiber, Ist der Mensch für sein Verhalten rechtlich verantwortlich? *Jahrbuch für Wissenschaft und Ethik*, 2005, 23–33.

der begrifflichen Unmöglichkeit, sich darunter irgendetwas Konkretes vorzustellen, und ebenso deutlich von der empirischen Unmöglichkeit, Willensfreiheit beweisen zu können. Moderne Strafrechtstheoretiker versuchen hier über Kant hinauszugehen und das Wesen der freien Willensentscheidung im bewussten und sorgfältigen Abwägen von Handlungsmotiven und -möglichkeiten zu sehen. Hierdurch hofft man dem drohenden Determinismus entgehen zu können.[4]

Die Schwäche dieses Arguments ist aber sofort einsichtig: wie bereits Kant feststellte, benötigt jede faktische Entscheidung ein Motiv, und dies gilt auch für die Letzt-Entscheidung für oder gegen bestimmte Handlungsmöglichkeiten nach längerem Abwägen. Das stärkere Motiv setzt sich gegen schwächere durch. Eine wirklich „freie“, d. h. motivlose Entscheidung wäre im wörtlichen Sinne un-motiviert, d. h. zufällig. Hingegen ist durchaus ein deterministisch verfahrendes Netzwerk vorstellbar und auch konkret realisierbar, das neben oder sogar „oberhalb“ von unterschiedlichen unbewussten und bewussten Motiv-Ebenen auch eine Ebene von Meta-Motiven logischer ebenso wie sittlich-praktischer Art vorsieht, auf der das Abwägen geschieht. Ein solches Abwägen hat aber wie alle Motive seine Motivgeschichte, die wiederum in der Lebensgeschichte des Handelnden verwurzelt ist, d. h. man wägt so ab, wie Gene, frühkindliche Prägung, Erziehung und individuelle Erfahrung unser *Erfahrungsgedächtnis* gestaltet haben. Selbstverständlich geht in dieses Erfahrungsgedächtnis ganz wesentlich unsere soziale Erfahrung ein. Jedes Abweichen von diesem Erfahrungsgedächtnis, sollte es überhaupt möglich sein, wäre ein irrationales Geschehen, denn man würde in diesem Fall gegen die eigene Erfahrung und gegen die durch die Erziehung vermittelte Erfahrung anderer handeln.

Dies führt zu dem bekannten Argument, dass ein Handeln, das nicht einem in der Lebensgeschichte des Handelnden verwurzelten Motivdeterminismus unterliegt, diesem Handelnden *nicht zurechenbar* wäre.[5] „Frei“ – so das Hauptargument – ist ein Handeln nicht deshalb, weil es unabhängig von Motiven geschieht, sondern weil die Motive „personale Motive“ des Handelnden sind, die sich zu einem impliziten oder expliziten Willen formen und jeweils in einem Zusammenhang mit anderen Motiven stehen. Ein von personalen Motiven nicht bedingter freie Wille stünde sozusagen außerhalb der Person, sie habe deshalb nichts mit der Tat zu tun und könne auch nicht schuldig werden.

(2) Der zweite Standpunkt, dass empirische Begründungen für oder gegen den strafrechtlichen Begriff von Willensfreiheit und Schuld irrelevant seien, da es sich um normative Bestimmungen handle, ist besonders fragwürdig. Im Klartext lautet er nämlich: wir können dem Täter zwar die Fähigkeit zu freier Willensentscheidung nicht nachweisen, aber wir verfügen normativ, dass er sie im konkreten Fall hatte, und deshalb wird er schuldig gesprochen. Noch fragwürdiger ist allerdings die Tatsache, dass tatsächlich so verfahren wird. Kritisch schreibt dazu der Göttinger Strafrechtler Schreiber:

4 Hans-Peter Müller, „Kann es einen freien Willen geben? – Was sonst“, *Zeitschrift für Rechtsphilosophie* 3 (2005), 1, 26–35.

5 Michael Pauen, Illusion Freiheit? Mögliche und unmögliche Konsequenzen der Hirnforschung, Frankfurt, Fischer, 2004.

> „Die individuelle Schuld und ihr Maß in einer zuverlässigen, rückblickenden wissenschaftlichen Ermittlung sind jedenfalls im Strafverfahren nicht zugänglich. Niemand vermag den Überstieg in eine fremde Individualität, eine fremde Situation, derart zu vollziehen, dass er den für einen anderen etwa gegebenen Spielraum einer Willensfreiheit verlässlich bestimmen könnte."[6]

Was man gegebenenfalls mithilfe der Psychiatrie feststellen kann, ist einerseits die *Ansprechbarkeit für Normen* und zweitens die *Handlungssteuerungsfähigkeit*. Ist zumindest eines von beiden nicht gegeben, so ist der Täter entsprechend § 20 StGB nicht schuldfähig. Daraus folgt aber nicht der Umkehrschluss, dass ein Täter, der beide Bedingungen erfüllt und im Sinne von § 20 schuldfähig ist, auch *tatsächlich willensfrei* sei. Hier ist die Kritik zu Punkt (1) voll gültig, die besagt, dass man sich gar nicht vorstellen könne, wie ein Mensch im Sinne eines indeterministisch-alternativistischen Sinne „frei" sein kann.

III. Determinanten (körperlich) gewalttätigen Verhaltens

In der Delmenhorster Studie „Psychobiologische Grundlagen aggressiven und gewalttätigen Verhaltens"[7] wurde auf der Grundlage einer Vielzahl von Veröffentlichungen aus den letzten Jahren einschließlich inzwischen vorliegender großer retrospektiver und prospektiver Studien die Frage untersucht, welche Merkmale chronische Gewaltstraftäter charakterisieren. Die wichtigste Erkenntnis dieser Studie lautet, dass man bei diesen Personen typischerweise nicht einen einzigen Faktor wie „die Gene" oder „die Umwelt" findet, sondern eine *Kombination* von kognitiven und emotional-affektiven Defiziten wie Hyperaktivität, mangelnde Impulshemmung, niedrige Frustrationstoleranz, Defizite im Erlernen sozialer Regeln, Aufmerksamkeits- und Konzentrationsschwächen, Defizite im Bereich der Empathie und verminderte Intelligenz. Als Ursachen hierfür werden angenommen (1) Geschlecht, (2) Alter, (3) genetisch oder entwicklungsbedingte hirnanatomische und -physiologische Störungen, (4) eine gestörte frühkindliche Bindungserfahrung, (5) traumatische frühkindliche Ereignisse, insbesondere Vernachlässigung, körperliche Misshandlung und sexueller Missbrauch, und (6) ungünstige familiäre soziale Bedingungen wie Armut, elterliche Konflikte, Auseinanderbrechen der Familie, Gewaltbereitschaft der näheren sozialen Umgebung. Hierzu im Folgenden einige Einzelheiten.

Körperliche Gewaltdelikte werden überwiegend von männlichen Jugendlichen und Erwachsenen begangen. Nach Angaben des „Statistischen Jahrbuchs 1999 für die Bundesrepublik Deutschland" waren unter den im Jahre 1997 wegen Gewaltdelikten Verurteilten 658.943 Männer und 121.587 Frauen.[8] Noch dramatischer ist der Unterschied bei schweren Gewaltdelikten: Wegen Mordes und Totschlags wurden im Jahre 1997 734 Männer und 70 Frauen verurteilt, wegen gefährlicher und schwerer Körperverletzung 16.338 Männer und

6 Hans-Ludwig Schreiber, „Ist der Mensch für sein Verhalten rechtlich verantwortlich?" *Jahrbuch für Wissenschaft und Ethik* 2005, 23–33.

7 Monika Lück/Daniel Strüber/Gerhard Roth, *Psychobiologische Grundlagen aggressiven und gewalttätigen Verhaltens*, Hanse-Studien Bd. 5, Oldenburg, BIS 2005.

8 Statistisches Bundesamt, 1999.

1.255 Frauen, wegen Vergewaltigung 1.002 Männer und 7 Frauen und wegen sexuellen Missbrauchs von Kindern 2.179 Männer und 28 Frauen. Ähnliche Größenordnungen finden sich auch in anderen westeuropäischen Ländern sowie den USA.

Dabei gilt generell: je schwerer die Gewalttat, desto deutlicher dominiert das männliche Geschlecht. Dies heißt nicht, dass Mädchen bzw. Frauen „von Natur aus" weniger aggressiv sind, sondern nur, dass Jungen bzw. Männer eher zu *direkter*, nach außen gerichteter körperlicher Gewalt neigen, Mädchen bzw. Frauen hingegen eher zu *indirekter* Gewalt, d. h. verdeckter Aggression mittels sozialer Manipulation[9], oder zu autoaggressiven Handlungen. Die meisten Gewaltkarrieren beginnen um das 12. Lebensjahr, verdoppeln sich im Alter zwischen 13 und 14 Jahren, nehmen weiter zu bis zu einem Höhepunkt von 16 bis 17 Jahren, nehmen dann im Alter von 18 Jahren um die Hälfte ab und verringern sich kontinuierlich bis zum 27. Lebensjahr.[10] Demgegenüber gibt es eine kleine Gruppe, ca. 5 % der männlichen Jugendlichen, die sehr früh aggressives bzw. impulsives Verhalten zeigen und darin nicht nachlassen.[11]

Gegenüber der Normalpopulation zeigen Personen mit erhöhter Aggressivität und Gewaltverbrecher signifikant häufiger bestimmte strukturelle und funktionale Hirndefizite im Bereich des Stirnhirns (präfrontaler, orbitofrontaler und anteriorer cingulärer Cortex) und des Schläfenlappens (Temporalcortex) sowie in limbischen Regionen (vornehmlich Amygdala und basales Vorderhirn), die alle mit der Entstehung und der Kontrolle affektiver und emotionaler Zustände zu tun haben.[12] Eine durch Läsionen oder Fehlentwicklungen bedingte Verminderung der Aktivität des Frontalhirns, insbesondere des orbitofrontalen Cortex, führt zu einer erhöhten Risikobereitschaft, einer gesteigerten Impulsivität und zu „unmoralisch"-kriminellem Verhalten.[13] Personen mit Schädigungen des OFC in frühester Jugend zeigten schwer antisoziales Verhalten auch beim Aufwachsen in normaler Umgebung, sie sind unerziehbar und unbelehrbar.[14]

9 Kaj Börkqvist/Kristi M Lagerspetz/Ari Kaukianinen, „Do Girls Manipulate and Boys Fight? Developmental Trends Regarding Direct and Indirect Aggression", *Aggressive Behavior* 18 (1992), 2, 117–127; Lawrence Owens/Rasalyn Shute/Phillip Slee, „Guess What I Just Heard: Indirect Aggression Among Teenage Girls in Australia", *Aggressive Behavior* 26 (2000), 1, 67–83.

10 Frank Schneider et al., „Functional Imaging of Conditioned Aversive Emotional Responses in Antisocial Personality Disorder", *Neuropsychobiology* 42 (2000), 192–201.

11 Terrie E. Moffitt/Avshalom Caspi, „Childhood Predictors Differentiate Life-Course Persistent and Adolescence-Limited Antisocial Pathways Among Males and Females", *Development and Psychopathology* 13 (2001), 2, 355–375.

12 Bernhard Bogerts, „Gewalttaten aus der Sicht der Hirnforschung", *Forensische Psychiatrie und Psychotherapie* 71 (2004), 3, 5–21; Jana L. Bufkin/Vickie R. Lutrell, „Neuroimaging Studies of Aggressive and Violent Behavior. Current Findings and Implications for Criminology and Criminal Justice", *Trauma Violence and Abuse* 6 (2005), 2, 176–191.

13 Antoine Bechara et al., „Deciding Advantageously Before Knowing the Advantageous Strategy", *Science* 275 (1997) 5304, 1293–1295; Montgomery C. Brower/Bruce H. Price, „Neuropsychiatry of Frontal Lobe Dysfunction in Violent and Criminal Behaviour: a Critical Review", *Journal of Neurology, Neurosurgery and Psychiatry* 71 (2001), 6, 720–726.

14 Steven W. Anderson et al., „Impairment of Social and Moral Behavior Related to Early Damage in Human Prefrontal Cortex", *Nature Neuroscience* 2 (1999), 11, 1032–1037.

In diesem Zusammenhang wird davon ausgegangen, dass die genannten Bereiche des Stirnhirns eine hemmende beziehungsweise zügelnde Wirkung auf limbische Zentren ausüben, von denen negative Emotionen und aggressive Impulse ausgehen. Sind einzelne Strukturen dieses Netzwerkes oder ihre Verbindungen untereinander beeinträchtigt, so kann dieser zügelnde Einfluss fortfallen, was impulsives, gewalttätiges Verhalten zur Folge hat. Allerdings bestehen Unklarheiten in Bezug auf die Art der damit in Zusammenhang auftretenden Gewalt. Während sich impulsiv-affektive Gewaltformen relativ gut mit diesem Modell erklären lassen, bleibt „kalte" instrumentelle Gewalt, wie sie für Psychopathen bzw. Soziopathen typisch ist, noch weitgehend unverstanden.

Neben diesen Hirndefiziten liegen bei hochaggressiven und gewalttätigen Personen deutliche physiologische Veränderungen vor, die vor allem die so genannten Neurotransmitter bzw. -modulatoren *Serotonin* und *Dopamin* betreffen. Serotonin hat generell einen beruhigenden und angstmindernden Effekt und spielt eine wichtige Rolle bei der Impulskontrolle; ein Mangel an Serotonin begünstigt das Zustandekommen gewalttätigen Verhaltens.[15] Inwieweit ein niedriger Serotoninspiegel und Aggression direkt zusammenhängen oder über eine verstärkte negative Emotionalität (Furcht bzw. Ängstlichkeit, Bedrohtheitsgefühl, niedrige Frustrationstoleranz) als „reaktive Aggression" vermittelt wird („ich fühlte mich angegriffen, da musste ich mich doch wehren!"), ist noch unklar.

Die Funktionsweise des Serotonin-Systems ist zu einem guten Teil von der genetischen Ausstattung einer Person beeinflusst. Für zahlreiche Komponenten des serotonergen Systems werden unterschiedliche Genvarianten (so genannte Polymorphismen) beschrieben, die in Abhängigkeit von sozialen Umweltfaktoren eine Prädisposition für antisoziales und gewalttätiges Verhalten darstellen können.[16] Für erhöhte Aggressivität scheint insbesondere ein Polymorphismus des so genannten Tryptophan-Hydroxylase-Gens, das für die Serotonin-Synthese notwendig ist, eine wichtige Rolle zu spielen.[17] Bei männlichen Gewalttätern besteht ein signifikanter *negativer* Zusammenhang zwischen Gewalttätigkeit oder -bereitschaft und Serotonin-Spiegel bzw. dessen Abbauprodukt 5-Hydroxyindolessigsäure (5-HIAA).[18]

Von besonderer Bedeutung ist die Tatsache, dass Defizite im Serotonin-Haushalt nicht nur genetisch bedingt, sondern auch die *Folge negativer Um-*

15 Royce Lee/Emil F. Coccaro, „The Neuropsychopharmacology of Criminality and Aggression", *Canadian Journal of Psychiatry* 46 (2001), 1, 35–44.

16 Klaus Peter Lesch/Ursula Merschdorf, „Impulsivity, Aggression, and Serotonin: a Molecular Psychobiological Perspective", *Behavioral Sciences and the Law* 18 (2000), 581–604.

17 Jürgen Hennig et al., „Two Types of Aggression Are Differently Related to Serotonergic Activity and the A779C TPH Polymorphism", *Behavioral Neuroscience* 119 (2005), 1, 16–25; Stephen B. Manuck et al., „Aggression and Anger-Related Traits Associated With a Polymorphism of the Trytophan Hydroxylase Gene", *Biological Psychiatry* 45 (1999), 5, 603–614; Antonia S. New et al., „Tryptophan Hydroxylase Genotype is Associated With Impulsive-Aggression Measures: a Preliminary Study", *American Journal of Medical Genetics* 81 (1998), 1, 13–17.

18 Markku Linnoila/Dennis S. Charney, The Neurobiology of Aggression, in: *Neurobiology of Mental Illness*, hg. von Dennis S. Charney/Eric J. Nestler/Benjamin S. Bunney, New York, Oxford: Oxford University Press, 199, 855–871; Randy J. Nelson/Silvana Chiavegatto, „Molecular Basis of Aggression", *Trends in Neurosciences* 24 (2001), 713–719.

welteinflüsse sein können. Vorgeburtliche Störungen des Serotonin- Haushalts, z. B. aufgrund eines chronischen mütterlichen Stresses oder Drogenkonsums während der Schwangerschaft, können schwere Entwicklungsstörungen hervorrufen.[19] Der spätere Serotoninspiegel wird ebenso von schädlichen frühkindlichen Umwelteinflüssen wie Vernachlässigung, Gewalt und Missbrauch beeinflusst[20]; so gibt es einen Zusammenhang zwischen niedrigem Serotonin-Spiegel, Aggressivität von Kindern und gewalttätiger Familiensituation.[21] Aggressivität könnte in diesem Zusammenhang mindestens zwei Ursachen haben, die beide mit einem niedrigen Serotoninspiegel verbunden sind, nämlich erstens ein primäres affektiv-emotionales Defizit, das zu einer generellen Fehleinschätzung von Umweltereignissen führt, und zweitens ein Gefühl der Bedrohtheit und Unsicherheit als Folge frühkindlicher sozialer Isolation.[22]

Treffen bestimmte kognitive und emotionale Risikofaktoren in der Kindheit zusammen, so ist das für die Prognose der weiteren Entwicklung von Störungen des Sozialverhaltens, die sich in extremem Gewaltverhalten ausdrücken können, besonders ungünstig. Dazu zählen u. a. das Aufmerksamkeits-Hyperaktivitätssyndrom (ADHS), mangelnde Impulskontrolle, Schwierigkeiten der Wahrnehmung und Interpretation sozialer Informationen, fehlende Empathiefähigkeit, Bindungsstörungen und klinisch auffälliges oppositionelles Trotzverhalten bzw. Störungen des Sozialverhaltens.[23] Die Entstehung solcher Entwicklungsstörungen liegt in einem Zusammenspiel von individuellen, dem Kind eigenen Faktoren und der sozialen Umwelt; vor allem die frühe Interaktion des Kindes mit seinen Bezugspersonen spielt eine große Rolle. Extrem widrige Entwicklungsumstände wie körperliche und sexuelle Misshandlung, Verwahrlosung, Gewalterfahrungen im näheren Umfeld und konfliktbeladene Eltern-Be-

19 Ora Kofman, „The Role of Prenatal Stress in the Etiology of Developmental Behavioural Disorders“, *Neuroscience and Biobehavioral Reviews* 26 (2002), 4, 457–470.

20 Avshalom Caspi et al., „Role of Genotype in the Cycle of Violence in Maltreated Children“, *Science*, 297 (2002), 5582, 851–854; Yung-yu Huang et al., „An Association Between a Functional Polymorphism in the Monoamine Oxidase A Gene Promoter, Impulsive Traits and Early Abuse Experiences“, *Neuropharmacology*, 29 (2004), 8, 1498–1505.

21 Jeffrey M. Halperin et al., „Familial Correlates of Central Serotonin Function in Children With Disruptive Behavior Disorders“, *Psychiatry Research* 119 (2003), 3, 205–216.

22 vgl. Andreas Heinz, „Serotonergic Dysfunction After Social Isolation – Implications for the Development of Aggressiveness and Alcohol Dependence“, *Nervenarzt* 70 (1999), 9, 780–789.

23 Gustavo Carlo et al., „Why are Girls Less Physically Aggressive Than Boys? Personality and Parenting Mediators of Physical Aggression“, *Sex Roles* 40 (1999), 711–729; Kenneth A. Dodge et al., „Peer Rejection and Social Information-Processing Factors in the Development of Aggressive Behavior Problems in Children“, *Child Development* 74 (2003), 2, 374–393; Nancy Eisenberg/Amanda Sheffield Morris, „Children's Emotion-Related Regulation“, *Advances in Child Development and Behavior* 30 (2002), 189–229; Benjamin B. Lahey/Keith McBurnett/Rolf Loeber, Are Attention-Deficit/Hyperactivity Disorder and Oppositional Defiant Disorder Developmental Percursors to Conduct Disorder? In: *Handbook of Developmental Psychopathology*, hg. von Arnold J. Sameroff/Michael Lewis/Suzanne M. Miller, New York u. a.: Kluwer Academic, 2000, 431–446; Terrie E. Moffitt/Avshalom Caspi, „Childhood Predictors Differentiate Life-Course Persistent and Adolescence-Limited Antisocial Pathways Among Males and Females", *Development and Psychopathology* 13 (2001), 2, 355–375.

ziehungen stellen starke Risikofaktoren für massive Störungen der emotionalen und kognitiven Entwicklung des Kindes dar. Sie können im weiteren Lebenslauf zu schweren psychischen Störungen und insbesondere bei Männern zu einer erhöhten Neigung zu Gewalt führen.

In den vergangenen Jahren wurden neurophysiologische Ergebnisse vorgelegt, die einen Zusammenhang zwischen strukturellen oder physiologischen Maßen und Verhaltensauffälligkeiten der Kinder darstellen. So zeigt sich hirnanatomisch in Untersuchungen mithilfe der Computertomographie und der *strukturellen* Kernspintomographie bei ADHS-Kindern ein generell um ca. 4 Prozent verringertes Hirnvolumen, das rechtsseitig sogar bis 8 Prozent betragen kann. Das Kleinhirn ist um ca. 12 Prozent kleiner, die Basalganglien um 6 Prozent, ebenso das rechte Frontalhirn.[24] Die *funktionelle* Bildgebung zeigt bei ADHS-Patienten überwiegend übereinstimmend eine Unterfunktion des Stirnhirns, der Basalganglien und des Kleinhirns und damit Störungen von Hirnzentren, die für Handlungsplanung und Impulskontrolle zuständig sind. Neuropharmakologisch wird bei ADHS-Patienten eine Störung vornehmlich des serotonergen und dopaminergen Systems festgestellt[25], allerdings findet sich ein deutlich erniedrigter Spiegel des Serotonin-Abbauproduktes 5-HIAA nur bei Kindern mit schwerer ausgeprägtem ADHS, während eine Erhöhung des 5HT-Transporters (der – siehe oben – die Wirksamkeit des Serotonin beendet) allgemein deutlicher ist. Die deutlichsten Befunde liegen zum dopaminergen System vor.[26] Der Neurotransmitter/-modulator Dopamin vermittelt allgemein motorischen und emotional-motivationalen Antrieb, Neugierde und Belohnungserwartung. Es wird angenommen, dass durch die Störung des Dopaminsystems eine erhöhte motorische Unruhe, ein erhöhtes Bedürfnis nach sensorischer Stimulation („sensation seeking") hervorgerufen und die Aufmerksamkeitssteuerung beeinträchtigt werden.[27]

Zusammenfassend lässt sich feststellen, dass die Mehrzahl der bisher untersuchten Vielfach-Gewalttäter deutliche neuroanatomische oder neurophysiologische Defizite aufweisen, die in den allermeisten Fällen auch schon in der Kindheit und Jugend sichtbar werden. Diese Defizite *allein* prädestinieren eine Person aber offensichtlich nicht zu einer späteren Gewalttäterschaft, sondern stellen – von schweren hirnanatomischen und physiologischen Beeinträchtigung abgesehen – lediglich eine erhöhte Verletzbarkeit (*Vulnerabilität*) dar. In Kombination mit negativen *psychosozialen* Faktoren wie defizitäre Bindungserfahrungen (z. B. Vernachlässigung durch die Bezugsperson), körperlicher Misshandlung, sexuellem Missbrauch, und Gewalterfahrung in der nahen sozialen Umgebung führen sie aber mit hoher Wahrscheinlichkeit zu chronischer

24 Klaus-Henning Krause/Stefan Dresel/Johanna Krause, „Neurobiologie der Aufmerksamkeitsdefizit-/Hyperaktivitätsstörung", *Psycho* 26 (2000), 199–208.

25 Klaus-Henning Krause/Stefan Dresel/Johanna Krause, „Neurobiologie der Aufmerksamkeitsdefizit-/Hyperaktivitätsstörung", *Psycho* 26 (2000), 199–208.

26 Vgl. Stephen V. Faraone et al., „Meta-Analysis of the Association Between the 7-repeat Allele of the Dopamine D4 Receptor Gene and Attention Deficit Hyperactivity Disorder", *The American Journal of Psychiatry* 158 (2001), 7, 1052–1057.

27 Vgl. Tobias Banaschewski et al., „Neurobiologie der Aufmerksamkeits-/Hyperaktivitätsstörung (ADHS)", *Kindheit und Entwicklung* 13 (2004), 3, 137–147.

Gewalttäterschaft. *Einzeln genommen* können die genannten Risikofaktoren durchaus durch kompensatorische Hirnentwicklungen oder günstige psychosoziale Umstände in ihrer Auswirkung gehemmt oder gemildert werden. Entsprechend gibt es Patienten mit neuroanatomischen Defiziten im Bereich des Stirnhirns und des limbischen Systems, die *keine* Gewalttäter sind. In diesen Fällen wurden die Funktionen von anderen Hirnteilen übernommen. Zur Zeit ist unklar, warum bei den einen Personen kompensatorische Hirnentwicklungsprozesse stattfinden, bei den Gewaltstraftätern aber nicht.

IV. Die Schuldfähigkeit von Gewaltstraftätern und die Konsequenzen für das Strafrecht

Bei den Faktoren, die den Taten von Gewaltstraftätern zugrunde liegen, handelt es sich um solche, die meist ihre Wirkung entweder bereits vorgeburtlich, in der Kindheit oder der frühen Jugend entfalten und nicht der Willensbildung des Straftäters unterliegen. Niemand kann für seine Gene, seine Gehirnentwicklung, für traumatisierende Erlebnisse im Kindesalter und ein negatives soziales Umfeld verantwortlich gemacht werden und entsprechend nicht für eine mangelnde Impulshemmung, niedrige Frustrationsschwelle und Neigung zu körperlicher Gewalt.

Es zeigt sich, dass angesichts dieser Zusammenhänge das traditionelle indeterministisch-alternativistische Schuldprinzip und die Begründung von Strafe als Sühne und Vergeltung nicht mehr aufrechterhalten werden kann. Eine Vergeltungsstrafe ist wie jede Strafe auch aus *lernpsychologischer* Sicht höchst problematisch. Welche Alternativen gibt es? Ein seit langem existierendes, bereits von Franz von Liszt ausführlich begründetes und in der Gegenwart von Claus Roxin wieder aufgegriffenes Konzept ist die Aufgabe des Sühne- und Vergeltungsprinzip als Schuld- und Strafbegründung und die Beschränkung des Schuldbegriffs auf Spezial- und Generalprävention und auf die Normenverletzung.[28] Für Roxin handelt der Täter schuldhaft, wenn er die Tat beging, obwohl er für Normen ansprechbar war und eine hinreichende Fähigkeit zur Selbststeuerung hatte. Den Nachweis eines tatsächlichen Anders-Handeln-Könnens hält Roxin für nicht führbar und entsprechend für das Schuldprinzip irrelevant. Interessanterweise hält aber Roxin im Rahmen seiner „präventiven Vereinigungstheorie“[29] am Schuldbegriff fest und bindet ihn sogar an die Freiheitsannahme im alternativistischen Sinne, allerdings lediglich als „normative Setzung“, die von der tatsächlichen Existenz von Willensfreiheit im alternativistischen Sinne unabhängig ist. Der Mensch wird vom Staat als prinzipiell frei und verantwortungsfähig behandelt. Dieses Festhalten am Schuldbegriff begründet Roxin vornehmlich mit der Notwendigkeit der Strafbegrenzung durch Schuld, ganz unabhängig von Sühne und Vergeltung.

28 Claus Roxin, Strafrecht Allgemeiner Teil, Bd. I: Grundlagen Aufbau der Verbrechenslehre, München: C.H. Beck, 1997 , §§ 19, 20.

29 Claus Roxin, Strafrecht Allgemeiner Teil, Bd. I: Grundlagen Aufbau der Verbrechenslehre, München: C.H. Beck, 1997, § 3.

So überzeugend die Kritik Roxins am Sühne- und Vergeltungsprinzip des Strafrechts ist, so problematisch ist der Gedanke einer „normativen Setzung von Willensfreiheit". Wenn akzeptiert wird, dass der alternativistische Begriff der Willensfreiheit in sich widersprüchlich und damit unbrauchbar ist und die Möglichkeit eines Anders-Handeln-Könnens dem Täter ganz allgemein oder zumindest zum Tatzeitpunkt gar nicht bewiesen werden kann, sondern wiederum normativ unterstellt wird (s. oben), so ist ein solcher normativer Begriff von Willensfreiheit ebenso unbrauchbar. Es bietet sich hier die Möglichkeit an, dem Begriff der Schuld als reine Normenverletzung einen nicht-alternativistischen und kompatibilistischen Willensfreiheitsbegriff zugrundezulegen, wie er u. a. von Michael Pauen[30] entwickelt wurde. Pauen sieht Willensfreiheit dann verwirklicht, wenn das Handeln einer Person durch Motive und Gründe bestimmt wird, die in ihrem Charakter bzw. ihrer Persönlichkeit verwurzelt sind. Dies widerspricht nach Pauen nicht einem durchgängigen Determinismus in der menschlichen Willensausbildung und Handlungssteuerung. In eine ähnliche Richtung gehen Argumente von Harry Frankfurt und Peter Bieri, dass Willensfreiheit dann vorliegt, wenn die willens- und handlungsrelevanten Motive und Gründe reflektiert wurden.[31] Es ist jedoch sowohl in philosophischen als auch rechtstheoretischen Kreisen nach wie vor umstritten, ob im Rahmen eines kompatibilistischen Ansatzes überhaupt ein sinnvoller Begriff von Schuld entwickelt werden kann.

In jedem Fall muss die Gemeingefährlichkeit einer Tat strikt von der Frage einer moralischen Schuld abgetrennt werden, die unabtrennbar an den Begriff des Anders-Handeln-Könnens gebunden ist. Für den rechtstreuen Menschen ebenso wie für den Straftäter gilt, dass Willensbildung, Entscheidung und Handeln von bewussten und unbewussten Motiven bestimmt werden, die nicht einer „reinen", d. h. motiv-losen Willensbildung unterliegen. Zudem bilden sich – wie in den geschilderten Fällen der Gewalttäter – solche Motive zu einer Zeit aus, in der auch nach heutigem Strafrecht Personen gar nicht schuldig werden können, d. h. vor der Geburt und in früher Kindheit bzw. Jugend.

Für die Beschränkung auf einen spezialpräventiven Ansatz, insbesondere auf die Besserungs- und Therapiefähigkeit, gewinnen die Erkenntnisse der Hirnforschung, der Psychologie und der forensischen Psychiatrie hinsichtlich der Ansprechbarkeit des Täters für Normen und der Handlungssteuerungsfähigkeit eine große Bedeutung. Neue Untersuchungen unterstreichen, dass Ansprechbarkeit des Täters für Normen und der Handlungssteuerungsfähigkeit voneinander „dissoziieren" können, d. h. Täter können eine korrekte Einsicht in Normen besitzen, aber unfähig sein, hiernach zu handeln, und umgekehrt. Dies liegt darin begründet, dass hierfür im menschlichen Stirnhirn zwei getrennte und nur lose miteinander wechselwirkende Teilsysteme „zuständig" sind)[32]. Dies hat auch eine große Bedeutung für eine dringend notwendige Neufassung des § 20

30 Michael Pauen, Illusion Freiheit? Mögliche und unmögliche Konsequenzen der Hirnforschung, Frankfurt, Fischer, 2004.

31 Harry Frankfurt, Willensfreiheit und der Begriff der Person, in: *Analytische Philosophie des Geistes*, hg. von Peter Bieri, Bodenheim, 1993, 287–302; Peter Bieri, Das Handwerk der Freiheit. Über die Entdeckung des eigenen Willens, München: Hanser, 2001.

32 Für Details siehe Gerhard Roth, *Fühlen, Denken, Handeln*, Frankfurt a. M.: Suhrkamp, 2003.

StGB, der solche Dissoziationen bisher nicht oder nicht genügend berücksichtigt. Nur wenn beide Fähigkeiten vorhanden sind, ist eine Therapie sinnvoll.

Frank Urbaniok, Judith Hardegger, Astrid Rossegger,
Jérôme Endrass, Zürich

Neurobiologischer Determinismus*

Fragwürdige Schlussfolgerungen über menschliche Entscheidungsmöglichkeiten und forensische Schuldfähigkeit

I. Einleitung

Seit einigen Jahren wird unter Hinweis auf neurobiologische Befunde das Konstrukt der Willensfreiheit kritisiert. Die Vorstellung eines freien Willens impliziere, dass mentale Zustände physische Ereignisse verursachen könnten. Dies sei eine „unhaltbare Annahme"[1], die Prinz als „metaphysische Zumutung" bezeichnet[2].

In diesem Zusammenhang wird in Frage gestellt, ob und inwieweit menschliches Entscheidungsverhalten frei ist. Es wird die Ansicht vertreten, dass alle Menschen und daher auch Straftäter aufgrund vollständiger hirnbiologischer Determinierung ihres Verhaltens grundsätzlich nicht schuldfähig seien[3]. „Das Gefühl, bei der Willensbildung und der Handlungsentscheidung frei zu sein (d. h. nicht aus Ursachen, sondern aus Gründen zu handeln und im Prinzip auch anders entscheiden zu können), ist eine Illusion, wenngleich eine für unser komplexes Handeln notwendige Illusion"[4].

Durch die funktionelle Architektur der Neuronennetze sei festgelegt,

> „[…] was im Gehirn als je nächstes geschieht, wenn es sich in einem bestimmten Zustand befindet, wobei die jeweiligen Zustände wiederum von der Gesamtheit der vorangehenden Sinnessignale abhängen. Das Zusammenspiel all dieser Variablen legt fest, auf welchen Wegen das Gehirn sich Lösungen und Entscheidungen nähert. Auch wenn dabei einige Variablen ins Bewusstsein dringen und wir die resultierenden Entscheidungen dann als frei gefällte wahrnehmen, bleibt festzuhalten, dass auch die bewussten Deliberationen auf neuronalen Prozessen beruhen und somit deterministischen Mechanismen gehorchen müssen"[5].

* Bei diesem Aufsatz handelt es sich um den leicht veränderten Nachdruck eines gleichnamigen Artikels der in der neurologisch psychiatrischen Fachzeitschrift „Fortschritte der Neurologie und Psychiatrie" erschienen ist (Frank Urbaniok et al., „Neurobiologischer Determinismus: Fragwürdige Schlussfolgerungen über menschliche Entscheidungsmöglichkeiten und forensische Schuldfähigkeit", *Fortschritte der Neurologie und Psychiatrie* 74 (2006), 431–442). Der Nachdruck wurde freundlicherweise durch den Thiemeverlag genehmigt.

1 Wolf Singer, Über Bewusstsein und unsere Grenzen: Ein neurobiologischer Erklärungsversuch, in: *Gene, Meme und Gehirne. Geist und Gesellschaft als Natur. Eine Debatte*, hg. von A. Becker et al., Frankfurt a. M., 2003, 279–305.

2 Wolfgang Prinz, Freiheit oder Wissenschaft? Zum Problem der Willensfreiheit, in: *Freiheit oder Wissenschaft? Zum Problem der Willensfreiheit*, hg. von Jan C. Schmidt/Lars Schuster, Paderborn, 2003, 261–279.

3 Gerhard Roth, *Fühlen, Denken, Handeln*, Frankfurt a. M., 2003, 472–493.

4 Gerhard Roth, „Das Problem der Willensfreiheit", *Information Philosophie* (2004), 5, 14–21.

5 Singer (Fn 1), 300 f.

So müsse zum Beispiel eine Mörderin morden, „[...] da die momentanen Aktivitätskonstellationen ihrer Nervenzellen dieses Verhalten signalisierten.“[6]. Denn es sei davon auszugehen, „[...] dass jemand tat, was er tat, weil just in dem Augenblick sein Gehirn zu keiner anderen Entscheidung kommen konnte, gleichgültig, wie viel bewusste oder unbewusste Faktoren tatsächlich beigetragen haben“[7].

Gewalttätiges Verhalten lasse sich entweder auf frühe hirnorganische Störungen wie Fehlentwicklungen oder Verletzungen im orbitofrontalen Cortex, auf vor- oder nachgeburtliche Störungen im „zerebralen Beruhigungssystem“ oder auf körperliche oder psychische Traumatisierung in früher Jugend zurückführen[8]. Darum ergebe sich folgendes ‚Schuld-Paradoxon‘: „Je schwerer die Straftat und die ‚moralische‘ Schuld, desto deutlicher erkennbar ist die psychische Zwangssituation der Täter“[9]. Vor diesem Hintergrund gelte es daher, die unsichtbaren, zu strafbaren Handlungen determinierenden Fehlverschaltungen makroskopisch erkennbaren Läsionen gleichzusetzen[10]. Roth fordert deshalb, das dem Strafrecht zugrunde liegende Prinzip der moralischen Schuld aufzugeben, sollten sich die Erkenntnisse der Hirnforschung weiter erhärten: „Menschen können als bewusste Individuen nichts für das, was sie tun. [...] Entsprechend müssen sich Strafrecht und Strafvollzug anstelle einer moralischen Verdammung auf den Erziehungs- und Besserungsaspekt konzentrieren, sofern ein Straftäter besserbar erscheint, bzw. auf den Schutz der Gesellschaft vor ‚unverbesserlichen‘ Straftätern“[11]. Singer schlägt vor, von Strafe zu sprechen als Sanktion für abweichendes Verhalten, „die sich nicht an der Schwere der subjektiven Schuld orientiert, sondern an der Normabweichung des Handelnden und damit an der Andersartigkeit seiner Hirnfunktionen“[12].

Nach Prinz müsse ein neues Rechtssystem dennoch nicht zwingend etabliert werden, „solange wir die Inkompatibilität der alltagspsychologischen Intuition und der wissenschaftlichen Erkenntnisse aushalten können.“[13]. Allerdings könne auch ein anderes Rechtssystem geschaffen werden, „[...] das nicht auf dem Schuld- und Verantwortungsprinzip beruht, sondern darauf, dass man für Handlungen, die anderen schaden, zahlen muss, ohne dass man dem Handelnden Freiheit und Schuldfähigkeit unterstellt“[14].

Die Vorstellung eines absoluten Determinismus wird aktuell im Zuge der Weiterentwicklung funktioneller bildgebender Verfahren vertreten und stützt sich im Wesentlichen auf zwei Befundkomplexe. Zum einen wurden in den letzten

6 Hans J. Markowitsch, „Warum wir keinen freien Willen haben. Der sogenannte freie Wille aus Sicht der Hirnforschung“, *Psychologische Rundschau* 55 (2004), 4, 166.

7 Wolf Singer, Grenzen der Intuition: Determinismus oder Freiheit? in: *Summa: Dieter Simon zum 70. Geburtstag*, hg. von Rainer Maria Kiesow/Regina Ogorek/Spiros Simitis, Frankfurt a. M., 2005, 535.

8 Roth (Fn 4), 14 ff.

9 Roth (Fn 4) 14 ff.

10 Singer (Fn 7), 535 f.

11 Roth (Fn 3), 554.

12 Singer (Fn 7), 537.

13 Wolfgang Prinz, Der Mensch ist nicht frei: Ein Gespräch, in: *Hirnforschung und Willensfreiheit*, hg. von Christian Geyer, Frankfurt a. M., 2004, 26.

14 Prinz (Fn 13), 26.

Jahren verschiedene organische, insbesondere neurobiologische Befunde im Zusammenhang mit gewalttätigem oder sexuell grenzüberschreitendem Verhalten vorgelegt. Zum anderen wurde aufgrund spezifischer Versuchsanordnungen die Ungleichzeitigkeit neurobiologischer Willensbildung und einer erst mit zeitlicher Verzögerung folgenden bewussten Entscheidung postuliert. Organische Befunde bei normabweichendem Verhalten werden als Zeichen biologisch kausaler Bedingtheit und in diesem Sinne als Indiz für die generelle Determination dieses Verhaltens gewertet. Die Ungleichzeitigkeit soll Beleg dafür sein, dass bei jedem konkreten Willensakt das Hirn und nicht das bewusst handelnde Subjekt entscheidet.

II. Neurobiologische Befunde als Beleg organischer Kausalität

Nachfolgend einige der Befunde mit Bezug zu strafrechtlich relevanten Verhaltensweisen:

1. Antisoziale Persönlichkeitsstörung und Psychopathie als Folge von Läsionen und Funktionsstörungen im Frontalcortex

Damasio[15], stellte fest, dass Schädigungen im ventromedial präfrontalen Cortex mit Persönlichkeitsveränderungen einhergingen, die das Sozialverhalten der Betroffenen schwer beeinträchtigten. Während die intellektuellen, sprachlichen und motorischen Fähigkeiten erhalten bleiben würden, seien solche Patienten nicht mehr in der Lage, ihre Tätigkeiten sinnvoll zu planen. Sie würden Entscheidungen treffen, die sich nachteilig für sie und ihre Umwelt auswirkten, setzten sich über gesellschaftliche und moralische Konventionen hinweg und wiesen einen Mangel an Empathie auf[16]. Damasio führt dies auf Beeinträchtigungen der emotionsbezogenen Signalübertragung zurück: Patienten hätten Defizite in der Fähigkeit, zwischen konkurrierenden Optionen zu wählen, weil sie die im Laufe eines Lebens gesammelten emotionsbezogenen Erfahrungen nicht mehr nutzen könnten[17].

Patienten, die eine entsprechende Hirnschädigung in früher Kindheit erlitten, würden unter einer weit stärkeren Beeinträchtigung ihres Sozialverhaltens leiden als solche, die sich Läsionen erst als Erwachsene zugezogen hätten[18]. Als Fazit einer Studie an zwei Erwachsenen, die im Alter von drei bzw. 15 Monaten Präfrontalläsionen erlitten hatten, wird festgehalten, dass sich abnorme

15 Antonio R. Damasio, „The Somatic Marker Hypothesis and the Possible Functions of the Prefrontal Cortex", *Transactions of the Royal Society* 351 (1996), 1413–1420.

16 Antoine Bechara et al., „Insensititvity to Future Consequences Following Damage to Human Prefrontal Cortex", *Cognition* 50 (1994), 7–15.

17 Antonio R. Damasio, *Der Spinoza-Effekt*, Berlin, 2005, 170.

18 Steven W. Anderson et al., „Impairment of Social and Moral Behavior Related to Early Damage in Human Prefrontal Cortex", *Nature Neuroscience* 2 (1999), 1032–1037.

soziale und moralische Verhaltensweisen entwickelten, unabhängig von sozialen oder psychologischen Faktoren[19].

Dass kriminelles und gewalttätiges Verhalten Folge früher Kopfverletzungen sein könne, ist auch das Ergebnis anderer Studien[20]. Bei der Begutachtung von 18 wegen Mordes zum Tod verurteilten Männern, die zum Tatzeitpunkt minderjährig waren, fanden Lewis et. al. in allen Fällen Anzeichen präfrontaler corticaler Dysfunktion[21]. Die Befunde könnten durch den Umstand erklärt werden, dass moralisches Urteilen, Gefühls- und Impulskontrolle, Reue- und Empathiefähigkeit in hohem Mass von der einwandfreien Funktionsweise des Frontalcortex abhängen[22].

Beim Vergleich der Gehirnaktivität von 41 Mördern mit derjenigen von 41 Kontrollsubjekten mit Hilfe von PET Scans, zeigte sich bei den Mördern ein verminderter Glukose-Metabolismus unter anderem im präfrontalen Cortex und im Corpus callosum und es fanden sich hemisphärische Asymmetrien in der Amygdala, dem Thalamus und medialem Temporallappen[23]. Die Autoren schlossen daraus, dass präfrontale Defizite Impulsivität, geringe Selbstkontrolle, Unreife, Emotionsauffälligkeiten und daher aggressives Verhalten zur Folge haben können[24]. 21 Gewalttäter mit APD-Diagnose hatten im Vergleich zu normalen Kontrollpersonen ein 11 % kleineres Volumen der präfrontalen grauen Substanz[25]. Raine sah in dem präfrontalen Defizit die Ursache für geringe Stimulierbarkeit, mangelndes Schuld- und Angstempfinden und Defizite in der Entscheidungsfähigkeit; typische Merkmale für antisoziales, psychopathisches Verhalten[26].

In einer Untersuchung mit 17 Neuroimaging-Studien zu gewalttätigem Verhalten wurden in 10 Arbeiten SPECT- und PET-Verfahren eingesetzt. In diesen 10 Studien weisen die gewalttätigen bzw. antisozialen Probanden im Vergleich zu Kontrollpersonen Dysfunktionen entweder im präfrontalen (8 von 10) oder im frontalen (2 von 10) Bereich auf[27]. Die Autorinnen erklären diesen Befund mit

19 Anderson et al. (Fn 18), 1036.

20 José Léon/Francisco J. Chacartegui, „Blows to the Head During Development Can Predispose to Violent Criminal Behaviour: Rehabilitation of Consequences of Head Injury is a Measure for Crime Prevention", *Brain Injury* 17 (2003), 3, 207–216; R. J. R. Blair/L. Cipolotti, „Impaired Social Response Reversal: A Case of ‚Acquired Sociopathy'", *Brain* 123 (2000), 1122–1141; Jürgen L. Müller et al., „‚Acquired Psychopathy' und die Neurobiologie von Emotion und Gewalt", *Psychiatrische Praxis* 30 (2003), Supplement 2, 221–225.

21 Dorothy Otnow Lewis et al., „Ethic Questions Raised by the Neuropsychiatric, Neuropsychological, Educational, Developmental, and Family Characteristics of 18 Juveniles Awaiting Execution in Texas", *The Journal of the American Academy of Psychiatry and the Law* 32 (2004), 408–429.

22 Robert M. Sapolski, „The Frontal Cortex and the Criminal Justice System", *Phil. Trans. R. Soc. Lond. B* 359 (2004), 1787–1796.

23 Adrian Raine et al., „Brain Abnormalities in Murderers Indicated by Positron Emission Tomography", *Biological Psychiatry* 42 (1997), 494–508.

24 Raine et al. (Fn 23), 502.

25 Adrian Raine et al., „Reduced Prefrontal Gray Matter Volume and Reduced Autonomic Activity in Antisocial Personality Disorder", *Archives of General Psychiatry* 57 (2000), 119–127.

26 Raine et al. (Fn 25), 119.

27 Jana L. Bufkin/Vickie R. Luttrell, „Neuroimaging Studies of Aggressive and Violent Behavior.

einer erhöhten Tendenz von Personen mit präfrontalen Defiziten, Situationen häufig als bedrohlich und gefährlich fehlzuinterpretieren und dann aggressiv zu reagieren[28].

2. Störungen in der Emotionsverarbeitung und Aggression

Verschiedene Autoren gehen davon aus, dass impulsive Aggression die Folge einer fehlerhaften Emotionsregulation sei. So seien Menschen normalerweise in der Lage, negative Affekte zu kontrollieren. Sie würden auf Umweltsignale wie Angst oder Ärger reagieren können. Bei gewalttätigen Personen sei der zentrale Schaltkreis für adaptierende Verhaltensweisen gestört[29]. Müller et. al untersuchten mittels fMRI bei 6 Psychopathen den Einfluss von Bildern mit emotionalem Inhalt auf deren Hirnaktivität. Bilder mit negativen Inhalten und Bilder mit positiven Inhalten führten dabei zu unterschiedlichen und auffälligen Erhöhungen und Verringerungen von Hirnaktivität in Regionen, die für die Emotionsverarbeitung wichtig sind[30].

3. Neurobiologische Auffälligkeiten bei Pädosexualität

In einer Studie zu neuropsychologischen Korrelaten der Pädophilie fand man signifikant mehr Linkshänder (als unspezifisches Zeichen einer atypischen Hirnentwicklung), mehr Unfälle mit Kopfverletzungen sowie eine niedrigere Intelligenz als bei nichtpädophilen Straftätern[31].

Als weitere Befunde wurden dargestellt: links betont verminderte Hirndurchblutung und signifikant dünnere und substanzärmere Schädelknochen[32], erweiterte Vorder- und Temporalhörner der Seitenventrikel und niedrigere

Current Findings and Implications for Criminology and Criminal Justice“, *Trauma, Violence & Abuse* 6 (2005), 2,176–191.

28 Bufkin/Luttrell (Fn 28), 181.

29 Richard J. Davidson et al., „Dysfunction in the Neural Circuitry of Emotion Regulation: A Possible Prelude to Violence“, *Science* 289 (2000), 593 ff.

30 Jürgen L. Müller et al., „Abnormalities in Emotion Processing within Cortical and Subcortical Regions in Criminal Psychopaths: Evidence from a Functional Magnetic Resonance Imaging Study Using Pictures with Emotional Content“, *Biological Psychiatry* 54 (2003),152–162.

31 R. Blanchard et al., „Retrospective Self-reports of Childhood Accidents Causing Unconsciousness in Phallometrically Diagnosed Pedophiles“, *Archives of Sexual Behavior* 31 (2002), 6, 511–526; R. Blanchard et al., „Self-reported Head Injuries Before and After Age 13 in: Pedophilic and Nonpedophilic Men Referred for Clinical Assessment“, *Archives of Sexual Behavior* 32 (2003), 6, 573–581; J. M. Cantor et al., „Intelligence, Memory, and Handedness in Pedophilia“ [Electronic version], *Neuropsychology* 18 (2004), 1, 3–14; A.F. Bogaert, Handedness, „Criminality, and Sexual Offending“, *Neuropsychology* 39 (2000), 465–469; R. Blanchard et al., „Pedophiles: Mental Retardation, Maternal Age, and Sexual Orientation“, *Archives of Sexual Behavior* 28 (1999), 2.

32 S.E. Hendricks et al., „Brain Structure and Function in Sexual Molesters of Children and Adolescents“, *Journal of Clinical Psychiatry* 49 (1988), 108–111.

Intelligenzquotienten[33], Zeichen hormoneller Fehlprägungen mit teilweiser Feminisierung bestimmter Hypothalamuskerne[34]. In einem Fall wurde von einem verheirateten Lehrer mit einem Tumor im Frontalhirn eine plötzliche sexuelle Hingezogenheit zu Kindern berichtet[35], ebenso fand sich bei zwei Personen mit auffälligen Hirnbefunden in fronttemporalen Hirnregionen eine Pädophilie[36].

In jüngster Zeit wurden Untersuchungen mit funktionell bildgebenden Verfahren durchgeführt, mit deren Hilfe nach Korrelaten pädosexueller Empfindungen in der Aktivität bestimmter Hirnregionen gesucht wird[37].

III. Die Libet Experimente als Beleg für die Ungleichzeitigkeit

Mit seinen Experimenten zielte Libet in den frühen 80er Jahren darauf ab, den zeitlichen Zusammenhang zwischen der bewussten Entscheidung zu einer Bewegung und der Einleitung dieser Bewegung auf neuronaler Ebene aufzeigen[38]. Dabei bediente er sich des von Kornhuber und Deecke 1965 entdeckten so genannten symmetrischen Bereitschaftspotentials[39], das aufgrund von neuronaler Aktivität im supplementär motorischen Areal beider Hirnhälften auftritt. Es setzt zwei Sekunden bis eine Sekunde vor dem Starten einer Willenshandlung ein und ist mittels EEG am Kopf messbar. Allerdings ist das Bereitschaftspotential so schwach, dass es nicht einfach zum Zeitpunkt seines Auftretens gemessen und ausgewertet werden kann, sondern es muss aufgrund von vielen Versuchsdurchläufen gemittelt werden.

In dem Experiment von Libet hatten die Probanden die Aufgabe, zu einem beliebigen Zeitpunkt einen Finger der rechten Hand bzw. das rechte Handge-

33 P. Wright et al., „Brain Density and Symmetry in Pedophilie and Sexually Aggressive Offenders", *Annals of Sex Research* 3 (1990), 319–328; S. Hucker et al., „Neuropsychological Impairment in Pedophiles", *Canadian Journal of Behavioural Science* 18 (1986), 440–448.

34 G.R. Gaffney/F.S. Berlin, „Is There Hypothalamic-Pituitary-Gonadal Dysfunction in Pedophilia: A Pilot Study", *British Journal of Psychiatry* (1984), 145, 657–660; B.A. Gladue, Hormones and Neurocrine Factors in Atypical Human Sexual Behaviour., in: *Hormones and Neurocrine Factors in Atypical Human Sexual Behaviour.*, hg. von JR Feierman, New York: Springer, 1990, 274–298; H.L. Pothast/C.M. Allen, „Masculinity and Feminity in Male and Female Perpetrators of Child Sexual Abuse", *Child Abuse and Neglect* 18 (1994), 9, 763–767.

35 J.M. Burns/R.H. Swerdlow, „Right Orbitofrontal Tumor With Pedophilia Symptom and Constructional Apraxia Sign", *Archives of Neurology* (2003), 60,437–440.

36 M.F. Mendez et al., „Pedophilia and Temporal Lobe Disturbances", *The Journal of Neuropsychiatry and Clinical Neurosciences* 12 (2000), 71–76.

37 Harald Dressing et al., „Homosexuelle Pädophilie und funktionelle Netzwerke: fMRI-Fallstudie", *Fortschritte der Neurologie – Psychiatrie* 69 (2001), 539–544 H. Tost et al., „Pedophilia: Neuropsychological Evidence Encouraging a Brain Network Perspective", *Medical Hypotheses* 63 (2004), 528–531.

38 Benjamin Libet et al., „Time of Conscious Intention to Act in Relation to Cerebral Potential", *Brain* 106 (1983), 623–642.

39 Hans Helmut Kornhuber/Lüder Deecke, „Hirnpotentialänderungen bei Willkürbewegungen und passiven Bewegungen des Menschen: Bereitschaftspotential und reafferente Potentiale", *Pflügers Archiv für Gesamte Physiologie* 284 (1965), 1–17.

lenk zu bewegen. Sie sollten den Drang zu handeln von allein und zu jeder Zeit auftauchen lassen, ohne vorauszuplanen oder sich auf die Handlung zu konzentrieren, wobei der Beginn dieser Bewegung über das Elektromyogramm (EMG) gemessen wurde. Beim Vergleich der Daten aus EEG- und EMG-Messungen zeigte sich, dass das symmetrische Bereitschaftspotential bereits 0,5–0,7 Sekunden vor dem Bewegungsbeginn einsetzte. Die Versuchspersonen wurden ferner aufgefordert, sich mit Hilfe einer schnell rotierenden Uhr den genauen Zeitpunkt zu merken, an welchem sie den Entschluss zur Bewegung gefasst hatten[40]. Dabei wurde festgestellt, dass eine bewusste Intention für die Bewegung von den Probanden erst ca. 0,2 Sekunden vor Bewegungsbeginn registriert wird. Da aber das symmetrische Bereitschaftspotential schon 0,5–0,7 Sekunden vor dem Starten der Bewegung einsetzte, wurde der Befund dahingehend interpretiert, dass das Bewusstsein der Handlungsabsicht erst 0,3 Sekunden später entsteht als das Ingangsetzen der Handlung auf neuronaler Ebene[41].

Libet selber hielt es für möglich, dass der Wille zwar keine Handlungen initiiere, doch in einer Art Vetorecht in der Lage sei, ein sich aufbauendes Bereitschaftspotential abzublocken. Ausserdem rechnete Libet damit, dass bewusstes Abwägen Handlungen starten und kontrollieren könne[42].

Die Versuche wurden hinsichtlich der Handlungsanweisungen und der ausgewerteten Parameter erweitert. Zudem wurden neben dem symmetrischen auch das lateralisierte Bereitschaftspotential (LRP) gemessen, das genauer anzeigt, wann eine bestimmte Bewegung vorbereitet wird. Gemäss Haggards und Eimers Ergebnissen geht auch das lateralisierte Bereitschaftspotential der bewussten Entscheidung zur Bewegung voraus und zwar um durchschnittlich 450 bis 550 Millisekunden[43].

IV. Argumente aus philosophischer und juristischer Sicht

Der Kritik der Hirnforschung am freien Willen widerspricht Bieri. Wie jeder Begriff, gehöre auch „Freiheit“ zu einer bestimmten Perspektive der Betrachtung und ergebe nur dort einen Sinn. Die Physiologie und Neurobiologie verfügten nicht über die begrifflichen Mittel, Phänomene wie Wille, Überlegungen oder Entscheidungen zu erfassen. Das Gehirn sei der falsche logische Ort für Ideen wie Freiheit oder Unfreiheit[44].

Aus strafrechtswissenschaftlicher Sicht wurde das Thema auf die seit vielen Jahrhunderten geführte Determinismus-Indeterminusmus Diskussion fokussiert[45]. Schiemann sieht die Chance, die strafrechtliche Schuldzuschrei-

40 Libet et al. (Fn 38), 627.
41 Libet et al (Fn 38), 640.
42 Libet et al (Fn 28), 641.
43 Patrick Haggard/Martin Eimer, „On the Relation Between Brain Potentials and the Awarness of Voluntary Movements“, *Experimental Brain Research* (1999), 126, 128–133.
44 Peter Bieri, „Untergräbt die Regie des Gehirns die Freiheit des Willens?“, *Beiheft 2005 zur Berliner Theologischen Zeitschrift* (2005), 20–31.
45 Gunnar Spilgies, „Die Kritik der Hirnforschung an der Willensfreiheit als Chance für eine Neudiskussion im Strafrecht“, *HSSR* (2005), 2, 43–51.

bung und Verantwortlichmachung zu überdenken[46]. Lüderssen hält den zum Teil weitreichenden Forderungen nach einer Reform des Schuldstrafrechts den infiniten Regress des sich von seiner jeweiligen Objektivierung distanzierenden Ichs entgegen. Dieses „letzte“ Bewusstsein könne nicht auf ein Bereitschaftspotential des Gehirns reduziert werden, weil hinter jeder Objektivierung „gleichsam ein neues Ich“ lauere. „Aber der Regress ist unendlich, das ‚wahre' Ich wird uns ewig unbekannt bleiben, zwingt also auch zur normativen Kapitulation“[47]. Burkhardt stellt das, was er das menschliche Freiheitsbewusstsein oder Freiheitserlebnis nennt, in den Mittelpunkt seiner Überlegungen, nämlich die im Alltagsbewusstsein enthaltene Überzeugung, im Prinzip verschiedene Handlungsalternativen offen zu haben. Er erinnert an Kants Diktum, dass die Freiheit eine notwendige praktische Voraussetzung dafür sei, dass der Mensch die Gebote der Vernunft als gültig ansehen könne, weshalb selbst der Fatalist stets so handeln müsse, als ob er frei wäre[48]. Phänomene wie Willensfreiheit und Intentionalität seien nur subjektiv wahrnehmbar und demnach nur aus der „Erste-Person-Perspektive“ zu erschliessen. Daher solle das Strafrecht den Menschen so sehen, wie er sich selbst erlebe. Das Erlebnis des Anderskönnens impliziere nicht, dass das deliberierende Subjekt in irgendeinem indeterministischen, kontrakausalen Sinne frei sei. Das Schuldprinzip sei folgerichtig, denn: „Es macht für den Menschen keinen Unterschied, ob er in einem indeterministischen Sinne frei ist oder ob er ‚nur' so entscheiden und handeln muss, als ob er frei wäre“[49].

V. Diskussion

Die Auffassung eines neurobiologischen Determinismus lässt sich drei unterschiedlichen Kernthesen zuordnen, die aufeinander aufbauen.

(1) *Kausalitätsthese:* Sämtliches menschliches Verhalten ist durch hirnbiologische Prozesse verursacht. Strafbare Handlungen haben ihre Ursache in neurobiologisch fassbaren Defiziten.

(2) *Determinismusthese:* Weil jegliches menschliches Verhalten durch hirnbiologische Prozesse verursacht ist, ist menschliches Verhalten durch diese Prozesse absolut determiniert. Darum sind auch alle strafbaren Handlungen eines Menschen vollständig durch hirnbiologische Prozesse determiniert.

(3) *These der mangelnden Verantwortung bzw. Schuldfähigkeit der Menschen:* Da alles menschliche Verhalten vollständig determiniert ist, gibt es keine individuelle Schuld. Demzufolge kann kein Straftäter im Sinne individueller Schuld für seine Taten verantwortlich gemacht werden.

46 Anja Schiemann, „Kann es einen freien Willen geben? Risiken und Nebenwirkungen der Hirnforschung für das deutsche Strafrecht“, *Neue Juristische Wochenschrift* 29 (2004), 2056–2059.

47 Klaus Lüderssen, „Wir können nicht anders“, *Frankfurter Allgemeine Zeitung* 2003, 33.

48 Björn Burkhardt, „Und sie bewegt uns doch: die Willensfreiheit“, *Das Magazin* (2003), 2.

49 Björn Burkhardt, *Düsseldorfer Thesen*, 2004, http://www.wz.nrw.de/Neuro2004/referenten/burkhardt.htm.

1. Zur Kausalitätsthese

Unbestritten gibt es neurobiologische Befunde, die mit bestimmten Fähigkeiten oder Defiziten assoziiert sind. Ebenso unbestritten ist es lohnenswert, auf diesem Gebiet weitere Forschungsanstrengungen zu intensivieren. Die vorliegenden Befunde betreffen bislang aber Einzelfälle oder spezifische Syndrome und sind daher derzeit nicht in der Lage, häufig vorkommende Verhaltensweisen abschliessend auf eine neurobiologische Kausalität zurückzuführen. Noch weit weniger kann durch den derzeitigen Forschungsstand strafbares Verhalten in toto oder auch nur für spezifische Täterkategorien kausal abschliessend erklärt werden. Möglicherweise wird die weitere Forschung für einzelne Fragestellungen neue Erkenntnisse zu Tage fördern. Es darf allerdings bereits heute vermutet werden, dass für häufig auftretende Phänomene multifaktorielle Erklärungen und multidimensionale Perspektiven auch in Zukunft die Vorgehensweise der Wahl darstellen werden. So stellt sich zum Beispiel die Frage, ob bestimmte neurobiologische Auffälligkeiten am Ausgangspunkt einer Ursachenkette stehen oder nicht selber Folge anderer Ursachen sind. Daher wird in vielen Fällen auch nur wenig über die Veränderbarkeit solcher Auffälligkeiten oder über ihre konkrete Verhaltensrelevanz im Längsverlauf gesagt werden können.

Um die Möglichkeiten mit neuen bildgebenden Verfahren betriebener neurobiologischer Forschungen für forensische Fragestellungen einordnen zu können, ist der Vergleich mit anderen medizinischen Bereichen hilfreich. Dabei ist ein wesentlicher Unterschied zwischen den meisten Fragestellungen der forensischen Psychiatrie und der Diagnostik in anderen medizinischen Fächern zu berücksichtigen. Wenn es um die Diagnose einer Krankheit geht, dann liegen zumindest theoretisch klar beschreibbare und replizierbare Symptome vor, die kausal eng auf eine potentiell abbildbare Ursache zurückzuführen sind. So ist es z. B. ein Erkenntnisgewinn, wenn bei Vorliegen motorischer und sensibler Ausfälle ein Hirntumor als Ursache ermittelt und damit Aussagen über den weiteren Verlauf der Erkrankung und der Behandlungsaussichten getroffen werden können. Für solche diagnostischen Fragen sind genauere bildgebende Verfahren besonders geeignet. Bei forensischen Fragen ist die „Symptomatik" das strafrechtliche Verhalten. Verhalten ist Ergebnis komplexer individueller und sozial interaktiver Prozesse und daher in der Mehrzahl der Fälle weniger gut experimentell replizierbar und auf eine umschriebene Ursache kausal zurückzuführen. Die „Symptomatik" zeigt sich in einer statistisch erhöhen Wahrscheinlichkeit für das Auftreten bestimmter Verhaltensweisen. Zumeist geht es zudem bei forensischen Fragestellungen darum zu klären, welcher Art risikorelevante Verhaltensdispositionen sind, wann sie mit welcher Wahrscheinlichkeit auftreten und wie sie zu beeinflussen sind. Allein die genaue Erfassung der „Symptome" stellt damit ungleich komplexere methodische Anforderungen und ist weit weniger regelhaft linear auf klar beschreibbare Ursachen zurückzuführen. In der krankheitsbezogenen Diagnostik ist aufgrund der potenziell – auch individuell und nicht nur gruppenstatistisch – nachweisbaren Kausalität zwischen replizierbaren Symptomen und fassbaren Krankheitsbefunden die Ätiologie viel eher experimentell am Einzelfall nachweisbar.

Obwohl der Einsatz bildgebender Verfahren in der Medizin besonders Erfolg versprechend ist, lassen sich zum Beispiel nur bei 10–15 % der Patienten mit Rückenbeschwerden fassbare anatomische oder neurophysiologische Ursachen feststellen[50]. Bei Multipler Sklerose ist das MRT zwar die Methode der Wahl für die Diagnosestellung. Für die Prognose des Krankheitsverlaufs ergibt sich aber nur eine moderate Korrelation zu den MRT Befunden. Es besteht zwar eine signifikante geringe Korrelation zwischen der Anzahl gefundener Herde und der Schubrate im nächsten Jahr, doch sind kaum Aussagen über den Grad zukünftiger Behinderung möglich[51].

Auch hinsichtlich der Ätiologie psychiatrischer Erkrankungen sind durch die funktionelle Bildgebung in den letzten zehn Jahren zwar grosse Fortschritte erzielt worden. Gleichwohl ist man selbst bei klar definierbaren Erkrankungen wie der Schizophrenie noch weit von abschliessenden Erklärungsmodellen entfernt[52].

Die funktionelle Bildgebung ist für die Diagnostik individuell definierbarer Erkrankungen, wie sie in den Beispielen angesprochen wurden, im Unterschied zur Beantwortung vieler forensischer Fragestellungen besonders geeignet. Dennoch werden die dort erzielten Ergebnisse nicht als Begründung so weitreichender Schlussfolgerungen verwandt, wie dies zum Teil für die vermeintliche Erklärung und Determinierung strafrechtlichen Verhaltens geschieht. Es kommt hinzu, dass strafbares Verhalten nicht primär unter einem Krankheitsbegriff zu subsumieren ist[53].

Zusammenfassend ist es vor diesem Hintergrund kaum vorstellbar, dass im forensischen Bereich eindimensionale Kausalitätsbeziehungen für komplexe menschliche Verhaltensweisen über lange Beobachtungsräume allein aus funktionell hirnbiologischen Befunden abgeleitet werden können. Es ist zwar interessant zu untersuchen, ob und inwieweit sich zum Beispiel Empathiedefizite bei dissozialen Straftätern auch in hirnbiologischen Korrelaten abbilden lassen. Bis auf weiteres sind die Empathiedefizite auf der Verhaltensebene aber ungleich präziser abbildbar als aufgrund von bildgebenden Verfahren. Das Primat des Verhaltens im Bereich der forensischen Psychiatrie führt dazu, dass die differenziertesten Aussagen über Art, Auftretenshäufigkeit und situative Verhaltensrelevanz von Empathiedefiziten aus der Analyse der entsprechenden Verhaltensweisen einer Person generiert werden können.

Es kommt hinzu, dass für den Nachweis hirnbiologischer Kausalität für spezifische strafrechtliche Verhaltensweisen ausserordentlich komplexe metho-

50 G. Waddell, *The back pain revolution*, Edinburgh: Churchill Livingstone, 1998.

51 L. Freitag et al., „Stellenwert der Magnetresonanztomographie bei Diagnose und Krankheitsmonitoring der Multiplen Sklerose“, *Schweizer Archiv für Neurologie und Psychiatrie* 151 (2000), 2, 47–56; L. Kappos et al., „Predictive Value of Gadolinium-enhanced Magnetic Resonance Imaging for Relapse Rate and Changes in Disability or Impairment in Multiple Sclerosis: a Meta-analysis“, *Lancet* (1999), 353, 964–969.

52 H. Tost et al., „Zehn Jahre funktionelle Magnetresonanztomographie in der Schizophrenieforschung: Von der Abbildung einfacher Informationsverarbeitungsprozesse zur molekulargenetisch orientierten Bildgebung“, *Radiologie* (2005), 45, 113–123.

53 Frank Urbaniok, „Der deliktorientierte Therapieansatz in der Behandlung von Straftätern: Konzeption, Methodik und strukturelle Rahmenbedingungen im Zürcher PPD-Modell“, *Psychotherapie Forum* 11 (2003), 4, 202–213.

disch-epidemiologische Herausforderungen zu bewältigen sind. So ist es zum Beispiel bis heute im Rahmen intensiver internationaler Prognoseforschung nicht gelungen, ein einheitlich verwendbares Prognosemodell für bestimmte strafrechtlich relevante Verhaltensweisen zu entwickeln. Dies liegt u. a. daran, dass gerade bei den Untersuchungen an Straftätern Stichprobenselektionsprozesse von grosser Bedeutung sind. So müssen u. a. biografische, kriminologische, soziodemographische, psychiatrische und Settingvariablen kontrolliert werden, um Zusammenhänge klar herauszuarbeiten. Die gegenwärtig gerechneten Modelle mit guter Aussagekraft weisen eine hohe Populationsspezifität auf und sind nicht ohne weiteres auf andere Gruppen von Straftätern übertragbar. Zudem stellt strafbares Verhalten an sich eine sehr grobe Kategorie dar. Es bedarf entsprechender Differenzierung in Subkategorien anhand von Tatmerkmalen. Ausserdem sind viele Einflussgrössen nicht wissenschaftlich manipulierbar, da sie aufgrund von juristischen Gegebenheiten bestimmt werden. Diese – wie die oben genannten – Faktoren können zwar in komplexen statistischen Modellen kontrolliert werden, erfordern aber grosse Stichproben (idealerweise N>500). Da sich darüber hinaus erneute Straftaten erst über viele Jahre in statistischer Signifikanz zeigen und zudem der Effekt von Haftzeiten kontrolliert werden muss, sind in der forensischen Forschung lange Katanmensezeiträume von minimal fünf Jahren erforderlich. In der Praxis sind Longitudinalstudien, die mit so langen Katamnesezeiträumen konzipiert wurden, selten und meist nur mit retrospektiven Designs zu erreichen. Dieses Procedere ist dann relativ unproblematisch, wenn Verhaltensvariablen, Informationen zum Delikt und sozioökonomische Daten erhoben werden. Neurobiologische Informationen sind retrospektiv allerdings nicht erhebbar, weshalb keine der grossen Risk-Assessment Studien solche Variablen enthält.

Die bislang vorgelegten neurobiologischen Untersuchungen an Straftätern beziehen sich auf Einzelfälle oder überwiegend auf hochselektierte Stichproben mit kleinen Fallzahlen und Vergleichsgruppen mit freiwilligen Probanden. Die Untersuchung Letzterer ist nicht geeignet, spezifische Kausalitäten nachzuweisen. So könnten gefundene Veränderungen auch auf psychiatrische Auffälligkeiten wie Depressionen, auf Folgen langjähriger geschlossener Unterbringung oder auf viele andere Faktoren zurückgeführt werden, in denen sich bestimmte Straftäterpopulationen von freiwilligen Vergleichspersonen unterscheiden.

Der Hinweis auf die vielfältigen methodischen Probleme macht neurobiologische Forschung im Bereich der forensischen Psychiatrie nicht unmöglich. Er macht allerdings deutlich, dass sie sowohl methodisch als auch finanziell äusserst aufwändig ist und die gegenwärtige Forschung weit von solchen methodischen Grundlagen entfernt ist. Es kann gegenwärtig nicht davon gesprochen werden, dass allgemeingültige kausale Beziehungen zwischen hirnbiologischen Korrelaten und spezifischen strafrechtlich relevanten Verhaltensweisen nachgewiesen wurden.

Selbst wenn sich im Übrigen solche Zusammenhänge regelhaft darstellen liessen, bleibt die Frage offen, ob ein neurobiologisches Korrelat in seiner kausalen Erklärungskraft immer anderen Dimensionen wie zum Beispiel genetischen Dispositionen, prägenden biografischen Einflüssen, situativen Wechselwirkungen und Interaktionen, der Beobachtung zugänglichen Kognitionen und vielen anderen Aspekten, die in gleicher Weise Kausalität beanspruchen können, überlegen ist.

2. Zur Determinismusthese

Zwar ist schon die Kausalitätsthese wie vorgängig beschrieben in der zum Teil vertretenen Allgemeingültigkeit nicht haltbar. Um die Argumentationskette weiter analysieren zu können, muss sie der Determinismusthese dennoch als Arbeitshypothese zugrunde gelegt werden:

Ausserhalb von streng monokausalen oder in ihrer Genese streng linear abbildbaren Phänomenen kommt kausalen Faktoren kaum je eine abschliessende determinierende Bedeutung zu. Häufig ist ein kausaler Faktor einer von mehreren, im Sinne einer Einflussvariable oder einer grundlegenden Disposition. Nur in den seltensten Fällen liegt eine vollständige Bedingtheit im Sinne einer dichotomen Unterscheidung nullprozentiger oder hundertprozentiger Determinierung vor. Meist, und dies trifft mit Sicherheit auf die Mehrzahl menschlicher Verhaltensweisen zu, ist die Frage nicht, ob, sondern in welchem Ausmass das Verhalten determiniert ist. Dem Grad der Determinierung liesse sich theoretisch eine Wahrscheinlichkeit für das Eintreffen der entsprechenden Verhaltensweise zuordnen. Determinierung ist daher in den meisten Fällen eine theoretisch graduell in stetigen Graden messbare Qualität zwischen 0–100 %. Die häufigste Frage lautetet daher: Wann, unter welchen Umständen, in welchem Ausmass ist ein bestimmtes Phänomen determiniert?

Eine absolute, also 100%ige Determinierung wäre streng empirisch nur dann nachweisbar, wenn anhand neurobiologischer, der Versuchsperson nicht zur Kenntnis gebrachter Befunde das exakte Verhalten einer Person vorausgesagt werden könnte. Es gibt derzeit kein Experiment, in dem dies gelungen wäre. Diesen Nachweis zu führen wirft für den Versuchsaufbau ohnehin erhebliche Schwierigkeiten auf. Selbst wenn dies aber für ein bestimmtes Verhalten gelänge, wäre damit noch nicht ausgesagt, dass ein möglicherweise nur leicht unterschiedliches Verhalten in eben der gleichen Weise 100%ig determiniert wäre.

Grundsätzlich wären die von Haggard und Libet[54] durchgeführten Experimente geeignet, einen empirischen Beleg in der dargestellten Weise zu erbringen. Wenn sich eine deutliche Ungleichzeitigkeit zwischen dem Nachweis bestimmter unbewusster Aktivitätspotenziale vor einer dadurch determinierten Willensentscheidung belegen liesse, wäre dies zumindest eine Relativierung des Konstrukts freier Entscheidungsmöglichkeit und käme den Handlungen aus Unkenntnis und ohne Reue nahe, die Aristoteles als nichtfreiwillig bezeichnete:

> „Bei denen, die aus Unwissenheit handeln, ist also zu unterscheiden: wer die Sache nachträglich bedauert, gilt als unfreiwillig Fehlender, wer kein solches Bedauern empfindet

54 Patrick Haggard, Benjamin Libet, „Conscious Intention and Brain Activity", *Journal of Consciousness Studies* 8 (2001), 11, 47–63.

werde – da er sich von ersterem unterscheidet – als ‚nichtfreiwillig' Fehlender bezeichnet"[55].

Nicht beizupflichten ist der von Peter Bieri geäusserten Kritik, das Phänomen des Willens sei prinzipiell nicht mit neurobiologischen Methoden überprüfbar[56], da die Neurobiologie den falschen logischen Ort für dieses Phänomen darstellten. Umso grösser die Ungleichzeitigkeit zwischen einem unbewussten neurobiologischen Vorgang und einer bewussten Willensentscheidung wäre, desto eher würde dies für eine prädisponierende Determinierung des Willens sprechen. Dieser Diskussion kann nicht allein mit dem Hinweis auf den richtigen oder falschen Ort von Begrifflichkeiten aus dem Wege gegangen werden.

Eine ganz andere Frage ist es hingegen, ob der Begriff des „freien Willens" mit seiner in der Tradition Kants liegenden engen inhaltlichen Nähe zu bewussten Kognitionen nicht besser zu Gunsten der Begrifflichkeit „einem Individuum verfügbarer Entscheidungsoptionen" ersetzt werden sollte, weil letztere die entscheidungsgenerierende Identität weniger auf bewusste Rationalität reduziert[57]. Der Grad an Entscheidungsoptionen, die einer handelnden Person zur Verfügung stehen, lässt sich aus praktischer Sicht eher an dem Spektrum ihrer Handlungsmöglichkeiten messen als an der Spekulation darüber, welche Anteile davon im Hellfeld bewusster Rationalität terminiert wurden. Selbst die Relativierung des Konzepts eines freien Willens wäre demnach bei genauer Betrachtung nicht in der Lage, zwingend Schlussfolgerungen hinsichtlich der Verantwortlichkeit einer Person für ihre Handlungen zu begründen. Lässt man den genannten Aspekt unberücksichtigt, so zeigt sich aber, dass die Libet Experimente nicht einmal geeignet sind, das eher angreifbare Konzept des „freien Willens" in Frage zu stellen. Die Experimente von Libet und Haggard liefern bislang nicht den Befund der Ungleichzeitigkeit und sind dementsprechend auch schon verschiedentlich kritisch reflektiert worden[58].

Ein Kritikpunkt betrifft Libets Auffassung von Bewusstsein, die seinen Versuchen implizit zugrunde liegt: Libet geht davon aus, dass Ereignisse zu einem ganz bestimmten Zeitpunkt bewusst werden. Dem hält Dennett entgegen, dass es keinen definierten Moment gibt, in welchem Bewusstsein beginnt, da im Gehirn stets verschiedene informationsverarbeitende Prozesse parallel laufen[59]. Nach Walter liegt Libets Schlussfolgerungen eine unzutreffende Theorie linear kausaler Intentionalität zugrunde. Intentionen seien nicht „unmittelbare Gehirnursachen", so dass die Möglichkeit in Betracht zu ziehen sei, „dass Libets Experimente überhaupt gar kein Bewusstsein von Intentionen untersuchen!"[60].

55 Aristoteles, *Nikomachische Ethik*, Buch III, 2. Kap., übers. und komm. von Franz Dirlmeier, 8. A., Berlin, 1983.
56 Bieri (Fn 44), 20 ff.
57 Immanuel Kant, Grundlegung zur Metaphysik der Sitten, *Sammlung Philosophie,* (hg. von J. Timmermann) Bd. 3, Göttingen, 2004.
58 K. Brücher/U. Gonther, „Zum Verhältnis von Willensfreiheit und Neurobiologie: Eine methodenkritische Untersuchung", *Fortschritte der Neurologie – Psychiatrie* (2005), Online-Publikation 2. November 2005.
59 Daniel C. Dennett, *Philosophie des menschlichen Bewusstseins*, Hamburg, 1994, 218 ff.
60 Henrik Walter, *Neurophilosophie der Willensfreiheit,* Paderborn, 1999, 306.

Der Grund für die Handbewegungen der Versuchspersonen sei nicht deren Intention, sondern die Instruktion vor dem Experiment.

Pauen stellt die Frage, ob die Entscheidung zur Handlung tatsächlich erst zu dem im Experiment gemessenen Zeitpunkt fällt bzw. ob das, was Libet misst, tatsächlich die Entscheidung ist. Er unterscheidet den Drang, der „über uns kommt“ von einer Entscheidung, bei der wir aktiv sind: „Entscheidungen kommen nicht über uns, sondern wir bestimmen sie.“ Zudem könne nur dann von Entscheidung gesprochen werden, wenn es verschiedene Handlungsalternativen gäbe, was bei den Experimenten aber nicht der Fall gewesen sei[61].

Was die Überprüfung der Libet-Experimente durch die Versuche von Haggard und Eimer betrifft, muss kritisch angemerkt werden, dass bei zwei der acht Probanden das lateralisierte Bereitschaftspotential erst nach der Entscheidung einsetzte[62]. Die postulierte kausale Abhängigkeit der bewussten Entscheidung vom LRP erscheint deshalb fraglich. Diese Skepsis wird durch eine Studie bestärkt[63], die das Phänomen des so genannten ‚Smearing Artefact' untersucht, einem systematischen Fehler bei der Bildung von EEG-Mittelwerten. Berücksichtigt man die Zeitverschiebung durch diesen Effekt, dann muss man das LRP wohl erst nach der bewussten Entscheidung ansetzen[64].

Eine weitere Fehlerquelle ortet Pauen in der Datierung eines kognitiven Prozesses im Vergleich zur visuell wahrgenommenen Uhr, weil Unterschiede in der Aufmerksamkeit schlecht zu kontrollieren sind, die Aufmerksamkeit aber eine zentrale Rolle für die Datierung von Reizen spielt[65]. „Ein Teil der Schwankungen könnte also darauf zurückzuführen sein, dass einige Versuchspersonen ihre Aufmerksamkeit auf den Entscheidungsprozess richteten, während andere sich auf die Uhr konzentrierten“[66].

Der Neuroanatom Zilles gibt zu bedenken, dass in der Hirnforschung umstritten ist, was dieses dem Bewusstwerden einer Entscheidung vorausgehende Bereitschaftspotential genau ist. Zilles hält es für möglich, dass es sich beim Bereitschaftspotential nicht bloss um einen motorischen Befehl an untergeordnete motorische Hirnstrukturen handelt, sondern dass dieses gleichzeitig das messbare Phänomen jener kognitiven Leistung sein könnte, die eine willentliche Entscheidung des Subjekts repräsentiert[67]. Ferner sei die Entscheidung in den Libet-Experimenten moralisch und emotional irrelevant. Dadurch würden möglicherweise andere Hirnmechanismen aktiviert als bei einer moralisch und emotional relevanten Entscheidung wie beispielsweise bei einer strafrechtlich bedeutsamen Handlung.

61 Michael Pauen, *Illusion Freiheit? Mögliche und unmögliche Konsequenzen der Hirnforschung*, Frankfurt a. M., 2004, 201 f.

62 Haggard/Eimer (Fn 43), 128 ff.

63 Jeff Miller/Judy A. Trevena, „Cortical Movement Preparation before and after a Conscious Decision to Move, *Consciousness and Cognition* (2002), 11, 162–190.

64 Miller/Trevena (Fn 63), 162 ff..

65 Saul Sternberg/Ronald L. Knoll, The Perception of Temporal Order: Fundamental Issues an a General Model, in: *The Perception of Temporal Order: Fundamental Issues and a General Model*, hg. von S. Kornblum, New York, 1973, 629–685.

66 Pauen (Fn 61), 208.

67 Karl Zilles, *Hirnforschung widerlegt die Freiheit nicht*, 2004, http://www. information-philosophie.de/philosophie/neurophilosophie5.html.

> „Die unvorstellbare Komplexität des Gehirns lässt Extrapolationen, die aus Befunden aus bewusst reduktionistisch gestalteten Experimenten abgeleitet werden, auf komplexe natürliche Situationen und Hirnmechanismen nicht zu, denn wir verstehen gegenwärtig noch nicht die Kodierungsprinzipien des Organs Gehirn auf der komplexen Systemebene“[68].

Zusammenfassend zeigen nach Pauen die aufgezeigten Probleme, dass „... die vorliegenden Daten bei weitem zu unzuverlässig sind, als dass sie grundsätzliche Schlüsse auf das Verhältnis von bewussten Entscheidungen und unbewussten neuronalen Prozessen erlaubten“[69].

Selbst wenn nun aber eine Ungleichzeitigkeit zwischen vorstrukturierenden hirnbiologischen Aktivitäten und der bewussten Wahrnehmung einer Willensentscheidung nachgewiesen werden könnte, wäre damit noch nichts über die vollständige Determinierung einer Handlungsweise im Sinne fehlender individueller Verantwortlichkeit ausgesagt. Hier empfiehlt es sich – wie bereits bemerkt – nicht von der problematischen Begrifflichkeit des freien Willens, sondern vom Spektrum vorhandener Entscheidungsoptionen eines handelnden Subjekts auszugehen. Eine verantwortungsrelativierende Determinierung wäre nur dann gegeben, wenn die Entscheidung über eine bestimmte Verhaltensweise (1) ausserhalb (z. B. durch Ausseneinwirkung ausgelöster Kniereflex), (2) weit entfernt von der personalen Identität eines Subjekts getroffen wird (Fliessgeschwindigkeit des Blutes in einem bestimmten Gefässabschnitt sehr weit entfernt von jeder bewussten Einflussnahme) oder (3) das Verhalten Zeichen eines stereotypen Automatismus hat (z. B. Zwangshandlungen).

Je näher sich vermeintliche Determinierungsprozesse aber in die Richtung von flexiblen psychischen Prozessen (Wahrnehmungen, Emotionen, Kognitionen) bewegen, sind die in diesem Umfeld generierten Entscheidungen persönlichkeitsnah und damit potenziell steuer- und beeinflussbar. Dies ist u. a. erkennbar, wenn die Handlungen einer Person nicht stereotyp, sondern Ergebnis einer Interaktion mit situativen Umständen sind. In dem Masse, in dem eine Variabilität des Verhaltens Entscheidungsmöglichkeiten innerhalb des personalen Systems deutlich macht, verliert die Frage an Bedeutung, welcher Teil dieses individuellen Entscheidungsprozesses sich im Hellfeld bewusster Wahrnehmung vollzieht und erinnert werden kann oder welche Teile dieses Prozesses in Randregionen bewusster Wahrnehmung oder sogar in unbewussten Prozessen lokalisiert sind. Wenn sich eine Person nicht immer gleich verhält bzw. ihre Verhaltensweisen nicht mit hundertprozentiger Sicherheit prognostiziert werden können, spricht dies gegen eine vollständige Determinierung des Verhaltens dieser Person.

Häufig wird die Determinismusthese in der Tradition der bis auf Demokrit zurück zu verfolgenden Determinismus-Indeterminismus Diskussion in abstrakter Weise als logische Folge der kausalen Ordnung der Dinge begründet. Jeder Zustand sei die Wirkung seines früheren und die Ursache des folgenden Zustands[70]. Das gilt natürlich nicht nur für neurobiologische Prozesse und Strukturen. Denn es gibt wieder einen Grund dafür, warum die neurobiolo-

68 Zilles (Fn 67).
69 Pauen (Fn 61), 206.
70 Spilgies (Fn 45), 43 ff.

gischen Strukturen und Prozesse so ausgestaltet wurden, wie sie sind. Dieser Grund lässt sich über Generationen hinweg in die Evolutionsgeschichte des Menschen, in die Entstehungsgeschichte der Erde und schliesslich mindestens bis zum Urknall zurückverfolgen.

Aus der Kausalität wird demnach abstrakt eine vollständige d. h. 100%ige Determinierung aller Folgen abgeleitet. Das einleitend dargelegte Modell nicht vollständig determinierender Faktoren wird diskreditiert als „auf intuitiven, alltagspsychologischen Vorstellungen beruhender Indeterminismus, dessen Vertreter zwar nicht leugnen, dass es Ursachen für Entscheidungen gebe, aber glauben, diese würden die Entscheidung nicht vollständig determinieren“[71]. Vor diesem Hintergrund erklärt Spilgies, dass der relative Indeterminismus logisch unhaltbar sei, weil eine „unvollständige Determiniertheit“ eine Contradictio in Adjecto sei. Kudlich weist allerdings mit Recht darauf hin, dass die Unmöglichkeit des relativen Indeterminusmus durch Spilgies nicht belegt sei und spricht damit den zentralen Schwachpunkt der abstrakten Determinusmusherleitung an[72].

Denn es stellt sich die Frage, wie die These, dass jeder Zustand des Universums und damit auch jedes menschliche Handeln zu 100 % determiniert ist, wissenschaftlich belegt werden kann.

Es wird argumentiert, dass aus der Kausalität notwendigerweise die vollständige Determinierung folgt. Nun kommen aber vor einem Ereignis häufig sehr viele konkurrierende Einflussfaktoren bzw. Ursachen in Frage. Abseits stringent monokausaler Zusammenhänge folgt aus dem absoluten Determinismus, dass es schon vor dem Ereignis eine hierarchisierende Ordnung zwischen allen Faktoren mit potenzieller Kausalität geben muss. Dieses Prinzip liesse sich – wie bereits gesagt – bis an den Beginn des Universums zurückverfolgen und bedeutet, dass mit der ersten Ursache, mit der Entstehung des Universums alles nachfolgende unausweichlich vorherbestimmt war. Die Zukunft wäre ebenso unveränderlich wie die Vergangenheit. Im ersten Grund wäre demnach bereits ein implizierter Informationsplan für alles weitere, ähnlich einem genetischen Programm vorhanden gewesen. Es wird eingewendet, die „fatalistische Determinismusthese“ der Vorbestimmtheit beruhe auf einem Missverständnis[73]. Allerdings folgt aus der Annahme einer 100 % Determinierung notwendigerweise eine vor jeder Wirkung bestehende Hierarchisierung, was in einen universellen Determinismus ohne alternativ denkbare Entwicklungsmöglichkeiten mündet. Auf diese universelle Determinismusthese lassen sich als Subspezifizierungen die Widerlegung der Evolutionstheorie ebenso aufbauen wie die Begründung des historischen Materialismus. Man kann diese These formulieren, es wird bei Darstellung ihrer Implikationen aber deutlich, dass sie sich auf keine logische Zwangsläufigkeit abstützen lässt. Damit bleibt als zweite Möglichkeit ihrer Begründung der Weg eines empirischen Belegs. Dieser ist nur auf einem Weg möglich.

71 Spilgies (Fn 45), 47.

72 H. Kudlich, „Rezension von: Gunnar Spilgies, Die Bedeutung des Determinismus-Indeterminismus-Streits für das Strafrecht: Über die Nichtbeachtung der Implikationen eines auf Willensfreiheit gegründeten Schuldstrafrechts“, *HRRS* (2004), 6, 217–220.

73 Spilgies (Fn 45), 43 ff.

Sofern jedes Geschehnis 100%ig determiniert ist, könnte theoretisch von jedem Ereignis X aufgeklärt werden, welche Faktoren – kausal – zu dem Ereignis geführt haben. Hätte man die im Nachhinein ermittelten kausalen Faktoren vollständig und richtig gewichtet vor der Verhaltensweise gekannt, dann wäre jedes Ereignis und jede Handlung auf Grund der dann offen gelegten vollständig determinierenden – weil kausalen – Faktoren 100%ig prognostizierbar gewesen. Der einzige empirische Beleg der absoluten Determinierung kann demzufolge nur durch den Nachweis 100%iger Prognostizierbarkeit erfolgen. Dieser empirische Nachweis ist allerdings bislang nicht nur nicht erbracht. Vielmehr kann dies sogar in jedem Fall, in dem die Prognose des Verhaltens nicht zu 100 % eintritt, als Grund dafür angeführt werden, dass nicht alle kausal wirksamen Faktoren bekannt oder entsprechend gewichtet wurden. Auf diesem Niveau handelt es sich also um eine These, die mit empirischen Methoden nicht falsifiziert werden kann. Das wiederum bedeutet, dass die These keine empirisch begründbare These ist, sondern ein Glaubenssatz.

Obwohl aus der absoluten Determinismusthese zwingend die theoretisch absolute Prognostizierbarkeit folgt, wird genau dieser Zusammenhang aber bestritten. So wird darauf hingewiesen, es gelte die ontologische und die epistemologische Ebene sauber auseinanderzuhalten“[74]. Da die Vorhersagbarkeit in praxi nicht gelingen könne, sei sie dem Laplaceschen Dämon vorbehalten[75]. Sich auf die mangelnde Realisierbarkeit der Vorhersage zu berufen, entspricht im Ergebnis allerdings einer Absage an die empirische Beweisführung.

Wenn die absolute Determinismusthese damit lediglich ein Glaubenssatz ist, für den es weder eine logisch zwingende Herleitung, noch einen empirischen Beleg gibt, kann nach der Plausibilität gefragt werden. Noch Einstein formulierte: „Jede andere Zukunft als die, die seit Ewigkeiten feststeht, ist unmöglich.“[76]. Demgegenüber führt die moderne Physik allerdings Bedenken gegen den absoluten Determinismus ins Feld. So sind zum Beispiel chaostheoretische Systeme zwar retrospektiv kausal erklärbar, es wird aber bezweifelt, dass sie prospektiv vollkommen determiniert sind[77]. Ferner wird darauf hingewiesen, dass die Quantenphysik für mikroskopische Teilchen eine probabilistische Zustandsfunktion zeigt. Das bedeutet nach Koch, dass im quantenmechanischen Bereich die Physik nicht deterministisch zu sein scheint[78]. Auch unter Hinweis auf die Heisenbergsche Unschärfenrelation gebe es nach den dominierenden Interpretationen der Quantenphysik auf subatomarer Ebene demnach absolute

74 Walter (Fn 60), 39.

75 Spilgies (Fn 45), 43 ff.

76 Rüdiger Vaas, Willensfreiheit, in: *Lexikon der Neurowissenschaft*, Bd. 3, Heidelberg/Berlin, 2001, 453.

77 J. Briggs/F.D. Peat, Die Entdeckung des Chaos: Eine Reise durch die Chaos-Theorie, München: Deutscher Taschenbuchverlag, 2001; B. Eckhardt, Chaos, Frankfurt a. M.: Fischer Taschenbuchverlag GmbH, 2004; Günter Koch, Kausalität, Determinismus und Zufall in der wissenschaftlichen Naturbeschreibung, Berlin, 1994; Günter Küppers, Chaos und Ordnung: Formen der Selbstorganisation in Natur und Gesellschaft, Ditzingen: Reclam jun., 1997.

78 Koch (Fn 77), 180 ff.

Zufälle. Die Kausalität sei hier nicht deterministischer, sondern probabilistischer Natur[79].

Letztlich geht es um die Glaubensfrage, ob man das Universum als schicksalhaft vorherbestimmt oder als ein sich adaptierendes und fortentwickelndes System mit Mechanismen denkt, die sich aus determinierenden, vorstrukturierenden und Ergebnis offenen Prozessen zusammensetzen. Weder die eine, noch die andere These ist empirisch zu falsifizieren. Darum formuliert Koch mit Bezug auf die Quantenmechanik zurecht: „Man kann darüber spekulieren, ob die Welt letzten Endes von deterministischen oder indeterministischen Gesetzen regiert wird, wovor man sich allerdings hüten muss, ist der Irrtum, diesen Glauben durch ein wie auch immer geartetes empirisches Faktum erhärten zu können“[80].

Zuletzt wendet sich die Argumentation des hirnbiologischen Determinismus gegen die eigenen Schlussfolgerungen. Geht man mit Kant[81] von der Unerkennbarkeit des Seins aus, dann ist jede Erkenntnis durch die Regeln und Strukturen des erkenntnistheoretischen Vorgangs geprägt bzw. kontaminiert. Schon allein aus diesem Grund kann aus einer erkenntnistheoretischen Kausalitätsordnung nicht auf die kausale Ordnung der tatsächlichen Vorgänge geschlossen werden. Hochhuth weist in diesem Zusammenhang darauf hin, dass die erkenntnistheoretischen Grenzen naturwissenschaftlicher Erkenntnisse in der aktuellen Diskussion nicht ausreichend berücksichtigt werden[82].

Trifft die Determinismusthese zu, dann ist ohnehin auch der Erkenntnisvorgang der Vertreter dieser These in seiner Entwicklung nicht offen. Er bildet dann nicht die möglichen Gegebenheiten, sondern nur die eigenen Determinationsstrukturen ab. Die Erkenntnis selber kann demzufolge kein aussagekräftiges Korrelat eines ausserhalb der erkennenden Person liegenden Phänomens sein, sondern ist vergleichbar mit dem freien Willen eine Illusion, die bereits vorab determinierend in den unbewussten hirnbiologischen Strukturen erzeugt wurde. Es geht dann wie Hochhuth zu Recht bemerkt, nicht mehr um sachliche Richtigkeit, sondern um „die biologisch stärksten Determinanten“[83].

3. Zur These der mangelnden Verantwortung bzw. Schuldfähigkeit des Menschen

Für die Ablehnung des Schuldprinzips ist die bereits dargestellte Verknüpfung zwischen Kausalität und daraus folgender 100%iger Determinierung von zentraler Bedeutung. Wer sich gegen diese 100 % Determinierung wende, gehe damit von der „Akausalität von Entscheidungen“ aus[84]. Dann seien Präventionsbe-

79 Koch (Fn 77), 180 ff.
80 Koch (Fn 77), 219.
81 Kant (Fn 57).
82 M. Hochhuth, „Die Bedeutung der neuen Willensfreiheitsdebatte für das Recht“, *Juristenzeitung* (2005), 15/16, 745–753.
83 Hochhuth (Fn 82)., 745 ff.
84 Spilgies (Fn 45), 46.

mühungen überflüssig, weil „jeder Schuldfähige rechtmässig handeln kann“[85]. Diese Schlussfolgerung basiert auf der Vorstellung, dass es nur eine von zwei Extremszenarien geben kann: 100%ige Determinierung oder vollkommene Akausalität, die unberechenbar ist. In dieser Sichtweise wird das Prinzip relativer Determinierung anhand einer empirisch nicht überprüfbaren Glaubensthese verworfen. Wie dargelegt, besteht hierzu aber kein Anlass, zumal das Prinzip relativer Determinierung, also die Bestimmung des Determinierungsgrades potenziell schuldvermindernder persönlichkeitsbezogener Faktoren der Kern jeder Schuldfähigkeitsbeurteilung ist. Dabei steht das Spektrum vorhandener Handlungsspielräume und damit die konkrete Verhaltensanalyse im Zentrum der Aufmerksamkeit. Es wird geprüft, ob und inwieweit ein Täter über Entscheidungs- und Verhaltenssteuerungsspielräume verfügt. Hierbei werden sowohl intraindividuelle als auch interindividuelle Vergleichsbeobachtungen zugrunde gelegt. Es findet also zum einen ein Vergleich der Handlungsspielräume des Täters zum Tatzeitpunkt mit den Handlungsspielräumen eines durchschnittlichen Täters in einer vergleichbaren Situation statt. Schon aus dieser Betrachtung wird deutlich, dass der Massstab nicht eine völlig gesunde oder uneingeschränkt handlungsfähige Person ist, sondern die theoretische Vergleichspopulation von Tätern mit ähnlichen Delikten. Noch wichtiger ist aber der intraindividuelle Vergleich. Hier wird überprüft, welche Handlungsspielräume ein Täter in anderen, z. B. früheren oder späteren Situationen und vor allem in der Tatsituation selber hatte. Es findet damit die Berücksichtigung der gesamten Lebensgeschichte, der Persönlichkeit des Täters und insbesondere der Merkmale der Tat selber statt. Gefragt wird danach, ob der Täter in der Lage war, das Unrecht seines Tuns zu erkennen (Einsichtsfähigkeit) und ob er in der Lage war, gemäss dieser Einsicht zu handeln (Steuerungsfähigkeit). Damit sind psychische Funktionen wie Willensbildungsfähigkeit, Entscheidfähigkeit, Kontroll- und Steuerungsfähigkeit und realitätsgerechte Wahrnehmungsfunktionen zum Tatzeitpunkt angesprochen. Entgegen der landläufigen Meinung bedarf es erheblicher Einschränkungen in diesen psychischen Funktionen, bevor eine Verminderung der Schuldfähigkeit attestiert werden kann. Die Dimension der Kausalität ist hierbei nicht entscheidend und auch nicht die Art der Gründe, ob sie nun neurobiologischer oder z. B. sozialisationsbedingter Natur sind. Entscheidend ist die Ausprägung der zum Tatzeitpunkt vorhandenen Defizite. Die Kausalität dieser Defizite ist dabei nur insofern von Interesse, als sie etwas über den Grad der Einschränkung der psychischen Funktionen aussagt, also über die Ausprägung der handlungsdeterminierenden Wirkung tatrelevanter in der Persönlichkeit des Täters vorhandener Defizite. Es wird daher das Ausmass beschrieben, in dem Persönlichkeitsmerkmale des Täters das Tatverhalten einerseits determinieren und andererseits Handlungsalternativen aufgrund fassbarer Defizite in Wahrnehmungs-, Willensbildungs-, Entscheid- und Steuerungsfunktionen verhindert werden. Es gibt keinen psychiatrischen, körperlichen oder neurobiologischen Befund, aus dem allein aufgrund seiner kausalen Bedeutung auf eine Verminderung der Schuldfähigkeit geschlossen werden kann. Ein Befund erhält nur dann Relevanz, wenn er in Bezug auf das Verhalten zum Tatzeitpunkt zu einer

85 Spilgies (Fn 45), 46.

erheblichen Einschränkung von Einsichts- oder Steuerungsfähigkeiten geführt hat. Aus diesem Grund kann allein aus dem Vorhandensein hirnbiologischer Befunde ohnehin nie eine Schuldverminderung abgeleitet werden. Ein solches Vorgehen wäre ohne Prüfung des individuellen Einzelfalls nur dann berechtigt, wenn generell von der vollständigen Determinierung jeglichen menschlichen Verhaltens ausgegangen würde, vor deren Hintergrund es keinerlei individuelle Verantwortlichkeit für das eigene Handeln gäbe.

Aus dem bisher Gesagten folgt aber, dass es angesichts der wissenschaftlich aktuell nicht belegten und erkenntnistheoretisch auch nicht belegbaren vollständigen Determinierung menschlichen Verhaltens keinen Grund gibt, das Konzept individueller Verantwortlichkeit und damit auch der individuellen Schuldmöglichkeit aufzugeben.

Daher muss jeder Befund ohnehin immer anhand der Analyse konkreter Verhaltensweisen einer Person hinsichtlich seiner praktischen Relevanz für die Beurteilung der Schuldfähigkeit überprüft und eingeordnet werden. Das Primat der Verhaltensanalyse gegenüber der abstrakten Gewichtung vermeintlicher Ursachen hat seine Berechtigung. Der Weg vom vermeintlich kausalen Ursprung bis zur konkreten Verhaltensweise ist durch so viele hoch komplexe Prozesse und Einflussfaktoren geprägt, dass es sinnvoller ist, die Analyse nicht vom Anfangspunkt, sondern vorwiegend vom Ergebnis her durchzuführen. Wenn vermutet wird, dass irgendwelche Befunde bestimmte Verhaltensweisen determinieren, dann ist der sicherste Weg, dies zu erkennen, die Verhaltensweisen selber zu betrachten. Umso deutlicher Planungs-, Entscheidungs-, Verhaltenssteuerungs-, Wahrnehmungs-, Denk- und Kontrollfunktionen in den Handlungen sichtbar werden, desto eher spricht dies gegen eine vollständige Determinierung bzw. eine eingeschränkte Schuldfähigkeit. Für die Einschränkung der Schuldfähigkeit reicht es nicht aus, dass ein bestimmtes Verhalten einen Grund hat. Zu prüfen ist vielmehr, in welchem Ausprägungsgrad psychische Funktionen, die für die Steuerung von Verhaltensweisen wichtig sind, eingeschränkt waren. Ein pädosexueller Straftäter begeht Delikte, weil er pädosexuell ist, also weil für ihn Minderjährige attraktive Beziehungs- und Sexualpartner sind. Die Kausalität alleine heisst aber keinesfalls, dass eine Person unbedingt sexuelle Handlungen mit Kindern ausführen muss. Im Gegenteil zeigt die Heterogenität der Handlungsweisen und der Verläufe pädosexueller Personen, dass die Pädosexualität keine 100 % determinierende Grösse ist. Wie viele andere partiell determinierende Faktoren handelt es sich vielmehr um eine Disposition, die mit einer erhöhten Wahrscheinlichkeit zu entsprechenden Handlungen im Vergleich zu Personen, die diese Disposition nicht aufweisen, einhergeht. Ob, in welchem Umfang und in welchen Situationen es aber zu konkreten sexuellen Handlungen kommt, ist von einer Vielzahl weiterer Einflussfaktoren und persönlichen emotional kognitiven Prozessen, sowie persönlichen Entwicklungen abhängig. Aus diesen Gründen ist die zuverlässigste Quelle zur Beurteilung vorhandener oder fehlender Entscheidungs- und Verhaltenssteuerungsoptionen die konkrete Verhaltensbeobachtung und Verhaltensanalyse.

VI. Zusammenfassung

Die aktuell weit beachteten und von einigen Autoren vorgetragenen Thesen der vollständigen neurobiologischen Determination menschlichen Verhaltens und der darauf gründenden Unmöglichkeit individueller Verantwortung und individueller Schuld sind durch mangelnde empirische Grundlagen einerseits und durch methodische Missverständnisse andererseits gekennzeichnet. Durch moderne neurobiologische Forschungsmethoden können wichtige Fortschritte hinsichtlich der Funktionsweise des Gehirns und psychischer Funktionen, die Einfluss auf menschliche Verhaltensweisen haben, erzielt werden. Vermutlich wird es Verhaltensweisen geben, die stärker mit hirnbiologisch fassbaren Korrelaten in Verbindung gebracht werden können und andere, bei denen ein solcher Zusammenhang weniger evident oder weniger stringent ist. Die Zukunft wird zeigen, in welchen Bereichen und für welche Personengruppen mit neurobiologischer Forschung Fortschritte im Bereich der Diagnostik, der Prognostik und möglicherweise auch bei Therapieverfahren und der Dokumentation von Therapieverläufen erreicht werden können. Hierfür sind weitere differenzierte Studien zu einer Fülle von Detailfragen notwendig. Für diesen notwendigen und wünschenswerten Prozess sind Schlussfolgerungen, durch die nicht einlösbare Erwartungen geschaffen werden, eher hinderlich.

ZWEITER TEIL: VOTEN

Markus Christen, Zürich

Naturalisierung von Autonomie

Der Kern des westlichen Autonomieverständnisses ist die Idee der Selbstgesetzgebung. Der Mensch will sein Wollen und Handeln nicht als fremdbestimmt ansehen, sondern als Ergebnis eines eigenen Abwägungsprozesses. Dieses in der Neuzeit massgeblich von Immanuel Kant geprägte Konzept von Autonomie geht über die Forderung der Überwindung von politischer Fremdherrschaft, so die antiken Wurzeln des Autonomiebegriffs, hinaus. Vielmehr wird Autonomie in direktem Bezug zur Selbstgesetzlichkeit des vernunftbegabten Individuums gesetzt und erhält damit in der Kant'schen Philosophie den Status eines genuin ethischen Grundbegriffs. Diese Selbstgesetzgebung geschieht aber nicht völlig frei, sondern findet ihre Grenzen im kategorischen Imperativ. Dieser gebietet dem Menschen bei der Bestimmung der eigenen moralischen Gesetze das Einnehmen einer Dritt-Person-Perspektive, von welcher aus alle Menschen aus vernünftigen Gründen dem Gesetz zustimmen können. Zudem drückt Autonomie im Sinne von Kant die Fähigkeit des Willens aus, Handlungen bis zu einem gewissen Grad unabhängig vom Mechanismus der Naturkausalität verursachen zu können. Der Mensch ist nicht einfach ein Glied der Sinneswelt, dessen Handlungen „gänzlich dem Naturgesetz der Begierden und Neigungen, mithin der Heteronomie der Natur gemäss genommen werden müssen".[1]

Dieses Autonomieverständnis gehört zum philosophischen Fundament der westlichen Rechtsauffassung. Autonomie bezeichnet, der antiken Begrifflichkeit folgend, nicht nur Rechtssetzungskompetenzen bestimmter menschlicher Gemeinschaften, sondern sie ermöglicht in ihrer auf das Individuum zielenden Form das Etablieren von Verantwortung. Diese bildet die Basis für die Zuschreibung von Schuld im Rahmen eines Gerichtsprozesses. Determinierende Elemente, welche im Einzelfall die Wahrnehmung von Autonomie und Verantwortung beeinträchtigt haben, gelten denn auch vor Gericht als mildernde Umstände. Von nicht zu unterschätzender Bedeutung ist das psychologische Moment, sich als Träger von Verantwortung und damit als autonomes Subjekt ansehen zu können, so dass ein allfälliger Rechtsbruch als Ergebnis des eigenen Handelns und nicht von passivem Bestimmtsein angesehen wird.

Dieses Autonomieverständnis ist seit den Tagen von Kant mit Kritik konfrontiert worden, die sich an zwei Grundfragen orientiert. Wie ist die Freiheit des menschlichen Willens mit dem Wissen über naturgesetzliche Komponenten menschlicher Denkprozesse und Handlungen vereinbar? Wie lassen sich nicht-naturkausale Grenzen der Autonomie verstehen, welche diese von der Willkür bzw. vom Zufall derart unterscheiden, dass Autonomie in Verbindung mit einer Ethik gebracht werden kann? Die erste Frage führt zum Determinismusproblem und wird mit dem Problem der Willensfreiheit in Verbindung gebracht. Die zweite

1 Immanuel Kant, Grundlegung zur Metaphysik der Sitten, *Werke in sechs Bänden*, Bd. 3, Köln: Könemann Verlagsgesellschaft, 1995, 453 (Originalausgabe: 1785. Seitenangabe gemäss Original).

Frage beinhaltet das Problem der Begrenztheit der Autonomiefähigkeit durch religiöse und soziale Aspekte. Vorab die zweite Problematik – das Spannungsverhältnis zwischen Autonomie und einer religiös fundierten Ethik – wurde nach der Veröffentlichung der Kant'schen „Grundlegung" von einer Reihe von Philosophen diskutiert, zumal mit den damaligen Vorstellungen einer Seele noch ein plausibler Träger von Willensfreiheit zur Verfügung stand. Heutzutage werden die biologischen und sozialen Dimensionen der Begrenztheit der menschlichen Autonomiefähigkeit betont. Hierbei bilden insbesondere naturwissenschaftliche Erkenntnisse über die Natur der Autonomiefähigkeit – gewonnen unter anderem in der Neurowissenschaft – und tiefere Einsichten in die gegenseitige Abhängigkeit von Akteuren in einer modernen, durch die wirtschaftliche Globalisierung geprägten Gesellschaft eine Herausforderung für den klassischen Autonomiebegriff. Unter Einbezug der technischen Forschung mit dem Ziel der Konstruktion künstlicher autonomer Systeme wird damit insgesamt ein Projekt einer Neuformulierung bzw. Naturalisierung des Autonomiebegriffs sichtbar, das die philosophischen Aspekte von Autonomie beiseite zu schieben droht. Autonomie im Sinne von Selbstgesetzgebung ist schliesslich nur eine formale Bestimmung. Die sich heute als relevant herauskristallisierende Frage ist, ob es einen Katalog inhaltlicher Kriterien gibt, der festlegt, wann ein Subjekt als autonom gilt. Unter „Naturalisierung von Autonomie" wird hier die Suche nach einem empirisch fassbaren Set von Kriterien von Autonomiefähigkeit verstanden. Dieser Beitrag will deutlich machen, dass dieses Projekt aus sehr unterschiedlichen Perspektiven und Motiven verfolgt wird und Auswirkungen haben kann, die für das Recht relevant sind.

Gewiss ist sich auch die Philosophie des schillernden Charakters des Autonomiebegriffes gewahr geworden. In der zeitgenössischen Diskussion finden sich denn auch zahlreiche Versuche zur Engfassung des Autonomiebegriffs. Ein bereits klassischer Ansatz definiert Autonomie im Hinblick auf die motivierenden Wünsche des moralischen Subjekts.[2] Rationalistische Konzeptionen sehen Autonomie im Bezug auf ein sich selbstständiges Bewegen in einem abstrakten „Raum der Gründe"[3] oder betonen, dass der Autonomiebegriff eng mit der Urheberschaft der eigenen Handlungen[4] oder der naturalistischen Unterbestimmtheit unserer Handlungs- und Urteilsgründe[5] verknüpft werden sollte. Andere Ansätze suchen eine engere Anlehnung an die Idee, wonach Autonomie auf biologisch fundierten Fähigkeiten und sozial gegebenen Möglichkeiten basiert. So könnten beispielsweise die Lebensgeschichte[6] oder die eingegangenen Beziehungen[7] als „Marker" für gelebte Autonomie gelten.

2 Harry G. Frankfurt, Autonomy, Necessity and Love. In: *Vernunftbegriffe in der Moderne*, hg. von Hans F. Fulda/Rolf-Peter Horstmann R-P, Stuttgart: Clett-Kotta, 1994, 433–447.

3 Wilfrid Sellars, *Empiricism and the Philosophy of Mind*, Cambridge: Harvard University Press, 1956.

4 Michael Pauen, „Freiheit und Verantwortung. Wille, Determinismus und der Begriff der Person", *Allgemeine Zeitschrift für Philosophie* 26 (2001), 1, 23–44.

5 Julian Nida-Rümelin, *Über menschliche Freiheit*, Stuttgart: Reclam, 2005.

6 John Christman, „Autonomy and Personal History", *Canadian Journal of Philosophy* 21 (1991), 1, 1–24.

7 Catriona Mackenzie/Natalie Stoljar, *Relational Autonomy: Feminist Perspectives on Autonomy, Agency, and the Social Self*, New York: Oxford University Press, 2000.

Trotz dieser vielgestaltigen Autonomiedebatte in der zeitgenössischen Philosophie dürften die wesentlichen Impulse für eine explizite oder implizite Naturalisierung von Autonomie aber aus anderen Bereichen kommen. Die folgenden Disziplinen stehen dabei im Zentrum:

- In der Neurowissenschaft ist die Suche nach „neurobiologischen Grundlagen" von Entscheidungsfindung, *moral agency* und von Phänomenen mit begrifflicher Nähe zu Autonomie (Vertrauen, Kooperation etc.) zu einem Trendthema geworden, in das aus unterschiedlichen Gründen bedeutende Ressourcen gesteckt werden.[8] Es ist kein Zufall, dass Neurowissenschaftler wie Gerhard Roth generell lieber den Begriff „Autonomie" statt „Willensfreiheit" verwendet, wobei ersterer die Fähigkeit beinhalte, aus individuellen Erfahrungen heraus zu handeln.[9] Der Begriff Autonomie wird deshalb verwendet, weil dieser für eine naturwissenschaftliche Herangehensweise und Klärung weit geeigneter erscheint als „Willensfreiheit".
- In der Medizin ist die Feststellung von Autonomiefähigkeit ein wichtiges empirisches Problem geworden, nachdem Autonomie zu einem zentralen Element der Medizinethik geworden ist.[10] Dieses Problem stellt sich in besonderer Schärfe bei neurodegenerativen Krankheiten, bei welchen die „Infrastruktur der Autonomiefähigkeit" (das Gehirn) einem langsamen, aber stetigen Verfall preisgegeben ist.[11] Weiter stellen sich praktische Probleme im Rahmen des *informed consent* und bei Patientenverfügungen, welche allesamt mit der Frage einer empirischen Engfassung des Autonomiebegriffs verbunden sind.
- In der Technologie ist der Bau autonomer technischer Systeme Ziel umfassender Forschungen. Aufgrund der zunehmenden Komplexität technischer Systeme sowie ihrer laufend ausgeweiteter Einsatzräume sollen diese Artefakte Eigenschaften wie Lernen, selbst gesteuertes Verhalten, automatisiertes Problemlösen und Selbstreparatur aufweisen. Da zudem der Grad der Durchdringung der modernen Gesellschaft durch technologische Systeme ein Ausmass erreicht hat, das die Steuerung dieser Systeme durch den Menschen erschwert, wird der „menschliche Faktor" zwecks Vermeidung von Fehlern zunehmend ausgeschaltet.[12] Auch die Grundlagenforschung fokussiert, teilweise im Verbund mit der Neurowissenschaft, die Erforschung „autonomer Systeme" mit „autonomienahen Fähigkeiten" und folgt damit dem epistemischen Prinzip der Kybernetik, wonach man „Autonomie" dann verstanden habe, wenn man sie „nachbauen" kann.

8 Markus Christen, *Abklärung des möglichen Beitrags der Neurowissenschaft und der Verhaltensforschung zum Verständnis moralischer Orientierung,* Pilotstudie im Rahmen des Forschungsprojektes „Grundlagen moralischer Orientierung" des Ethik-Zentrums der Universität Zürich, Alber Verlag, in press.

9 Gerhard Roth, *Fühlen, Denken, Handeln. Wie das Gehirn unser Verhalten steuert*, Frankfurt a. M.: Suhrkamp Taschenbuch Wissenschaft, 2003.

10 Tom Beauchamp/James F. Childress, *Principles of Biomedical Ethics*, 5. A., Oxford: Oxford University Press, 2001.

11 Agnieszka Jaworska, „Respecting the Margins of Agency: Alzheimer's Patients and the Capacity to Value", *Philosophy & Public Affairs* 28 (1999), 2, 105–138.

12 Markus Christen, „Schuldige Maschinen? Autonome Systeme als Herausforderung für das Konzept der Verantwortung", *Jahrbuch für Wissenschaft und Ethik* 9 (2004), 163–191.

Auch in den Sozialwissenschaften lassen sich diverse Untersuchungen sozialer Systeme im Sinn der Bestimmung „determinierender Elemente“ von interagierenden *autonomous agents* finden – dies teilweise mit sozialtechnologischen Motivationen. Auch wenn man nicht behaupten kann, dass hier die Konturen eines expliziten Forschungsprogramms zur „Naturalisierung von Autonomie“ sichtbar werden, gibt es dennoch eine Vielzahl von Forschungen, die Bausteine zu einem solchen Naturalisierungsprojekt liefern werden. Vorab die alltagsrelevanten Aspekte hinsichtlich Medizin und Technologie dürften einen Beitrag zur Unterminierung der klassischen Idee von Autonomie als Selbstgesetzgebung des Menschen leisten. Einerseits könnten ausgefeilte Kriterien gefunden werden, die zum Ausschluss von Menschen aus der Klasse der autonomiefähigen Wesen (in der Medizin) führen dürften. Andererseits werden wir vermehrt mit technischen Systemen konfrontiert, die ein gewisses Eigenleben haben – sich also „autonom“ verhalten und damit in der Alltagserfahrung die Grenze zur menschlichen Autonomiefähigkeit verwischen könnten. Im Verbund mit einer durch die mediale Berichterstattung forcierten Weltsicht einer stärkeren gegenseitigen Abhängigkeit menschlicher Gemeinschaften, der vermehrten Betonung des „Komplexitätsarguments“ in der Politik – also die Behauptung eines Komplexes von Sachzwängen, welche autonome politische Gestaltung verunmögliche – sowie die sich in vielfältiger Hinsicht äussernden Kontroll- und Steuerungsideen komplexer Systeme (z. B. Umweltmanagement) dürfte ein diffuses, in der Wirkkraft nicht zu unterschätzendes Gefühl entstehen lassen, wonach der klassische Autonomiebegriff zwar begrifflich wohl abgrenzbar bleibt, praktisch aber nicht mehr relevant ist. Kurz: die Menschen fühlen sich zur Selbstgesetzgebung praktisch nicht mehr in der Lage.

Diese Entwicklung dürfte das Recht stärker beeinflussen als abstrakte Diskussionen über die Möglichkeit der Willensfreiheit angesichts neuer Erkenntnisse der Neurowissenschaft.[13] Eine radikale Änderung des Strafrechts ist aus dieser Perspektive nicht zu erwarten. Schliesslich geht das Recht schon seit langem davon aus, dass Menschen zwar die Befähigung zum Treffen rationaler Entscheidungen haben. Das Recht berücksichtigt aber durchaus die Grenzen dieser Fähigkeit. Es ist nicht anzunehmen, dass die Neurowissenschaft die minimalen Anforderungen an die Fähigkeit zum Treffen solcher Entscheidungen untergräbt.[14] Die Frage ist vielmehr, inwieweit die oben geschilderten Entwicklungen die *Wahrnehmung* dieser Fähigkeit erschweren. Zwei Problemklassen stellen sich: Erstens werden schwierige Probleme in gesetzgeberischer Hinsicht entstehen. Zweitens kann die empirische Engfassung unserer Autonomiefähigkeit einen Einfluss auf die Art der Ausgestaltung des Strafrechts haben.

Die erste Klasse bildet sich aus Problemen, die sich aus den einzelnen genannten Forschungsprojekten ergeben. Ein Beispiel ist die Frage nach dem Status, denen man empirischen Kriterien für die Festlegung der Autonomiefähigkeit von Patienten einräumen kann, je ausdifferenzierter diese werden.

13 Terrence Chorvat/Kevin McCabe, „The Brain and the Law", *Philosophical Transactions of the Royal Society of London B* 359 (2004), 1727–1736.

14 Joshua Greene/Jonathan Cohen, „For the Law, Neuroscience Changes Nothing and Everything", *Philosophical Transactions of the Royal Society of London B* 359 (2004), 1775–1785.

Schliesslich ist es nicht von vornherein einsichtig, dass diese Ausdifferenzierung zu einer klareren Grenzziehung beitragen wird. Ein weiteres Beispiel sind praktische Fragen hinsichtlich der Verantwortlichkeit bei Fehlleistungen technischer autonomer Systeme, da nicht von vornherein klar ist, ob autonome Systeme gleichsam begrifflich aus der Verantwortungsproblematik ausgeschlossen werden können. Ausgehend vom klassischen Handlungsbegriff sind sie zwar keine Subjekte der Verantwortung, doch der klassische Handlungsbegriff ist zu starr, um Handlungsfolgen komplexer Systemzusammenhänge – in welche autonome Systeme eingebettet sind – hinsichtlich der Verantwortungsproblematik beurteilen zu können. Es bestehen gute Gründe dafür, dass autonome Systeme einen irreduziblen Anteil an einem Objekt der Verantwortung bilden, das Problem der Zurechenbarkeit von Verantwortungsobjekt und -subjekt erschweren und die Wirksamkeit des Verantwortungsappells bei Menschen abschwächen.[15] Sie können damit Gegenstand einer Zuschreibung von Verantwortung sein.

Die zweite Problemklasse betrifft die Frage nach den rechtlichen Auswirkungen einer Änderung der Psychologie des Autonomiebegriffs. So ist vom Standpunkt des Rechts nichts dagegen einzuwenden, wenn die Neurowissenschaft bessere Kriterien für die Bestimmung von Unzurechnungsfähigkeit findet. Fraglich ist aber, was passieren wird, wenn die Anwendung dieser Kriterien dazu führt, dass der überwiegende Teil beispielsweise von Gewaltverbrechen gar nicht mehr als autonom verursachte Handlungen angesehen würde. Im Zug einer Naturalisierung von Autonomie könnten Gesetze damit zunehmend einen rein sozialtechnologischen Charakter erhalten, die ihre Gültigkeit aus einer technokratischen und nicht mehr politischen Argumentation schöpfen.

Letzteres sollte in einem grösseren Zusammenhang gesehen werden. Die optimistischen Prognosen hinsichtlich des „Endes der Geschichte“ und der Überlegenheit des liberalen, demokratischen Systems, die nach dem Fall der Mauer auftraten,[16] sind einer Ernüchterung gewichen. Man sollte das Erfolgspotential rigider Gesellschaftssysteme, in welchen das autonome Subjekt kaum eine Rolle spielt, sowohl in wirtschaftlicher (China) als auch weltanschaulicher Hinsicht (islamischer Fundamentalismus) nicht unterschätzen. Versuche zur Naturalisierung von Autonomie dürften hier schwer abzuschätzende Einflüsse haben. Man sollte sich in diesem Zusammenhang überlegen, inwiefern Autonomie Ergebnis eines Art „Setzungsprozesses“ ist und dem Individuum zugebilligt wird, unabhängig von der vielfältigen Bedingtheit des eigenen Handelns. Insofern könnte Autonomie auch ein Element zur Reduktion von Komplexität sein, was für die Entdeckung des Neuen unabdingbar ist – ein zweifellos noch weiter auszuführender Gedanke.

15 Christen (Fn. 12).
16 Francis Fukuyama, „The End of History“, *The National Interests* 16 (1989), 4–18.

Lukas Gschwend, St. Gallen und Zürich

Konsequenzen aus den Erkenntnissen der Hirnforschung für Straf- und Privatrecht?

Kleine Nachlese zur Frage nach der rechtlichen Verantwortlichkeit vor den neuesten Ergebnissen der Neurowissenschaften betreffend die Willensbildung des Menschen

I. Strafrechtliche Aspekte

Aus den Vorträgen der Kollegen Roth und Urbaniok ging deutlich hervor, dass sie die Erkenntnisse der Hirnforschung hauptsächlich zur Erklärung von delinquentem Verhalten im Bereich der Gewalt- und Sexualkriminalität heranziehen. Dagegen hat niemand versucht, die aktuellen Forschungsergebnisse der Neurowissenschaften zur Erklärung komplexer Wirtschaftsdelinquenz oder tatbestandsmässigen Verhaltens im Bereich der Delikte gegen den öffentlichen Verkehr, gegen den öffentlichen Frieden, Staat und Landesverteidigung oder gegen die Rechtspflege zu verwenden. Immerhin bildet die Gewalt- und Sexualdelinquenz glücklicherweise nur ein vergleichsweise schmales Segment der Gesamtkriminalität in den westlichen Ländern.

Diese Selbstbeschränkung widerspiegelt die Relativität der Anwendbarkeit neurowissenschaftlicher Erkenntnisse für die Erklärung von Kriminalität. Über die Dopamin- und Serotoninsysteme und die Vernetzung von Hirnarealen allein lässt sich nicht adäquat erklären, weshalb ein Mensch während Jahren erfolgreich eine Unternehmung aufbaut und organisiert und irgendwann damit beginnt, mittels komplexer Verschachtelung von Holding-Unternehmen, falschen Angaben über dieselben und Umlenkung von Kapitalflüssen, Gläubiger, Aktionäre und Arbeitnehmer in ihren finanziellen Interessen massiv und nachhaltig zu schädigen. Insbesondere ist die Hirnforschung nicht in der Lage, den Unterschied zwischen einem erfolgreichen, rechtstreu wirkenden Manager und einem Wirtschaftsdelinquenten, der hohe Deliktssummen generiert, zu erklären. Sie kennt auch nicht die Gründe dafür, weshalb eine Person mit ausserordentlich starkem Antriebssystem ein erfolgreicher Wissenschafter oder Politiker wird, während eine andere Person mit ebenso starkem Antrieb hochgradig kriminelle Energie entfaltet und zu einer Schlüsselfigur innerhalb einer kriminellen Organisation avanciert. Hierfür liefern die sozialwissenschaftlich und psychologisch fundierten Theorien der Kriminologie plausible Ergebnisse, nicht aber die Neurowissenschaften.

Immerhin verleiht die deklarierte Eingrenzung der Aussagekraft neurowissenschaftlicher Erkenntnisse für das Strafrecht dieser besonderen Überzeugungskraft. So lässt sich zwischen einer im frühen Kindesalter erworbenen Störung des Serotoninsystems und dissozial-aggressivem Verhalten eines Jugendlichen ein überzeugender, strafrechtlich relevanter Kausalzusammenhang aufzeigen. Freilich muss angesichts dieser hohen Plausibilität jedoch vermieden werden, dass die Strafrechtswissenschaft neurowissenschaftlichen

Erkenntnissen *a priori* eine höhere Aussagekraft einräumt als anderen sozial- und psychowissenschaftlichen Erklärungen. Die Folge einer solchen Priorisierung der Naturwissenschaft würde einen unerwünschten Rückfall in den alten, unproduktiven Streit zwischen Kriminalpsychiatrie und Psychologie begünstigen, der seine Wurzeln in der Auseinandersetzung zwischen Psychikern und Somatikern im 19. Jahrhundert findet.[1]

Die Tagung hat auch gezeigt, dass niemand, weder Hirnforscher noch Psychiater, Juristen oder Philosophen eine absolut kausalnotwendige Determination der menschlichen Willensbildung annehmen. Nicht immer, aber sehr oft, verfügt der Mensch über gewisse – freilich niemals unbeschränkte – innere Wahlmöglichkeiten, deren er sich auch bewusst ist oder jedenfalls werden kann. Ob dieser Wahl objektiv-absoluter Charakter zukommen soll oder ob sie als soziale Konstruktion angenommen wird, spielt für die strafrechtlichen Folgerungen primär keine Rolle, da kriminelles Verhalten sowie Strafen gesellschaftlich geprägte und wirkungsmächtige Faktoren sind und keiner absoluten Definition unterliegen. Wo die Wahlmöglichkeit bedingt durch eine biologisch-psychologische Ursache fehlt oder eingeschränkt ist, liefert das Strafrecht mittels gänzlichen oder teilweisen Ausschlusses der Zurechnungsfähigkeit von der Rechtswissenschaft grossmehrheitlich anerkannte, dogmatische Möglichkeiten zur Berücksichtigung des Ausnahmezustandes. Das bedeutet, dass der Normalfall die Zurechnungsfähigkeit und damit die Pflicht zur Übernahme von strafrechtlicher Verantwortung für das eigene Verhalten impliziert. Die Zurechnungsfähigkeit braucht daher im Einzelfall grundsätzlich auch nicht nachgewiesen zu werden. Sie ist anzunehmen, soweit nicht durch die Art und die Umstände der Tat bzw. durch die Persönlichkeit des Täters erhebliche Zweifel an deren Vorliegen zur Tatzeit geweckt werden, welche eine Exploration des Angeschuldigten durch einen psychiatrisch-psychologischen Sachverständigen notwendig machen. Der Grundsatz der Individualverantwortung beruht auf der Vorstellung, dass Menschen durch mehr oder weniger vernünftige Motive determinierbar sind und geht einher mit der Annahme sozialer Berechenbarkeit menschlichen Verhaltens. Diese Annahmen sind von existentieller Bedeutung für jedes erfolgreiche gesellschaftliche Zusammenleben. Diese finale Sichtweise ist auch der Hirnforschung keineswegs fremd.

Die Tagung hat gezeigt, dass auch die neuesten Erkenntnisse der Hirnforschung die Grundzüge des Schuldstrafrechts und der damit verbundenen Zurechnungsfähigkeit weder erschüttern können noch wollen.[2] Sie hat jedoch konkreten Anpassungsbedarf im Bereich von Strafen und Massnahmen (Massregeln) aufgezeigt. Dem Psychiater erscheint ein Ausbau des Massnahmensystems als wichtiges Desiderat. Die nachträgliche Sicherungsverwahrung

1 Vgl. dazu Lukas Gschwend, *Zur Geschichte der Lehre von der Zurechnungsfähigkei: Ein Beitrag insbesondere zur Regelung im Schweizerischen Strafrecht*, Diss., Zürich: Schulthess, 1996 (Zürcher Studien zur Rechtsgeschichte, 33), 209 ff.

2 Vgl. dazu auch Lukas Gschwend, Verantwortung und Strafrecht, in: *Der Mensch – ein freies Wesen? Autonomie – Personalität – Verantwortung*, hg. von Heinrich Schmidinger/Clemens Sedmak, Darmstadt: Wissenschaftliche Buchgesellschaft, 2005, 289–306 sowie Marcel Senn/Lukas Gschwend, *Rechtsgeschichte II – Juristische Zeitgeschichte*, 2. A., Zürich: Schulthess, 2004, 175 ff.

im künftigen Schweizerischen Strafrecht wird von Frank Urbaniok als grosse Errungenschaft gewürdigt, während Strafrechtler dagegen rechtsstaatliche Bedenken erheben. Aus juristischer Sicht erscheint die zeitlich unbefristete Verwahrung stets problematisch, steht sie doch dem strafrechtlichen Prinzip einer genauen qualitativen und quantitativen Festlegung der staatlichen Sanktion durch den Richter entgegen. Andererseits werden sich wohl keine Juristen finden, welche die Entlassung eines offensichtlich nicht gebesserten und rezidivanfälligen Gewalt- oder Sexualdelinquenten aus dem Strafvollzug als notwendigen Kollateralschaden einer konsequenten Umsetzung des Legalitätsprinzips vorbehaltlos zu akzeptieren bereit sind. Die Sicherung der Gesellschaft vor schweren Verbrechen ist im Rahmen der Verhältnismässigkeit ein prioritäres Ziel der Verbrechensbekämpfung in einer modernen Gesellschaft, welche auf den Grundsätzen von Humanität und individueller Integrität beruht.

Kaum zum Ausdruck kam jedoch eine weitere mögliche Folgerung aus den Erkenntnissen der modernen Hirnforschung: Die modernen Strafrechtssysteme verstehen sich allesamt als Schuldstrafrecht. Es entspricht einem entwickelten Rechtsbewusstsein, dass die psychischen Prozesse auf Seiten des Täters, welche zum Delikt führen, für die Begründung und Bemessung der Strafe zu berücksichtigen sind. Dazu gehören Vorsatz (Wissen und Willen) bzw. Fahrlässigkeit (Voraussehbarkeit und Vermeidbarkeit) sowie die Einsicht in das Unrecht bzw. die Fähigkeit gemäss dieser Einsicht zu handeln.[3] Freilich handelt es sich hierbei um Kriterien, welche moraltheologische Wurzeln haben. Jedenfalls widerstrebt es dem westlich-abendländischen Gerechtigkeitsdenken, Unrecht nur nach dem Erfolg und nicht primär nach der Schuld zu ahnden. Die moderne Hirnforschung zeigt nun aber, dass genau jene Deliktskategorien, welchen der höchste Unrechtsgehalt zugeschrieben wird, die folglich mit den höchsten Strafen bedroht werden, sehr oft von hirngeschädigten Tätern verübt werden. Damit wird ein Widerspruch evident. Offenbar prägt der deliktische Erfolg bzw. das Ausmass der Empörung in der öffentlichen Wahrnehmung auch heute noch massgeblich das rechtliche Strafmass. Die schweren Gewalt- und Sexualdelikte verletzen das Rechtsbewusstsein der Bevölkerung am schwersten, weshalb die Strafgesetzbücher entsprechend hohe Strafen vorsehen. Die konsequente Umsetzung des Schuldstrafrechts könnte allenfalls zu einer tendenziellen Reduktion des unteren Strafrahmens bei diesen Delikten führen, soweit flankierende Massnahmen ergriffen werden, die dem Schuldgedanken nicht unterliegen. Dagegen müssten die Strafrahmen jener Delikte, die sich nicht neurowissenschaftlich erklären lassen allenfalls nach oben korrigiert werden, zumal eine allgemeine Exkulpations- oder Milderungstendenz jedenfalls nicht aus der Hirnforschung heraus begründet werden kann. Immerhin gilt es zu beachten, dass die Psychowissenschaften diverse neurowissenschaftlich nicht erklärbare psychische Störungen kennen, die geeignet sind, die Einsicht ins Unrecht bzw. die Fähigkeit gemäss derselben zu handeln, einzuschränken oder auszuschliessen.

3 Die dogmatischen Konsequenzen der heute herrschenden finalen Handlungslehre berühren den hier vertretenen Begriff des Schuldstrafrechts nicht.

II. Konsequenzen für das Privatrecht

Während der Tagung war oft die Rede vom Strafrecht, nur ganz marginal jedoch wurde das Privatrecht angesprochen. Anwesende Inhaber privatrechtlicher Lehrstühle, wie Claire Huguenin, Peter Breitschmid oder Peter Gauch haben dieses Defizit moniert. Tatsächlich reflektiert der historische und gegenwärtige rechtswissenschaftliche Diskurs über die Urteilsfähigkeit im Privatrecht in viel geringerem Ausmass die Erkenntnisse der Psycho- und Neurowissenschaften. Diese wiederum ignorieren weitgehend die privatrechtlichen Anwendungsbereiche. Die privatrechtliche Urteilsfähigkeit beinhaltet nach Schweizerischem Zivilgesetzbuch (ZGB), Art. 16, die Fähigkeit, „vernunftgemäss zu handeln". Der explizite Bezug auf die Vernunft wurde in der analogen Strafrechtsdebatte um die Zurechnungsfähigkeit bereits im 19. Jahrhundert fallen gelassen. Allzu schwer lastete auf dieser Definition der damals als überholt empfundene kantsche Vernunftbegriff. Tatsächlich können Neuro- und Psychowissenschaften mit der Fähigkeit, vernunftgemäss zu handeln, wenig oder gar nichts anfangen. Der soziale Konstruktionscharakter ist offensichtlich und kaum bestritten. In der Praxis kommt Art. 16 ZGB zur Anwendung, wenn strittig ist, ob eine mündige Person zur Zeit eines Vertragsschlusses oder einer Willenserklärung im Vollbesitz ihrer intellektuellen und volitiven Fähigkeiten war oder wenn unklar ist, ob Unmündige die Bedeutung und Konsequenzen einer Willenserklärung richtig verstehen und abschätzen konnten. Im Vertragsrecht ist entscheidend, ob der mit einer urteilsunfähigen Person kontrahierende Partner von diesem Mangel hätte Kenntnis haben sollen. Die Sozialdienste der psychiatrischen Kliniken haben oft mit der Ungültigerklärung sowie mit Rückabwicklungen von Verträgen zu tun, die psychisch gestörte Menschen im Zustand fehlender Urteilsfähigkeit abschlossen. In der Regel werden pragmatische Lösungen gesucht, welche weder rechts- noch neurowissenschaftliche Argumente bemühen.

Die möglichen privatrechtlichen Konsequenzen neuer Erkenntnisse der Hirnforschung dürfen deswegen jedoch keineswegs vernachlässigt werden. Es sind daher einige Fragen im Sinn von Gedankenanregungen zu formulieren: Sind Vertragssituationen denkbar, die einen scheinbaren Willenskonsens beinhalten, der unter Berücksichtigung neurowissenschaftlicher Erkenntnisse jedoch als faktischer Dissens entlarvt werden müsste? Immerhin würde im Falle einer gezielten Manipulation zufolge Verletzung von Treu und Glauben der Vertrag durch das Vertrauensprinzip nicht geschützt werden können. Ist es beispielsweise möglich, das Kaufverhalten von Menschen durch unbewusste Einflüsse auf das Gehirn und die Nervenreizleitung – etwa durch künstliche Stimulation von Botenstoffen – derart zu manipulieren, dass ein vom Käufer ungewollter Kauf getätigt wird, dessen Abschluss als nicht vernunftgemäss im Sinne von Art. 16 ZGB erlebt wird? Das Wettbewerbsrecht kennt solche Überlegungen. Gibt es Grenzen der Kundenbetreuung im Rahmen einer gezielten neurowissenschaftlichen Beeinflussung eines potentiellen Vertragspartners? Liefern die Neurowissenschaften neue Erkenntnisse, welche für die Beurteilung und Interpretation letztwilliger Verfügungen fruchtbar gemacht werden können? Löst allenfalls die Erbringung einer Dienstleistung unter Einfluss eines artifiziellen Neurostimulans besondere Haftungsfolgen aus bei mangelhafter

Vertragserfüllung? Kann der Verkäufer, der seine Kunden mittels gezielter Einwirkung auf gewisse dem Bewusstsein entzogene Hirnareale, welche ein Konsumbedürfnis auslösen, manipuliert, für Gesundheitsschäden, die aus dadurch hervorgerufenem (übermässigen) Konsum (Genussmittel, Nahrung, Medikamente, Computerspiele, Pornografie etc.) resultieren, haftbar werden?

Die Privatrechtswissenschaft wird sich auch abgesehen von solchen Missbrauchskonstellationen vermehrt Gedanken darüber machen müssen, inwiefern der explizite Vernunftbezug für die Definition der Urteilsfähigkeit noch zeitgemäss ist, zumal der Inhalt des zivilrechtlichen Vernunftbegriffs von jenem der neueren Philosophie oder Psychologie doch recht deutlich abweicht. Solange die Fähigkeit vernunftgemässen Verhaltens begrifflicher Bestandteil der Urteilsfähigkeit bleibt, wird ein materieller Austausch mit den Neurowissenschaften durch die Begrifflichkeit behindert.

Carlo Regazzoni, Therwil

Das menschliche Schicksal im Spannungsfeld von Notwendigkeit und Freiheit

Gedanken zu der von Gerhard Roth anlässlich der Fachtagung der Schweizerischen Vereinigung für Rechts- und Sozialphilosophie aus der Sicht der Hirnforschung vertretenen These über Willensfreiheit, Schuld und Verantwortung

I. Einleitung: These, Antithese

Eine Herausforderung für die in Bern am 19./20. Mai 2006 versammelten Juristen waren die von Gerhard Roth vorgetragenen Überlegungen zum traditionellen Schuldbegriff. Diese Gedanken waren eine Zusammenfassung von Thesen die er bereits in seinem 2001 erschienenen Werk „Fühlen, Denken, Handeln – Wie das Gehirn unser Verhalten steuert“[1] sowie unter anderem in seinem Beitrag zum Thema „Das Gehirn und seine Freiheit – Beiträge zur neurowissenschaftlichen Grundlegung der Philosophie“[2] vertreten hatte.

Ausgehend von der Frage, „wer oder was bestimmt unser Verhalten?“ bemühte sich Roth nachzuweisen, wie sich die entsprechenden Antworten *„zwischen den Extremen einer völligen Fremdsteuerung und einer völligen Eigensteuerung des Individuums“*[3] bewegen. In der Evolutionslehre, die „den Menschen als Rädchen im unaufhaltsamen Gang der biologischen Evolution“ auffasst, erblickt unser Autor eine Neuauflage des antiken Schicksalsgedankens, wonach die einzelnen Menschen und selbst die Götter „an ein nach ehernen Gesetzen ablaufendes Weltgeschehen ohne Ziel und Sinn (ein fatum) ausgeliefert wären.“[4]

Die Gegenseite dagegen vertrete *„die Auffassung des – zumindest teilweise – bewusst und frei über sein Schicksal bestimmenden Individuums.“*[5] Sie ist im Verständnis Roths die bis heute geltende *“Grundlage des abendländischen Gesellschafts-, Rechts- und Erziehungssystems“.* Für sie sei *„der Mensch in seinem Fühlen, Denken und Handeln nicht vollkommen durch seine biologische Natur einschliesslich seiner Hirnvorgänge festgelegt […]“* Dementsprechend hielten sie daran fest, dass *„seine Subjektivität und Intentionalität*

1 Gerhard Roth, *Fühlen, Denken, Handeln: Wie das Gehirn unser Verhalten steuert*, Frankfurt a. M.: Suhrkamp Verlag, 2001, 12.

2 Gerhard Roth, Willensfreiheit und Schuldfähigkeit aus Sicht der Hirnforschung, in: *Das Gehirn und seine Freiheit: Beiträge zur neurowissenschaftlichen Grundlegung der Philosophie*, hg. von Gerhard Roth/Klaus-Jürgen Grün, Göttingen: Vandenhoeck & Ruprecht, 2006, 9–27.

3 Roth (Fn 1), 12.

4 Roth (Fn 1), 12.

5 Roth (Fn 1), 13.

(das Handeln aus Gründen und nicht aus Ursachen) und auch seine Gesellschaftlichkeit die biologische Natur des Menschen transzendieren."[6]

Gegen die zweite These bringt Roth[7] folgende Einwände:

- Wir erleben uns zwar als frei, woraus jedoch nicht zwingend folgt, dass wir auch frei sind;
- Wir erleben uns zwar als Wollende und benötigen ein solches Erlebnis, *„um bestimmte innere und äussere Widerstände zu überwinden"*. Da wir nicht erleben, *„wie Wünsche und Absichten aus dem Unbewussten ins Bewusstsein aufsteigen"*, stellt sich die Frage, ob wir auch frei sind für uns überhaupt nicht. Wünsche und Absichten werden *„automatisch dem Bewusstsein als Quelle zugeschrieben"* und entsprechend *„als Gründe und Motive, nicht aber als kausal wirkende Faktoren"* erfahren;
- Ein nicht vollständig von Wünschen und Motiven bestimmter Wille wird vom Zufall regiert;
- Der Begriff der Willensfreiheit muss den Gegebenheiten der Handlungspsychologie und Neurobiologie angepasst werden, welche nachgewiesen haben *„wie Handlungen, bei denen wir uns frei fühlen, im Gehirn vorbereitet und ausgeführt werden"*.

Ein unvoreingenommener Beobachter musste nach der Rede von Roth zur Feststellung gelangen, dass die Rechtswissenschaft und die Neurobiologie sich zueinander wie These und Antithese verhalten: Den Vertretern der Rechtswissenschaft geht es um den Nachweis, dass Rechtsnormen ohne Annahme der menschlichen Schuld- und Deliktfähigkeit zu reinen Ordnungsmassnahmen erniedrigt würden. Dagegen machen die Vertreter der Neurobiologie den von der klassischen Physik vertretenen Determinismus geltend. Dabei wird man in mancherlei Hinsicht an die von Kant in seiner Einleitung zur *„Kritik der reinen Vernunft"* vorgebrachte Argumentation erinnert.[8]

Eine Herausforderung liegt vor, wenn der Vortragende seine Erklärungen mit der Absicht abgibt, die Hörerschaft dadurch zum Widerspruch zu reizen, dass er als gesichert geltende Standpunkte anficht. Um dieser Herausforderung zu begegnen, sollen die Einwände der Neurobiologen im Lichte der herkömmlichen Ontologie einer kritischen Prüfung unterzogen und die mangelhafte Unterscheidung zwischen den von ihnen beobachteten Tatsachen und deren Auslegung nachgewiesen werden. Jede Auslegung geht von bestimmten Voraussetzungen aus, die nicht mehr in Frage gestellt werden dürfen, ohne damit auch das daraus hervorgehende Gedankengebäude zum Einsturz zu bringen. Zu diesem Zwecke sollen folgende Gesichtspunkte untersucht werden:

- Das Ausmass der Herausforderung;
- Das Weltbild der Neurobiologen;

6 Gerhard Roth, Willensfreiheit und Schuldfähigkeit aus Sicht der Hirnforschung, in: *Das Gehirn und seine Freiheit, Beiträge zur neurowissenschaftlichen Grundlegung der Philosophie*, hg. von Gerhard Roth/Klaus-Jürgen Grün, Göttingen: Vandenhoeck & Ruprecht, 2006, 9.

7 Roth (Fn 6), 10 f.

8 Vgl. zu diesem Problem Carlo Regazzoni, *Sittliche Normen und sinnvolle Lebensgestaltung,* Heidelberg: Kerle Verlag, 1968 (Sammlung Politeia 22), Kap. II.

- Die Unzulänglichkeit einer rein neurobiologischen Erklärung menschlichen Verhaltens;
- Das menschliche Schicksal im Spannungsfeld von Freiheit und Notwendigkeit.

II. Das Ausmass der Herausforderung

1. Ohne Freiheit keine Schuld- und Deliktfähigkeit

Die Schuld- und Deliktfähigkeit des Menschen ist zwar ein unentbehrliches Erfordernis einer jeden Rechtsprechung. Es ist jedoch nicht Sache der Rechtswissenschaft sie zu beweisen. Rechtssätze entstehen, wie der deutsche Rechtstheoretiker Claus-Wilhelm Canaris[9] mit Recht hervorhebt, aus den Verknüpfungen zwischen einem Tatbestand und einer Rechtsfolge. Sie bringen Vorwegnahmen von Handlungen zum Ausdruck, welche eintreten werden sobald bestimmte Bedingungen erfüllt sind. Damit Sanktionen gegen einen Täter angewendet werden können, gilt es zuvor aufzuzeigen, dass dessen Tun, aus welchem der Schaden hervorgegangen ist, den Tatbestand der Freiwilligkeit erfüllt. Wendet man auf die vorhergehende Einsicht den Umkehrschluss an, so ergibt sich, dass gegen Handlungen, die als unausweichlich erkannt werden, keine Sanktionen angewendet werden dürfen. Wäre es anders, müsste das Strafrecht ohne den Begriff menschlicher Schuld- und Deliktfähigkeit auskommen und würde dadurch seinen Bezug zur menschlichen Person verlieren. Es wäre dann zu einem ordnungsstiftenden Instrument politischer Herrschaft erniedrigt. Diese Sicht wird neben Roth auch von Wolf Singer vertreten[10].

Man kann aus dieser kurzen Beschreibung die Schlussfolgerung ziehen, dass es nicht nur um das Strafrecht, sondern um Inhalte ontologischer und sittlicher Art geht, die im Strafrecht zur Geltung gelangen.

2. Das Urgewissen als ontologische Voraussetzung menschlicher Delikt- und Schuldfähigkeit

Gemäss der Lehre des Thomas von Aquin ist eine Handlung lobenswert, wenn sie die Rechtschaffenheit der inneren Gesinnung widerspiegelt[11]. Der Ort dieser Innerlichkeit ist das menschliche Gewissen. Es ist dementsprechend als das Spiegelbild menschlicher Innerlichkeit und ontologischer Urgrund menschlichen Handelns anzusehen.

Bei der ontologischen Begründung geht Thomas von Aquin von einer bildlichen Darstellung der verschiedenen Rangordnungen der Dinge in der Welt

9 Claus-Wilhelm Canaris, *Methodenlehre der Rechtswissenschaft,* 3. A., Berlin/Heidelberg: Springer-Verlag, 1995, 72 ff.

10 Vgl. hierzu Roth (Fn 6),18 ff.

11 „Et ideo exteriori conversatio habet rationem honesti secundum quod est demonstrativa interioris rectitudinis." Thomas von Aquin, *Summa Theologiae*, Cura et Studio Sac. Petri Caramello, cum textu ex recension Leonina, Taurini-Romae, 1952, II–II.145.1.3.

aus. Jede einzelne Rangordnung steht mit der ihrer über- oder untergeordneten Ordnung in Berührung.[12] Auf diese Weise nehmen die Dinge einer unteren Rangordnung an der ihnen übergeordneten Ordnung teil. Die reinen Geister, welche sich an der oberen Spitze der Rangordnung befinden, verfügen über die Fähigkeit, die Wahrheit unmittelbar und ohne den Umweg über den Diskurs zu erfassen[13]. Etwas von dieser Fähigkeit besitzt auch die menschliche Natur, indem sie auf Grund einer ihr innewohnenden ursprünglichen Veranlagung die theoretischen und praktischen Grundsätze des Denkens und Handelns sowie Verstösse dagegen unmittelbar, und ohne den Umweg über den Diskurs, zu erfassen vermag[14]. Diese Veranlagung nennt Thomas von Aquin das Urgewissen.

Ohne das Urgewissen wäre der Mensch deswegen kaum in der Lage äussere Einflüsse von sich zu weisen, weil dadurch jeder Widerstand ihnen gegenüber gebrochen und sie zu äußeren Zwängen würden[15]. Deswegen schliesst das Urgewissen stets die Möglichkeit ein, sich anders als erwartet zu verhalten. Nur einem solchen Subjekt kann ein Verdienst angerechnet und nur gegen ein solches Subjekt lassen sich Vorwürfe erheben, welche die Anwendung von Sanktionen rechtfertigen[16]. Wer hingegen aus innerer oder äusserer Notwendigkeit handelt, verdient nach Thomas von Aquin keinen Tadel sondern Nachsicht. Seinen Standpunkt begründet Thomas von Aquin mit dem Hinweis, dass eine solche Person deswegen nicht einzusehen vermag, dass sie für ihr Tun Rechenschaft abzulegen hat,[17] weil es für sie die Möglichkeit, sich auch anders zu verhalten, gar nicht gibt.

12 „Naturae enim ordinatae ad invicem sic se habent sicut corpora contiguata, quorum inferius in sui supremo tangit superius in sui infimo; unde et inferior natura attingit in sui supremo ad aliquid quod est proprium superioris naturae, imperfecte illud participans." Thomas von Aquin, Quaestiones Disputatae: Vol. I: *De Veritate,* Cura et Studio P.Fr. Raymundi Spiazzi, Editio IX revisa, Taurini-Romae 1953, 16.1.c.

13 „Naturalis enim modus cognoscendi et proprius naturae angelicae est, ut veritatem cognoscat sine inquisitione et discursu; humanae vero proprium est ut ad veritatem cognoscendam perveniat inquirendo, et ab uno in alio discurrendo." Thomas von Aquin (Fn 12), 16.1.c.

14 „Unde et in natura humana, inquantum attingit angelicam, oportet esse cognitionem veritatis, sine inquisitione et in speculativis et in praticis; et hanc quidem cognitionem oportet esse principium totius cognitionis sequentis, sive speculativae sive practicae, cum principia oporteat esse stabiliora et certiora. Unde et hanc cognitionem oportet homini naturaliter inesse, cum hoc quidem cognoscat quasi quoddam seminarium totius cognitionis sequentis; sicut et in omnibus naturis sequentium operationum et effectum quaedam naturalia semina praeexistunt. Oportet etiam hanc cognitionem habitualem esse, ut in promptu existat ea uti cum fuerit necesse." Thomas von Aquin (Fn 12), 16.1.c.

15 „Cum illud quod fit ex violentia, sit extra naturam (quia violentum est cuius principium principium est extra, nihil conferente vim passo; naturale autem est, cuius principium est intra)." Thomas von Aquin, *In octo libros Physicorum Aristotelis Expositio*, Cura et studio P. M. Maggiòlo O.P. Taurini-Romae, 1954, V/X, 740.

16 „Omnis autem actus humanus habet rationem peccati vel meriti inquantum est voluntarius." Thomas von Aquin, *Quaestiones Quodlibetales*, Cura et Studio P. Fr. Raymundi Spiazzi, Editio IX, Taurini-Romae 1956, 3.12.2.

17 „Quia non inculpamur nisi de his quae voluntarie facimus, de quibus etiam rationabiliter increpamur. Necessitas autem violentiae est contraria voluntati et excogiationi, ut dictum est; et ideo rationabilius dicitur, quod violentia non sunt culpabilia." Thomas von Aquin,

Die Möglichkeit, sich auch anders zu verhalten, ist die ontologische Grundlage menschlicher Verantwortung. Man ist soweit verantwortlich als man in der Lage ist einzusehen, dass einem die Folgen des eigenen Tuns deshalb angerechnet werden können, weil sie von uns gewollt waren. Ohne ein derartiges Bewusstsein wäre verantwortliches Handeln und folglich auch Schuld ausgeschlossen, denn ohne sittliches Gewissen kann ein Mensch die an ihn gerichtete Forderung, seine Handlung nach bestimmten Vorgaben auszurichten, nicht mehr wahrnehmen. Das Fazit dieser Ausführungen lautet: Das menschliche Urgewissen begründet die menschliche Schuld- und Deliktfähigkeit.

III. Die Einwände der Neurobiologen

Die Neurobiologen bestreiten zwar in keiner Weise, dass Menschen sich als *„autonome, selbstbestimmte Agenten“* erleben, doch sehen sie darin nichts anderes als *„kulturelle Konstrukte“* des Gehirns[18]. Aus der Sicht der Neurobiologen gibt es diesbezüglich zwei Denkrichtungen: den Dualismus und den Interaktionismus.

Der Dualismus wird vertreten von der in der Ontologie verankerten Anthropologie. Danach ist der Mensch, als ein körpergebundener Geist, zwar den Naturgesetzen ausgesetzt, besitzt aber dennoch die Fähigkeit die äussere Welt in seinem Bewusstsein zu vergegenwärtigen und in der Folge gestaltend auf sie einzuwirken.[19] Dieser Auffassung halten die Neurobiologen das *„Verursachungsproblem“* entgegen, das sie mit *„bekannten Naturgesetzen“* unvereinbar mache. Deswegen wird der Dualismus von ihnen zu den *„unwiderlegbaren Überzeugungen“* gerechnet.

Bei der zweiten – von den Neurobiologen ebenfalls abgelehnten Denkrichtung – handelt es sich um den vom australischen Hirnforscher Sir John C. Eccles[20] vertretenen Interaktionismus. Dieser unterscheidet den *„selbstbewussten Geist“* vom Gehirn. Zwischen beiden liegt *„eine Beziehung der Interaktion“* vor, welche *„bis zu einem gewissen Grad Korrespondenz ergibt, jedoch nicht Identität“.*[21] Diese Position erklären Neurobiologen zwar für unbefriedigend, jedoch lässt ihre Zurückweisung insofern eine Voreingenommenheit erkennen,

In duodecim libros metaphysicorum Aristotelis exposito, Cura et Studio P. Fr. Raymundi Spiazzi O.P., Taurini-Romae, 1950, WA V/VI, 831.

18 Wolf Singer, Vom Gehirn zum Bewusstsein, in: *Der Beobachter im Gehirn, Essays zur Hirnforschung,* hg. von Wolf Singer, Frankfurt a. M.: Suhrkamp Taschenbuch, 2002, 62.

19 „Eine, die dualistische, postuliert für die wollende Ich-Instanz einen immateriellen Dirigenten, der das neurale Substrat nur nutzt, um sich über die Welt zu informieren und seine Entscheidung in Handlungen zu verwandeln.“ Wolf Singer, Verschaltungen legen uns fest: Wir sollten aufhören, von Freiheit zu sprechen, in: *Hirnforschung und Willensfreiheit, Zur Deutung der neuesten Experimente,* hg. von Christian Geyer, Frankfurt a. M.: Suhrkamp Verlag, 2004, 57.

20 Näheres dazu in dem von John C. Eccles bearbeiteten Teil über das Verhältnis von Selbstbewusstsein und Gehirn in: Karl. R. Popper/John C. Eccles, *Das Ich und sein Gehirn,* übers. von Angela Hartung/Willy Hochkeppel, München/Zürich: R. Piper & Co.Verlag, 1989, 428 ff.

21 Eccles (Fn 20), 435.

als sie ihre Ablehnung des Dualismus zur Voraussetzung hat. Wir werden darauf im nächsten Kapitel zurückkommen.

1. Das Weltbild der Neurobiologen

In der Form eines Leserbriefes verfassten Kritik stellt Hans Burkhardt[22], ein Münchener Philosoph und Arzt, bei den Neurobiologen *„eine Schwäche für Dogmen"* fest. Eines davon ist *„der Physikalismus"*. Für die Philosophie ist der Physikalismus eine metaphysische These, dass nur Dinge als existierend anzuerkennen sind, die nach den Kategorien der Physik bestimmbar sind. Obgleich sehr umstritten, wird diese Theorie von vielen Philosophen der Gegenwart und Naturwissenschaftlern vertreten. Mit dieser Theorie steht ein scheinbar notwendiger Determinismus im Zusammenhang.

Die Neurobiologie möchte, dass ihre Thesen als das Ergebnis exakter wissenschaftlicher Forschung verstanden werden. Daraus lässt sich ihre Hinwendung zum Physikalismus und einem damit scheinbar notwendigerweise verbundenen Dogmatismus insofern begründen, als für den Physikalismus die Kontingenz ein unüberwindbares Problem darstellt. Kontingent heisst eine Sache dann, wenn sie sowohl geschehen als auch nicht geschehen kann. Man muss sie, mit anderen Worten, als nicht unbedingt notwendig erkennen. Eine solche Einsicht lässt sich jedoch nur aus einem Vorverständnis begründen, das dem von der Neurobiologie vertretenen Grundsatz der Wirk- und Zweckursächlichkeit widerspricht. Es muss nämlich angenommen werden, dass eine Sache nur deshalb existiert, weil sie von einem ausserhalb des kausalen Ablaufs der Dinge existierenden ontologischen Subjekt gewollt wurde. Da seit Kant[23] die Wissenschaft ohne solche Begriffe auszukommen hat, blieb den Neurobiologen keine andere Wahl, als sich jenem Bereich zuzuwenden, den sie als nach den Methoden der Naturwissenschaft für einwandfrei bestimmbar hielten. Diese Vorgaben sehen sie in den von kausaler Notwendigkeit bestimmten neuronalen Abläufen im Gehirn verwirklicht.

Der Dualismus beruht nach der Auffassung der Neurobiologen auf *„der Unfähigkeit, sich den Übergang von neuronalen Vorgängen zu Bewusstseinsvorgängen anschaulich vorzustellen*[24]. Geistige Phänomene werden von ihnen als rein physikalische Zustände verstanden[25] d. h. es handelt sich um Ereignisse, *„die im Rahmen physikalisch-chemisch-physiologicher Zustände und Gesetzmässigkeiten stattfinden."*[26] Daher, so postulieren sie, sollte es möglich

22 Diese Stellungnahme ist zu finden auf http://www.information-philosophie.de: Rubrik: Der Geist eine Illusion des Gehirns? (Stand: 24. 08. 2006).

23 Vgl. hierzu: Ottfried Höffe; Der entlarvte Ruck: Was sagt Kant den Gehirnforschern? In: *Hirnforschung und Willensfreiheit: Zur Deutung der neuesten Experimente*, hg. von Christian Geyer, Frankfurt a. M.: Suhrkamp Verlag, 2004, 177–182

24 Roth (Fn 1), 192.

25 Roth (Fn 1), 189.

26 Roth (Fn 1), 189.

sein *„auf der Basis von Mechanismen und Naturgesetzen“* zu erklären, *„wie und warum aus neuronalen Prozessen Bewusstsein entsteht.“*[27]

Das Gehirn selbst ist für sie kein Aktzentrum, sondern ein System bestehend aus *„räumlich getrennten, aber eng miteinander vernetzten Hirnarealen“.*[28] Es ist für sie der Abschluss einer Entwicklung, an welcher *„keine Anhaltspunkte für Diskontinuitäten oder Entwicklungssprünge,“* erkennbar sind *„die uns das In-die-Welt-kommen von mentalen Phänomen erklären könnten, die wir einer anderen Seinskategorie zurechnen als die physikalisch-chemischen Prozesse im Gehirn.“*[29] Dieses Verständnis des Ablaufs ist bei Roth nicht etwa das Ergebnis experimenteller Beobachtungen, sondern er glaubt es aus der Feststellung ableiten zu können, dass *„Bewusstsein im Sinne individuell erfahrener Erlebniszustände“* unabdingbar an die Tätigkeit des Gehirns gebunden ist[30] und es keine Hinweise dafür gibt, *„dass Bewusstsein auch ohne neurale Aktivität existiert“*, während umgekehrt *„die meisten Hirnzustände [...] nicht von Bewusstsein begleitet sind.“* Roth glaubt aus dieser Beobachtung *„eine kausale Verursachung von Bewusstseinszuständen durch Hirnprozesse“* ableiten zu können.[31]

Es ist nicht zu bestreiten, dass Vorgänge im menschlichen Bewusstsein ein neuronales Korrelat haben. Daraus zu folgern, es handle sich ausschliesslich um neuronale Vorgänge bedeutet die Sache selbst auf unerlaubte Weise mit einer ihrer vielen Erscheinungsweisen identifizieren. Aus der Gleichzeitigkeit lässt sich keinesfalls die gleiche Beschaffenheit ableiten. Von einer solchen Unterscheidung wollen aber die Neurobiologen nichts wissen, was an ihrem Verständnis von Entscheidungsprozessen deutlich wird.

2. Der Entscheidungsprozess aus rechtsphilosophischer und neurobiologischer Sicht

Für die sich am Naturrecht orientierende Rechtsphilosophie ist jede Entscheidung ein aus mehreren Teilakten unterschiedlicher Art zusammengesetzter Prozess. Im Verlaufe dieses Prozesses nimmt das Bewusstsein wahr, bewertet, wägt ab und unterbreitet schliesslich dem Willen seine Schlussfolgerung.[32] Am Prozess kann deswegen ein Mechanismus festgestellt werden, weil die verschiedenen daran beteiligten Faktoren ohne das bewusste Wollen der daran beteiligten Person in Erscheinung treten. Ausgelöst wird der Prozess durch die Wahrnehmung einer Eigenschaft eines Dinges. Diese Eigenschaft erzeugt das Verlangen, sich das Ding anzueignen. Bevor jedoch ein solches Tun in Gang gesetzt wird, findet ein Abwägen von Für und Wider statt. Die Entscheidung selbst bildet den Abschluss des Prozesses.

27 Roth (Fn 1), 190.

28 Singer (Fn 19), 56.

29 Singer (Fn 19), 39.

30 Roth (Fn 1), 188.

31 Roth (Fn 1), 188 f.; die gleiche These vertritt Wolf Singer hinsichtlich der dualistischen Position, vgl. hierzu: Singer (Fn 19), 57.

32 Zum Aufbau der sittlichen Handlung, siehe: Joseph Pieper, *Die Wirklichkeit und das Gute*, München: Kösel-Verlag, 1956, 52 ff.

In jedem Entscheidungsprozess greifen Freiheit und Notwendigkeit ineinander. Die Freiheit tritt hier nicht als Gestaltungsbefugnis in Erscheinung, sondern als ein Tun, das im handelnden Subjekt seinen Anfang nimmt. Die Notwendigkeit dagegen leitet sich aus der vorgegebenen Zweckbestimmung ab. Der Mensch ist insofern genötigt sich zu entscheiden, als es ihm dabei um die Verwirklichung seines natürlichen Verlangens, sich selber zu verwirklichen, geht[33]. Dagegen lässt sich die Wahl der dazu einzusetzenden Mittel nicht aus irgendwelchen wesensmässigen Vorgaben begründen. In diesem Sinne erklärt Thomas, wegen seiner vorgegebenen Hinordnung sei der Wille genötigt, Entscheidungen zu treffen, ohne sich auf irgendwelche Vorgaben berufen zu können[34] und auf diese Weise stets einen Schritt ins Ungewisse zu vollziehen. Diese Notwendigkeit wird darauf zurückgeführt, dass im Unterschied zum Tier im Menschen Mittel und Zweck auseinander liegen. Es können deshalb bei ihm verschiedene Mittel im Hinblick auf ein und dasselbe Ziel eingesetzt werden,[35] wobei das Vorhandensein mehrerer Möglichkeiten zur Folge hat, dass er sich in dreifacher Hinsicht zu entscheiden hat nämlich, ob er sich einen Gegenstand aneignen oder nicht aneignen, eine Handlung ausführen oder nicht ausführen oder bestimmte Mittel zur Verfolgung eines Zwecks einsetzen will oder nicht[36]. Hinsichtlich der Mittel hat der Wille die Wahl zwischen der Wahrheit und dem Schein[37].

Im Entscheidungsprozess spielt die Erfahrung insofern eine entscheidende Rolle, als es gilt die zur Erreichung eines vorgegebenen Zieles bestmöglichen Mittel auszuwählen und diese Mittel sich nicht aus irgendwelchen Vorgaben begründen lassen, sondern aus der Erfahrung zu gewinnen. Sie kommt nach Aristoteles[38] dann zustande, wenn bei gewissen Geschöpfen das Wahrnehmungsvermögen Bleibendes festzuhalten vermag. Daraus gehen in der Folge hervor zunächst die Erinnerung und, *„wenn sich derselbe Vorgang öfter wiederholt, die Erfahrung“*.

Dem geschilderten rechtsphilosophischen Verständnis steht das neurobiologische Verständnis des menschlichen Entscheidungsprozesses gegenüber. Dieses lässt sich mit der Formulierung Roths verdeutlichen: *„Nicht mein bewusster Willensakt, sondern mein Gehirn hat entschieden.“*[39] Mit diesen Worten soll darauf hingewiesen werden, dass jeder Handlung ein neuronaler

33 „Alia vero est necessitas conditionata scilicet ex finis suppositione; sicut imponitur alicui necessitas ut si non fecerit hoc, non consequatur suum praemium.“ Thomas von Aquin (Fn 12), 17.3.

34 „Ideo oportet quod id ad quod voluntas est determinata, sit principium appetendi ea ad quae non est determinata.“ Thomas von Aquin (Fn 12), 22.6.

35 „Respectu obiecti est indeterminata voluntas quantum ad ea quae sunt ad finem, non quantum ad finem ultimum.“ Thomas von Aquin (Fn 12), 22.6.

36 „Invenitur autem indeterminatio voluntatis respectu trium: scilicet respectu obiecti, respectu actus, et respectu ordinis in finem.“ Thomas von Aquin (Fn 12), 22.6.

37 „Indeterminatio voluntatis est respectu ordinis ad finem, in quantum voluntas potest appetere id quod secundum veritatem in finem debitum ordinatur, vel secundum apparentiam tantum.“ Thomas von Aquin (Fn 12), 22.6.

38 Aristoteles, Zweite Analytica, *Die Lehrschriften* (hg. von Paul Gohlke), Pderborn: Ferdinand Schöningh, 1953, 99b 37 ff.

39 Gerhard Roth, Worüber Hirnforscher reden – und in welcher Weise? In: *Hirnforschung und*

Prozess vorausgeht, welcher damit endet, dass die ihm vom Gehirn erteilte Anweisung ausgeführt[40] wird. Im Unterschied zum herkömmlichen Verständnis des Entscheidungsprozesses gibt es für die Neurobiologen zwar Beweggründe doch verwandeln sich diese im Gehirn zu Ursachen. Dieser Prozess ist selbstregulierend und wird nicht von einem Aktzentrum aus gesteuert[41], sondern mehrere einander ablösende und kausal miteinander verbundene Gehirnfunktionen tragen dazu bei. Sie haben in verschiedenen Bereichen des Gehirns ihren Sitz.

Die Neurobiologen erachten es als *„bemerkenswert [...],.dass wir trotz aller Überzeugung, frei zu sein, in der Selbstbewertung und im Urteil über andere zwischen freien und unfreien Akten unterscheiden"*[42]. Dennoch sehen sie diese Unterscheidung deswegen als fragwürdig an, „weil *der Unterschied zwischen diesen beiden Beurteilungslagen nur auf dem verschiedenen Grad der Bewusstheit der Motive, die zur Entscheidung geführt haben,*" beruht.[43] Die Bewusstheit[44] verstehen sie keineswegs als Vorgabe, sondern als Möglichkeit "alle Zustände, die von einem Individuum erlebt werden" zu thematisieren.

Man kann die Thematisierung insofern als den hermeneutischen Überbau eines der Notwendigkeit unterworfenen Ablaufs betrachten, als über sie *sprachlich berichtet werden kann".* Auf diese Weise lässt er sich im Bewusstsein vergegenwärtigen, ohne das am Geschehen selbst etwas geändert würde. Bei der Thematisierung spielt das deklarative Gedächtnis deshalb eine nicht unerhebliche Rolle, weil es dafür sorgt, *„dass wir darüber urteilen können, ob uns ein bestimmtes Objekt oder ein bestimmtes Geschehen bekannt bzw. vertraut ist oder nicht."*[45]

Damit Vertrautheit entsteht, muss ein Gegenstand in der Lage sein unsere Aufmerksamkeit zu beanspruchen. Über den Übergang von der Aufmerksamkeit zur Vertrautheit gibt uns Wolf Singer folgende Beschreibung:

> „Man sucht einen Namen, findet ihn nicht, die Aufmerksamkeit wandert zum nächsten Problem, und plötzlich taucht der gesuchte Name im Bewusstsein auf. Ein Beispiel von vielen, das illustriert, dass unser Gehirn, nachdem ein Bedürfnis sich eingestellt hat, offenbar ganz ohne unser ‚bewusstes' Zutun Speicher durchsuchen, die Stimmigkeit des Gefundenen mit dem Gesuchten überprüfen und das Resultat ins Bewusstsein bringen kann."[46]

Ein hermeneutischer Vorgang und ein neuronaler Prozess gehören nicht der gleichen Ordnung an. Demzufolge ist es nicht nachvollziehbar, wie die Neurobiologen zum Schluss gelangen können, die freie Entscheidung sei eine Konstruktion des menschlichen Gehirns. Wolf Singer gibt hierfür folgende wenig

Willensfreiheit: Zur Deutung der neuesten Experimente, hg. von Christian Geyer, Frankfurt a. M.: Suhrkamp Verlag, 2004, 73.

40 „Der Neurobiologe wird darauf hinweisen, dass der bewusste Willensakt gar nicht der Verursacher der genannten Bewegung sein könne, weil diese Bewegung bereits vorher durch neuronale Prozesse festgelegt, d.h. kausal verursacht sei." Roth (Fn 39), 73.

41 Roth (Fn 39), 77.

42 Singer (Fn 19), 51.

43 Singer (Fn 19), 51.

44 Roth (Fn 1) 193.

45 Roth (Fn 1) 193.

46 Singer (Fn 19), 58 f.

plausible Erklärung: *„Es kann aber passieren, dass die auf bewusster Verhandlung von Argumenten aufbauenden und in sich konsistenten Lösungen mit den unbewusst ablaufenden Abwägungsprozessen in Konflikt geraten und unterliegen“.*[47] Damit ist überhaupt nichts bewiesen, denn freie Entscheidungen gibt es nur dort, wo Alternativen vorliegen. Wird eine strafrechtliche Norm verletzt weil man sich davon einen Vorteil versprach oder weil man einer Leidenschaft nicht widerstehen wollte, so lässt sich daraus nicht folgern, dass man es nicht konnte. Gerade eine Erklärung wie: *„Ich habe es getan, obgleich ich es nicht wirklich wollte oder obgleich ich ein ungutes Gefühl dabei hatte“,* bezeugt es. Man muss somit annehmen, dass die Neurobiologen folgendes Problem mit der menschlichen Freiheit haben: Wie ist es möglich, dass der Geist, obschon einer unterschiedlichen Seinsordnung angehörend, dennoch Einflussnahme auf die von den Sinnen wahrnehmbare Welt zu nehmen vermag?

In ihrem Bemühen um eine Antwort begehen sie den Fehler einerseits die Sinneserfahrung mit der unmittelbaren Ganzheitserfahrung zu identifizieren und anderseits Letztere auf den räumlich zeitlichen Bereich zu beschränken. Sie wollen dabei nicht wahrhaben, dass es intentionale Objekte unmittelbarer Erfahrung gibt, welche nicht diesem Bereich angerechnet werden können, weil ihre Stellung in Raum und Zeit dafür nicht ausschlaggebend ist. Zwar gibt Roth zu, dass die Forschung hinsichtlich gewisser Erscheinungen *„mit phänomenalen oder intentionalen oder volitionalen Zuständen wie ‚fühlen‘, ‚glauben‘ und ‚wollen‘“*[48], die Forschung noch nicht so weit sei, *„dass man diese Zusammenhänge völlig verlässlich aufzeigen und von einer kausalen Verursachung sprechen könnte.“* Er meint jedoch, man könne *„aus der Kenntnis bestimmter Eigenschaften der Nervenzellenmembran und ihrer Ionenkanäle [...] die Eigenschaften des Aktionspotentials mehr oder weniger vollständig erklären oder sogar voraussagen“.*[49]

Obgleich das neurobiologische Verständnis des menschlichen Verhaltens sich als unzulänglich erwiesen hat, wäre es ein grober Irrtum, jene Ergebnisse unberücksichtigt zu lassen, welche eine genaue Beschreibung zur Voraussetzung haben. Mit ihrem einseitigen Festhalten des neuronalen Determinismus glaubten sie dem seit Descartes vorherrschenden einseitigen Verständnis des Menschen als denkendes Ich entgegenzuwirken. Der Mensch ist eben sowohl denkendes als auch dem Determinismus ausgesetztes Ich. Der im Menschen wirkende Determinismus ist allerdings nicht von derselben Art wie jener, welcher die in den Koordinaten von Raum und Zeit eingeengte physikalische Welt prägt. Wir möchten ihn am Beispiel der Implikationen deutlich machen.

47 Singer (Fn 19), 60.
48 Roth (Fn 39),78.
49 Roth (Fn 39),78.

IV. Die Implikation als prägendes Moment geschichtlichen Verhaltens des Menschen

1. Eine nichtkausale Notwendigkeit

Eine nichtkausale Notwendigkeit ist die Implikation. Das Wort leitet sich vom Lateinischen *„implicare“* ab und bedeutet wörtlich übersetzt *„beinhalten“.* Implikationen sind überall dort anzutreffen, wo sich aus einem vorgegebenen Zweck die dazu einzusetzenden Mittel begründen lassen. Wer einen Text übersetzen möchte, kann es nicht ohne Beherrschung der Sprache tun, in welcher der Text verfasst wurde. Daraus lässt sich aber nicht folgern, jedermann müsse die betreffende Sprache beherrschen.

Mit der Rolle der Implikation im Bereiche des Rechtswesens hat sich der deutsche Rechtsgelehrte Claus-Wilhelm Canaris ausgiebig befasst. An ihr wird für ihn[50] ein axiologisch-teleologischer Zusammenhang deutlich. Ihre Selbstverständlichkeit ist für ihn *„die Bedingung der Möglichkeit juristischen Denkens überhaupt und insbesondere die Voraussetzung einer rational geleiteten und rational überprüfbaren Erfüllung des Gerechtigkeitsgebotes“.*[51]

Im Gerechtigkeitsgebot sieht Canaris einen in der Sache verankerten Geltungsanspruch. Wie es zu verstehen ist, wird uns an einem von Aristoteles entlehnten Beispiel vorgeführt. Bei der Verteilung von Flöten, wird uns gesagt, sei derjenige zu bevorzugen, der am besten darauf spielen könne, nicht aber derjenige, welcher der Vornehmste von Geburt oder der Schönste sei, da diese letzteren Eigenschaften zur Tätigkeit des Flötenspiels nichts beitrügen[52]. Der Gedankengang ist so zu verstehen. Das Flötenspiel ist eine Möglichkeit sich musisch zu betätigen. Zur Aktualisierung dieser Möglichkeit werden Menschen benötigt, die des Flötenspiels kundig sind. Daher sei es ein Gebot der Gerechtigkeit, dass nur Menschen mit dieser Fähigkeit den berechtigten Anspruch erheben, eine Flöte zugeteilt zu bekommen.

Die Implikation ist ein Tatbestandsmerkmal des Geltungsanspruches. Weil angenommen wird, eine Sache habe als Maßstab zu gelten, wird die Forderung, sich in einer bestimmten Weise zu verhalten, daraus abgeleitet. Sie wirkt sich auf das menschliche Verhalten in einer Weise aus, die nicht mehr räumlich-zeitlich bestimmbar ist.

2. Die Auswirkung der Implikation auf das menschliche Verhalten

Im achten Buch seiner „Eudemischen Ethik“ macht Aristoteles die Feststellung, dass neben Einsicht und sittlicher Tugend *„auch die Glückgunst glückliches*

50 Claus-Wilhelm Canaris, „Systemdenken und Systembegriff in der Jursiprudenz, entwickelt am Beispiel des deutschen Privatrechts“, 2. A., Duncker & Humblot: Berlin, 1983, 16, 45.

51 Canaris (Fn 50), 45.

52 Claus-Wilhelm Canaris, *Die Bedeutung der iustitia distributiva im deutschen Vertragsrecht,* Bayerische Akademie der Wissenschaften, Philosophisch-historische Klasse, Sitzungsberichte, Jahrgang 1997, Heft 7, München 1997, 19.

Handeln bewirke und zwar gerade so wie das Wissen."[53] Für Aristoteles steht hier nicht mehr die Lehre von der Tugend, sondern das Glück im Vordergrund. Das Glück ist das Erstrebenswerte und lässt sich sowohl durch zuchtmässige Einübung als auch dank äusseren Einwirkungen – und die Glücksgunst ist eine davon – erwerben. Am Beispiel der Beziehung zwischen der Gunst und dem Glück als dem daraus hervorgehenden Zustand wird uns eine Notwendigkeit, die nicht mehr dem raum-zeitlichen Bereich angehört, aufgezeigt. Diese Art der Notwendigkeit hat hauptsächlich in der Dichtkunst Gestalt angenommen. Wir wollen es an einem Beispiel aus Goethes Iphigenie verdeutlichen.

In seinem Meisterwerk lässt der Dichter seine Heldin die Worte sprechen:

„Das Land der Griechen mit der Seele suchend;
Und gegen meine Seufzer bringt die Welle
Nur dumpfe Töne brausend mir herüber.
Weh dem, der fern von Eltern und Geschwistern
Ein einsam Leben führt! Ihm zehrt der Gram
Das nächste Glück von seinen Lippen weg,
Ihm schwärmen abwärts immer wieder die Gedanken
Nach seines Vaters Hallen, wo sie Sonne
Zuerst den Himmel vor ihm ausschloss, wo
Sich Mitgeborene spielend fest und fester
Mit sanften Banden an einander knüpften."[54]

Die Worte des Dichters zeichnen das Bild eines Unvermögens, das dem Tun des Menschen nicht zugeschrieben werden kann. Aus dem Verlust einer ihr vertrauten Umwelt folgt für die Heldin die Abwesenheit von Glück. Das Glück wird für sie zu einer Unmöglichkeit, wobei mit Unmöglichkeit die Unerfüllbarkeit eines Strebens bezeichnet wird. Dieser Unmöglichkeit wohnt insofern die Notwendigkeit inne, weil es nicht anders sein kann, denn das Glück hängt entweder von der eigenen Tugend oder von angeborenen Fähigkeiten oder vom Zufall ab. Am Beispiel der Iphigenie lässt sich verdeutlichen, dass die menschliche Freiheit eine stets innerhalb eines vorgegebenen Horizontes sich vollziehende Freiheit ist.

V. Das menschliche Schicksal im Spannungsfeld von Notwendigkeit und Freiheit

Das Beispiel Iphigenies zeigt uns ebenfalls, dass es des Menschen Schicksal ist, als Subjekt sowohl die Folgen eigenen als auch fremden Tuns tragen zu müssen. Wir werden uns dessen gewahr im Augenblick wo die Heldin dem König ihre Herkunft mit den Worten bekannt gibt: „*Ich bin aus Tantalus Geschlecht.*"[55] Im Bewusstsein, dass diese Herkunft für sie eine Belastung ist, spricht sie die Worte aus:

53 Aristoteles, Eudemische Ethik, *Werke in deutscher Übersetzung* (hg. von Ernst Grumach), Bd. 7, 2. A, Darmstadt: Wissenschaftliche Buchgesellschaft, 1969, H 1246 b 14 ff.
54 Johann Wolfgang von Goethe, Iphigenie auf Tauris, *Werke*, 4. Bd. Dramen in Versen, Ort: Verlag, Jahr, 1. Aufzug, 1. Auftritt.
55 Goethe (Fn 54), 1. Aufzug, 3.Auftritt.

„Wohl dem, der seiner Väter gern gedenkt,
Der froh von ihren Thaten, ihrer Grösse,
Den Hörer unterhält, und still sich freuend
Ans Ende dieser schönen Reihe sich
Geschlossen sieht!“

Dennoch ist die Heldin frei, um dem um ihre Gunst werbenden König zu widerstehen. Sie bezeugt damit ihre ethische Gesinnung, indem sie den Antrag des Königs mit den Worten zurückweist:

„Wie darf ich solchen Schritt, o König wagen?
Hat nicht die Göttin, die mich rettete,
Allein das Recht auf mein geweihtes Leben?“

Ihre Ablehnung begründet Iphigenie mit ihrem Hinweis auf eine Schuld gegenüber einem Wesen höherer Ordnung. Diese Schuld besteht unabhängig davon, ob die an dieses Wesen geknüpften Erwartungen sich verwirklichen lassen.

Wir finden einen ähnlichen Gedankengang bei Thomas von Aquin, wo er betont, man sei dem eigenen Gewissen auch dann verpflichtet, wenn es irre. Ein Gewissen könne, so meint er, durchaus schlechte Handlungen vorschreiben, ohne dass ihm hierfür die Verantwortung zugeschrieben werden könnte[56]. Es sei nämlich nicht seine Sache festzustellen, ob bei Abgabe der Willenserklärung etwa irrtümliche Wahrnehmungen eines Sachverhaltes vorlagen oder Grundsätze schlecht angewendet wurden.[57] Ausschlaggebend sei lediglich, dass der einmal für verpflichtend anerkannte Inhalt vom Willen für gut erklärt und in der Folge zum Inhalt eines Versprechens geworden sei.[58]

Auch das Recht kennt die Implikation. Im Falle eines Eventualvorsatzes macht sich der Mensch nicht deshalb schuldig, weil er einen Schaden hervorbringt, sondern weil er einen Schaden in Kauf nimmt. Ein irrendes Gewissen bewahrt den Menschen dann nicht von der Schuld, wenn es ihn ermahnt ein Versprechen einzuhalten, das er wider das Gebot der Klugheit abgegeben hat. Die weitere Behandlung dieser Probleme würde jedoch den Rahmen dieser Arbeit übersteigen.

56 „Conscientia non dicitur scientia simpliciter, sed secundum quid, scilicet secundum aestimationem illius cuius est conscientia: dicitur enim conscientia, secundum quod aliquis sibi conscius est, quamvis autem scientia semper sit verorum, non tamen quidquid aliquis aestimat se scire, verum est: et ita non oportet quod semper sit conscientia vera.“ *Quattuor Libros Sententiarum,* textus ex ed. Prima Americana t. VI, VII–1 et VII–2, New York, 1948 (reimpressio editionis Parmensis t. VI, 1856 et t. VII 1858), 2.39.3.2.ad4.

57 „Conscientia nihil aliud est quam applicatione scientiae ad aliquem specialem actum. In qua quidem applicatione contingit esse errorem dupliciter: uno modo, quia id quod applicatur, in se errorem habet; ex eo quod non bene applicatur.” Thomas von Aquin (Fn 12), 17.2.

58 „Obiectum autem voluntatis secundum propriam rationem est bonum apprehensum. Et ideo actus humanus iudicatur virtuosus vel vitiosus secundum bonum apprehensum, in quod per se voluntas fertur, et non secundum materialem obiectum actus.” Thomas von Aquin (Fn 16), 3.12.2.

VI. Fazit

Für die Neurobiologen ist die menschliche Freiheit ein kulturelles Konstrukt, während die Realität für sie einzig geprägt ist durch notwendige physikalisch-chemische Abläufe. Diese Betrachtungsweise lässt aber ausser Acht, dass der Mensch zweifellos deterministischen Kräften ausgesetzt ist, die menschliche Realität damit aber nicht erschöpfend beschrieben werden kann. Diesen Mangel versuchen der klassische Dualismus und in jüngster Zeit der Interaktionismus zu überwinden.

Peter Breitschmid, Zürich

Bemerkungen eines Privatrechtlers zur Willensfreiheit des Individuums

Grenzsituationen nicht-strafrechtlicher Art

I. Urteilsfähigkeit und Spleen

Willens- und Privatautonomie sind privatrechtliche Schlüsselbegriffe. Privatautonomie rechtfertigt nahezu sämtliche Spleens, wenn der Grundsatz des *neminem laedere*[1] beachtet wird und die Urteilsfähigkeit gegeben ist. Die Grundsatzfrage, ob man bezüglich Spleens[2] urteilsfähig sei, ist soweit ersichtlich noch kaum diskutiert (ein Spleen ist allerdings Droge ... meist eine gesellschaftlich akzeptierte).

Den zulässigen Rahmen privatautonomer Betätigung setzt allerdings die staatliche Gesetzgebung. Diese entsteht dadurch, dass informierte und aufgeklärte Bürgerinnen und Bürger privatautonom über die staatliche Gesetzgebung bestimmen – sie werden dabei allerdings bisweilen eher etwas eigennützig als objektiv urteilen, z. B. die Erhöhung von Motorfahrzeugabgaben ablehnen, Sport- oder Kultureinrichtungen je nach persönlicher Orientierung befürworten oder vernachlässigen. Die Resultante des vielseitigen Interessenparallelogramms wird eine mehrheits-verobjektivierte Summe subjektiver, in ihrem Kern teils sehr eigennütziger Anliegen sein. Die Fiktion, dass die Mehrheit „recht" habe, dürfte angesichts der Motive des öfteren eher von der demokratischen Legitimation der Entscheide, als von der objektiven inhaltlichen Richtigkeit her gerechtfertigt sein[3]. Oder noch drastischer formuliert: Selbst bei der Festsetzung der Gesetzgebung – dem elementarsten Vorgang im demokratischen Staat – besteht nicht restlos Gewähr, dass der Entstehungsprozess durch wohlabgewogene Willensfreiheit und nicht durch ein wenig rationales Lustprinzip geprägt wurde. Willkür oder Sympathie (in der Naturwissenschaft das Selektionskriterium „Zufall") sind systemimmanent, worüber man sich klar Rechenschaft zu geben hat, um nicht bloss ideale Entscheide eines idealtypischen Menschen, sondern unser aller Vorlieben angemessen zu respektieren.

1 Die Selbstgefährdung fällt mit Ausnahme der fürsorgerischen Freiheitsentziehung, Art. 397a Schweizerisches Zivilgesetzbuch vom 10. Dezember 1907 (SR210, ZGB) bzw. Art. 426 f. E (i.d.F. der Botschaft vom 26. Juni 2006), nicht in Betracht.

2 PS, Dezibel, Promille, Golf-Handicap, Ranglisten-Ranking in elitären Volksläufen usf. – alles selbstverständlich gesunder Ausgleich gegen Stress im Alltag und insofern bald im Grundleistungskatalog der Krankenversicherung enthalten ...

3 Der Satz dürfte unabhängig davon gelten, ob eine Referendumsdemokratie schweizerischer Prägung oder eine parlamentarische Demokratie in Frage steht: Auch Parlamentsmitglieder reagieren nicht wie destilliertes Wasser, sondern einigermassen emotional und damit unkalkulierbar, jedenfalls nicht rein objektiv rational im Sinne eines der Gemeinschaft (und nicht bloss Partikularinteressen) dienlichen, dem kategorischen Imperativ genügenden Entscheids.

Das Recht lässt Spleens zu. Feuern die Neuronen als Botenstoffe bei ziemlich vielen Menschen in gleicher Richtung, entsteht ein Trend – Produkte verkaufen sich oder bleiben im Regal, Abstimmungen werden gewonnen oder verloren.

II. Schutz des Individuums vor seinem Willen?

Der (privat-)rechtliche Begriff der Urteilsfähigkeit (Art. 16 ZGB) ist weiter als der medizinische: Auch wenn medizinisch ein Krankheitsbild nachweisbar ist, kann noch – zumindest für alltägliche bzw. einfach strukturierte Rechtsgeschäfte von nicht epochaler Tragweite – Urteilsfähigkeit bestehen, sogar und besonders bezüglich unentgeltlicher, vorab emotional geprägter Rechtsgeschäfte (Gelegenheitsschenkungen, selbst Anordnungen von Todes wegen je nach der konkreten Sachlage), da emotionale Aspekte einen grösseren privatautonomen Spielraum aufweisen (persönlichkeitsnäher und damit auch im Bereich einer gewissen „Schrulligkeit" schutzwürdiger sind) als etwa die Aushandlung von Hypothekarkonditionen oder das Erstellen einer Steuererklärung. Die Urteilsfähigkeit ist relativ, je bezogen auf das konkrete Geschäft in seiner konkreten Bedeutung[4] – auch wer von einer vormundschaftlichen Massnahme betroffen ist, bleibt grundsätzlich testierfähig, ist aber nicht mehr stimm- und wahlberechtigt (Art. 136 BV). Dürfen Testamente schrulliger sein als Abstimmungsvoten? Sollen nur Informierte an politischen Geschäften teilnehmen dürfen? Sind emotionale Entscheide zweifelhaft?

Eine Nein-Stimme bei einer „komplizierten" Abstimmungsvorlage hat kaum das gleiche „Nein-Gewicht" wie bei einer einfacheren Fragestellung; oft wird das „Nein" gegen eine komplizierte Vorlage eher Zweifel als nackte Ablehnung ausdrücken – ein Meinungsumschwung bei erneuter Fragestellung kann durchaus eintreten[5]. Ist zweifelndes Handeln verpönt? Kann erst testieren, wer das Jenseits schon erblickt und das Verhalten seiner Erben bereits verifiziert hat? Oder ist Zweifel nicht oft ein Zeichen von Reife?

Dürfte erst entschieden werden, wenn ausgezweifelt ist, würde dies einen allgemeinen Stillstand auslösen. Denn selbst der simpelste binäre Entscheid einer „alltäglichen" Frage wie z. B. vegetarisches Menu oder mit Fleisch?, impliziert ein Nachfragen über Spritzmittel- und Hormoneinsatz bzw. die Kontrollmechanismen von Bio-Labels – nur das Verhungern ist eindeutig feststellbar. Ob ein Rechtsgeschäft oder eine Abstimmungsvorlage „einfach strukturiert" sei, ist seinerseits relativ.

4 Eugen Bucher, Die natürlichen Personen: Kommentar zu den Artikeln 15–26 ZGB, *Berner Kommentar zum Schweizerischen Privatrecht*, Bd. I, 2. Abt. Teilbd. 1, Bern: Stämpfli, 1976, Art. 16 N 87 ff.; Margrith Bigler-Eggenberger, Art. 16, *Basler Kommentar zum Schweizerischen Privatrecht*, Bd. I, 2. A., Basel: Helbing & Lichtenhahn, 2002, Art. 16 N 34 ff.

5 Die „Einheit der Materie" (Art. 75 Bundesgesetz über die politischen Rechte vom 17. Dezember 1976 [SR 161.1, BPR]) braucht nicht nur wegen verknüpfter Themen, sondern kann auch wegen schwer absehbarer, vernetzter Folgen zu uneinheitlichen Gedankengängen führen: So fiel wohl die Beurteilung des UNO-Beitritts der Schweiz Zustimmenden wie Ablehnenden leichter als bei den bilateralen Verträgen mit der EU.

Die einschlägigen privatrechtlichen Normen stammen aus dem 19. Jahrhundert: Privatautonomie setzt ausgeprägte Rechte des Individuums (statt Unterordnung unter das Prinzip des Überlebens von Sippe oder Nation) voraus. Das demokratische Prinzip ist demgegenüber wesentlich älter, archaischer, radikaler, allerdings abgefedert: die möglicherweise egoistischen, emotionalen Äusserungen Einzelner sollen sich in der Summe ausgewogen positionieren.

Verbesserte Bildung, verbesserte Information, verfeinerte Rechtsordnung, tendenziell höherer Rechtsschutz (einfachere Zugänglichkeit im Rahmen eines „sozialen" Prozessrechts, Information durch Medien, Publikums-/Konsumierendenschutz bei Massengeschäften) haben in weiten Bereichen privatautonomen Handelns (Wohnen, Arbeiten, Konsumentenverträge) weitgehende Waffengleichheit ermöglicht und gewährleisten wohl auch einen weit besseren Informationsstand bei Abstimmungsvorlagen.

Jeder Willensbildungsprozess ist allerdings emotional[6] – das zeigt sich besonders bei familien- oder erbrechtlichen Geschäften, aber auch bei der Befriedigung von Alltagsbedürfnissen: Design fasziniert stärker als verborgene Technik; Nahrung, Erholung, Mode, Unterhaltung werden weit über den „Grundbedarf" hinaus erzeugt und konsumiert.

Der Wille des Individuums ist zu respektieren, ob bloss oberflächlich oder reiflich-bewusst gebildet, ob nachvollziehbar oder individuell-eigentümlich.

III. Schutz in Grenzsituationen

Ob allerdings auch in den intimsten, sensibelsten und zugleich für das Individuum bedeutendsten[7] Bereichen gilt, dass der einmal geäusserte Wille unter allen Umständen Bestand hat, lässt sich bezweifeln: Die Willensautonomie bei Geschäften unter Ehegatten oder in stabiler Partnerschaft zusammenlebenden Personen (sowohl im Stadium höchster Verliebt- wie tiefster Zerstrittenheit), unter Eltern und Kindern (bezüglich Ausbildungsplanung und -finanzierung oder vorweggenommener Erbfolge), bei testamentarischen Äusserungen (bei höherem Alter, geschwächter Gesundheit und Abhängigkeit von Dritten[8]) ist

6 Z. B. Reinhart Lempp, *Das Kind im Menschen – Über Nebenrealitäten und Regression, oder: Warum wir nie erwachsen werden,* Stuttgart: Klett-Cotta J. G. Cotta'sche Buchhandlung, 2003, 142: „Es gibt ihn also nicht, den reifen Menschen".

7 Der Publikumsschutz beim Haustürgeschäft (Art. 40a ff. Schweizerisches Obligationenrecht [SR 220, OR]) steht in keinem Verhältnis zu den dürftigen Schutzmechanismen bei der notariellen Beurkundung eines oft knapp ermittelten Parteiwillens bei einem Erbverzicht ohne Widerrufsmöglichkeit: vgl. unten Fn. 9 und 10.

8 Dazu BGE 132 III 305 bzw. 315 (http://www.bger.ch) i. S. Rechtsanwalt Stauffacher, die Erbunwürdigkeit des anwaltlichen Beraters einer vereinsamten Witwe betreffend – Entscheide, bei denen sich das Schweizerischen Bundesgerichts (BGer) eher an Klischees über Erbschleicher im Allgemeinen bzw. am Eindruck, den die Klientenbeziehung nach aussen erwecken mochte als an der subjektiven (durchaus schrulligen) erblasserischen Weltsicht orientiert hat: Abhängigkeit und geschätzte Hilfe in solcher Situation wird in sehr vielen Fällen geradezu den Impuls zu einer sachlich durchaus nachvollziehbaren und sittlich sogar geschuldeten Begünstigung geben: Wo jene begünstigt werden, die sich (aus welchen – obgleich möglicherweise eigennützigen – Gründen auch immer)

gleichermassen spannende Frage wie jene nach der Schuldfähigkeit im strafrechtlichen Kontext.

Der privatrechtliche Vertrag bedarf inhaltlich der übereinstimmenden Willensäusserung aller Beteiligten (Art. 1 OR) und formal der Handlungsfähigkeit (Art. 17 ZGB: Mündigkeit und Urteilsfähigkeit). Sowohl inhaltlich wie formal spielen damit „weiche“, nicht naturwissenschaftlich-exakte, sondern wertend-gefühlsmässige Aspekte eine Rolle. Ob ein Vertrag an einem Willensmangel leidet (welcher Kauf ist nicht schon mit gutem Grunde „bereut“ worden, ohne deswegen rechtlich an einem relevantem Willensmangel gelitten zu haben), ist Frage gerichtlichen Ermessens; im Zweifel ist man allerdings gebunden – alles andere würde den Interessen des „rechtsgeschäftlichen Verkehrsflusses“ zuwiderlaufen. Bei Verträgen in Abhängigkeitssituationen (Arbeit, Miete) sind allerdings besondere Schutznormen zu Gunsten der schwächeren Partei unbestritten, kaum aber im familien- und erbrechtlichen Kontext. Hier besteht aus privatrechtlicher Sicht noch „uneingezontes Gelände“: Frankreich begegnet dem Übervorteilungsrisiko bei familieninternen Geschäften mit dem Erfordernis der Beurkundung durch zwei unabhängige Notare, wobei der zweite durch die Notariatskammer nach Zufallsprinzip zugeteilt wird[9]; in Deutschland wird darüber diskutiert, im Rahmen des Beurkundungsvorgangs die Befindlichkeit von Erblassern in Grenzsituationen durch einen *mini mental status* (MMS) festzuhalten[10] – beides Ausdruck, dass „klassische“ Konzepte wie „Wortlaut“ und „Form“ zu hinterfragen sind und der familiäre Rahmen eines Geschäfts keineswegs Garant für besondere gegenseitige Fürsorge zu sein braucht, sondern selbständiger Risikofaktor sein kann: U. U. ist die Abhängigkeit vom familiären Netzwerk schwerer zu lösen als jene von beigezogenen Dritten.

Die (Privat-)Rechtsordnung hat die Pflicht, in Grenzfällen die Willensfreiheit zu verifizieren, dabei aber die subtile Balance zu wahren und sich vor obrigkeitsstaatlicher Intervention in Acht zu nehmen, um nicht schützenswerte Individualität zu kastrieren.

gekümmert haben, ist dies eher hinzunehmen als das Wiederaufleben eines schein-objektiven gesetzlichen Erbrechts, welches der subjektiven Stimmungslage nicht Rechnung trägt. Eigentliche Erbunfähigkeitsgründe (wie sie z. B. § 14 des deutschen Heimgesetzes kennt: BGBl I 1974, 1873, i. d. F. gemäss. BGBl 2005 I 818), tangieren die Testierfreiheit der Erblassergeneration – zweifelhafte und riskante Konstellationen („Erkaufen“ besserer Behandlung u.ä.) wären durch arbeitsrechtliche Vorkehren (Abgabepflicht, betragliche Begrenzung, Mitteilung entsprechender Testamente an Institutionen) zu kontrollieren.

9 Art. 930 cc fr i. V. m. Art. 11 des Notariatsgesetzes (loi du 25 ventôse an XI contenant organisation du notariat (beide i. d. F. gem. loi n° 2006–728 vom 23.6.2006; NOR: JUSX0500024L, bez. des Notariatsgesetzes Art. 34 von loi n° 2006–728).

10 Gabriela Stoppe/Andrea Lichtenwimmer, „Die Feststellung der Geschäfts- und Testierfähigkeit beim alten Menschen durch den Notar“, *DNotZ* 2005, 806 ff. (dagegen Gabriele Müller, „Erwiderung zum Beitrag Stoppe/Lichtenwimmer“, *DNotZ* 2006, 325 ff.; ausgewogen Stephan Scherer, „ZEV-Report Zivilrecht“, *ZEV* 2006, 329 ff.). – Zum MMS als eines einfach erhältlichen, neutralen und aussagekräftigen Beweiselements im Falle postumer Bestreitung der Urteilsfähigkeit s. schon Peter Breitschmid, Erbrecht, in: *Die Rechtsentwicklung an der Schwelle zum 21. Jahrhundert, Symposium zum Schweizerischen Privatrecht*, hg. von Peter Gauch/Jörg Schmid, Zürich: Schulthess, 2001, 109 ff., 125 f. Anm. 43, und Peter Breitschmid/Johannes Reich, *Vorsorgevollmachten*, ZVW 2001, 144 ff., 152 Anm. 43.

IV. Folgerungen

Wertendes Ermessen und ein Rest-Unsicherheitsfaktor beherrschen flächendeckend zentrale Entscheide: Volks- und selbst parlamentarische Abstimmungen über Grenzziehungen bei genmedizinischer Forschung und Behandlung sind in gleicher Art Ermessensentscheide wie jene Stimmen, die mit gut nachvollziehbaren Ängsten in den 1830er Jahren die dampf- und feuerspeienden Höllenmaschinen bekämpften, welche wir heute als Eisenbahn bezeichnen. Insofern ist nicht Reglementierung, sondern laufende, konsequente, sachlich-gelassen-reflektierte Beobachtung der Entwicklungen und Begleitung der Diskussionen erforderlich. Ablehnung der Entwicklung ist Schwäche, Begleitung der Entwicklung allerdings (wegen gewaltiger interdisziplinärer, fachlicher Hürden) gewaltige Anstrengung.

Individuelle Entscheide, welche solche Grenzziehungen tangieren (z. B. fortpflanzungsmedizinische Behandlung im Ausland; Willensdelegation eines Erblassers, der sich von der Entwicklung überfordert fühlt und nur mehr in „groben Zügen“ seine Anliegen zu skizzieren vermag; Organ-„Spende“ gegen Geld), können nur in Extremsituationen[11] „sanktioniert“ werden (zivilrechtliche „Nichtigkeit“ im Sinne von Art. 19 bzw. 20 OR fällt bei erfolgreichen fortpflanzungsmedizinischen Massnahmen ausser Betracht, da eine ex tunc-Wirkung *gegen* wie auch immer erzeugtes Leben straftatbeständlich wäre ...).

Selbst in der Frage, was Sitte und Anstand ist, bestehen nach verschiedenen Faktoren (kulturell, religiös, oft selbst alters- und umfeldabhängig) differenzierte Vorstellungen, die je weitgehenden Schutz geniessen. Staatliche Intervention setzt eine massive (in der Regel: strafrechtlich bewehrte) Grenzüberschreitung voraus. Private Intervention (Anfechtung durch die unterlegene/benachteiligte Gegenseite) hingegen erfolgt im privatrechtlichen System; innerhalb dieses Systems kann gerichtlich wertend jenem Willen zum Durchbruch verholfen werden, der sich im Prozess als der schützenswertere zu profilieren vermochte.

Privatautonomie ist private Autonomie und nur gewährleistet, wenn sie sich weitestmöglich an individuellen Wertungen ausrichten darf.

11 Es sei an die bereits in Anm. 1 erwähnte fürsorgerische Freiheitsentziehung erinnert, die *Ultima Ratio* bilden muss, um nicht staatlichen Behandlungszwang über individuelle Lebensführung zu stellen. Ist allerdings die Urteilsfähigkeit krankheitsbedingt beeinträchtigt, so erfordert die Menschenwürde (angemessene) Hilfe, und es liegt nicht schützenswerter „Spleen“ vor.